Cas et fonctions

Linguistique nouvelle

Cas
et fonctions

Etude des principales doctrines casuelles
du Moyen Age à nos jours

GUY SERBAT
Professeur à l'Université de Paris-Sorbonne

Presses Universitaires de France

ISBN 2 13 036773 9

1re édition : 2e trimestre 1981
© Presses Universitaires de France, 1981
108, Bd Saint-Germain, 75006 Paris

Sommaire

Introduction

APERÇU DES THÉORIES DE L'ANTIQUITÉ

On ne tiendra pas trop rigueur aux anciens Grecs de ne pas avoir « réussi à établir une théorie d'ensemble de la catégorie casuelle en tant que telle », comme le leur reproche de nos jours Louis Hjelmslev, au début de son ouvrage sur les cas (p. 8)[1]. Quel linguiste y est parvenu? On observera plutôt que nous raisonnons le plus souvent aujourd'hui avec un appareil conceptuel mis au point — disons, pour simplifier — par Aristote et par les stoïciens. L'importance de la tradition gréco-latine est telle qu'on ne peut se dispenser sans risque de se reporter à elle, afin de mettre à nu les postulats et les méthodes qui fondent nos raisonnements, et d'en vérifier la validité. C'est ainsi qu'on a répété depuis les Grecs que toute forme verbale exprime obligatoirement une notion temporelle, de passé, de présent ou de futur, sans s'aviser que cette donnée de notre conscience ne trouvait pas dans la langue un reflet tout à fait fidèle, et que la forme dite « présent de l'indicatif » était une forme rigoureusement *non temporelle* du verbe[2]. De même, pour les relations casuelles, les notions fondamentales de « parties du discours », de « nom », « verbe », pour ne rien dire de la désignation même des « cas », ont d'abord été définies et formulées, en Occident, par les Grecs. Ce n'est

---

1. On trouvera dans la Bibliographie, en fin de volume, les références complètes des auteurs cités.

2. Guy SERBAT, *Revue des Etudes latines*, 53, 1975, 367-390. *L'Information grammaticale*, 7, 1980.

guère avant le xxᵉ siècle que sera remise en cause l'analyse fondamentale de la phrase en sujet/prédicat; mais on peut voir que le premier modèle chomskyen se fonde en revanche sur les définitions implicites des « parties du discours » issues de la grammaire la plus traditionnelle.

C'est pourquoi l'examen des sources antiques n'est pas une promenade de curieux, mais le moyen de faire apparaître nos propres racines. Aristote — puisque ce nom focalise l'intérêt et la critique — n'est pas perdu dans les brumes d'une préhistoire insignifiante, il est, qu'on le veuille ou non, l'aliment et l'instrument de notre réflexion quotidienne.

Nous avons pourtant choisi d'éliminer de ce livre plusieurs chapitres déjà rédigés sur les théories casuelles des Anciens, en nous bornant à l'aperçu très sommaire qui suit. Pour respecter les limites imposées par la collection, il valait mieux laisser une plus large place aux chapitres qui peuvent nous toucher de plus près puisqu'ils exposent les doctrines élaborées du Moyen Age (souvent méconnu) jusqu'à nos jours.

Denys le Thrace

Denys le Thrace occupe une place de choix dans l'histoire de la grammaire antique[3] d'abord pour une raison de fait : après tant d'œuvres (notamment celles des stoïciens, dont nous ne conservons guère plus que le titre), voici une *Technē* que nous pouvons lire dans le texte[4]. Ce traité, que l'on date de 90 a.C. environ, est au confluent de tous les courants de pensée antérieurs : aristotélisme et stoïcisme notamment; mais Denys est aussi l'élève d'Aristarque. Ce livre éclectique, salué comme une œuvre définitive, et qui nourrira les commentaires d'innombrables scholiastes, marque la création d'une grammaire indépendante en Occident. La grammaire ne doit plus être un terrain de manœuvres pour les spéculations philosophiques[5]. Elle sera une « connaissance

---

3. Sur la grammaire chez les Grecs, consulter H. Steinthal (fondamental); R. Schmidt (stoïciens); R. H. Robins.
4. Ed. G. Uhlig, dans la série des *Grammatici graeci* (1883).
5. La grammaire ne doit plus être, selon le mot de J. Collart, la « servante de la philosophie ».

empirique de ce qui se dit » *(empeiria tōn legomenōn)*. Admirable programme, plus facile à énoncer qu'à réaliser, comme on peut en juger par l'histoire de ces deux millénaires !

Le progrès dans l'analyse est ici très sensible : Denys énumère huit « parties du discours », quand Aristote n'en voyait que deux ou trois et le stoïcien Chrysippe cinq. L'*onoma* (qui regroupe nom et adjectif) est d'abord défini, par opposition au verbe, comme « casuel ». Alors que pour Aristote les *ptōseis* (cas) désignaient toutes sortes de variations paradigmatiques, du verbe comme du nom, elles sont réservées chez Denys à ce dernier. Les distinctions de la *Technē* entraînent certes d'importantes conséquences syntaxiques. Mais celles-ci ne sont pas formulées. Les définitions restent aux niveaux morphologique et sémantique.

Varron

Le seul ouvrage important que nous ayons conservé de l'époque républicaine sur la grammaire latine est le *De Lingua Latina* que Varron rédigea de 47 à 43 a.C. Les livres 8 à 10 y sont consacrés à la *declinatio uerborum*. Varron représente assez bien l'érudit éclectique de cette époque. Il a été l'élève du grammairien stoïcien Aelius Stilo et du philosophe péripatéticien Antiochus d'Ascalon. Son *De Lingua Latina* ne se donne pas pour un compendium scolaire où restent voilées les questions de méthode. Au contraire, il procède à un examen contradictoire des doctrines qui ont cours. Son principe est de *disputare in utramque partem*. Les deux parties convoquées devant le tribunal varronien sont les tenants de l' « anomalie » et ceux de l' « analogie ». Les premiers, avec Cratès et les stoïciens, soutenaient — en gros — que la langue échappe à des structures identifiables; les seconds, les « analogistes », pensaient, comme les grammairiens alexandrins Aristarque et Aristophane de Byzance, qu'il y a une *ratio* (un *logos*) qui structure la langue et permet d'en ordonner les faits[6].

Dans cette querelle, qui a dominé la pensée grecque aux IIe et Ier siècles a.C. (et où l'on perçoit des accents très modernes), Varron se déclare éclectique : ses veilles studieuses ont été éclai-

---

6. Sur l'analogie, cf. DAHLMANN, *RE*, Suppl. Bd VI, c. 1210, 1.37 sq.

rées, dit-il, aussi bien par la lampe d'Aristophane (analogiste)
que par celle du stoïcien Cléanthe. Mais ses préférences le portent
plutôt vers les thèses analogistes.

Nous sommes redevables à Varron de nous avoir transmis les
données de cet imposant débat. On observe aussi qu'il faut, après
lui, attendre plusieurs siècles pour retrouver des grammairiens
latins d'envergure. Enfin ses théories se signalent souvent par leur
vigueur et leur originalité.

La grammaire s'articule, selon Varron, en trois parties : éty-
mologie, *declinatio* et syntaxe[7]. La place énorme de la *declinatio*
s'explique parce qu'elle est, dirions-nous, un « universel »; l'extra-
ordinaire *économie* qu'elle permet l'a recommandée, en effet, aux
fabuleux créateurs des langues, ces *impositores* dont il est çà et là
question dans le *De L. L.* Ceux-ci ont formulé un nombre restreint
de termes de base *(imposticia nomina)*. Mais les procédés, peu
nombreux, de la *declinatio*, permettent de multiplier immensément
ce stock lexical primitif. (Il arrive à Varron de céder à une sorte
de vertige arithmétique, comme en 6, 36 : les termes de base
sont environ 1 000; or chacun donne naissance à 500 formes distinctes *(discrimina)*, soit 500 000 formes « déclinées »; si l'on ajoute
l'effet des préverbes, même réduits à 10, on atteint 5 millions de
formes.) En délaissant toute chicane, on peut dire que Varron a
mis le doigt sur un trait fondamental du langage : le « rendement »
énorme des morphèmes grammaticaux dont l'inventaire est relativement réduit.

La déclinaison au sens moderne est pour Varron la déclinaison
« intrinsèque » (la déclinaison « extrinsèque », c'est-à-dire avec
changement de référent, correspondant surtout à notre « dérivation »). Elle est constituée des 6 cas que nous connaissons, que
Varron présente sous la forme d'une *tabella* à 18 cases (6 cas,
3 nombres). Cette procédure apparemment banale tranche en
fait un débat très important. Puisque *domino* est aussi bien D
qu'Ab, a-t-on le droit de créditer par exemple *dominus*, au singulier, de 6 cas? Question importante, qui a divisé les Anciens
(les grammairiens postérieurs consacrent de larges développements

---

7. *Lingua Lat.*, 8, 1. La syntaxe étant perdue, force est de scruter les développements
morphologiques sur la *declinatio* pour essayer d'en apercevoir les implications syntaxiques.

aux mots à 1 cas, 2 cas, etc., « monoptotes, diptotes, triptotes... »)
et qui embarrasse certains Modernes : en 1956, De Groot affirmait
qu'il y avait autant de systèmes casuels (syntaxiques) que de paradigmes différents (au plan morphologique)!

Avec une grande pertinence syntaxique Varron considère ici
que l'opposition parallèle de *dominae/dominā* là où semblent se
confondre *dominō* D Ab, exige qu'on les distingue. Le système
morphologique *dans son ensemble* oblige à corriger les sous-systèmes
ambigus.

Sur d'autres points Varron montre le même bon sens et la
même clarté. Il évite par exemple les hypothèses gratuites qui
fleuriront chez nombre de ses successeurs sur le *septimus* et même
sur l'*octauus casus* du latin. Mais — pour autant qu'on ait droit
de juger en l'absence d'une syntaxe explicite — il faut reconnaître
que, pour les cas, il en reste à des appellations à fondement surtout
sémantique (D = *casus dandi*).

Enfin, il se complaît à cette commode hypothèse glottogonique
héritée des Grecs, qui attribue à de légendaires *onomatothètes (impositores)* la création de la langue originelle, langue parfaite ou
presque[8], adéquate aux choses, et que peut redécouvrir l'*etymologia*.

Priscien

De Varron et des grammairiens du Haut-Empire — Verrius
Flaccus sous Auguste, Remnius Palaemon sous Claude, Pline
l'Ancien sous Néron et Vespasien — aux commentateurs du
Moyen Age, la chaîne est ininterrompue[9]. Si les ressemblances

8. Sur les défauts imputables aux *impositores*, cf. *LL*, 8, 7.
9. Voici, à titre documentaire, la liste de quelques grammairiens jusqu'à Priscien
rangés, d'une façon parfois très approximative, dans l'ordre chronologique :
    Ier siècle : Remnius Palaemon; Pline l'Ancien; Probus (mort en 105 ? Commentaire
sur Virgile; mais les œuvres grammaticales connues sous son nom semblent appartenir
au IVe siècle. Cf. *Scaglione*, 61).
    IIe siècle : Sulpice Apollinaire; Aulu-Gelle; Pollion; Flauius Caper; Aemilius Asper
(fin du IIe, début IIIe siècle).
    IIIe siècle : Acron; Porphyrion; Aelius Festus; Aphtonius; Plotius Sacerdos (sous
Dioclétien, cf. *Scaglione*, 59).
    IVe siècle : Val. Probus; Aelius Donatus (sous Constantin); Victorinus; Charisius
(œuvre 361-363); Diomède; Euanthius; Nonius Marcellus; Seruius Honoratus (né
vers 350); Sergius; Dosithée; Cledonius (fin IVe - début Ve siècle).
    Ve siècle : Macrobe; Martianus Capella; Sedulius; Pompeius.
    VIe siècle : Audax; Priscien (*flor.* 500).

entre eux sont évidentes, il n'en existe pas moins de nombreuses divergences. Une « synthèse » de leurs théories sur les fonctions du nom est à proprement parler impossible. Mais il se dégage néanmoins quelques traits généraux communs, qu'il peut être utile d'indiquer rapidement.

Dans la ligne de la tradition grecque, le *nomen* est constamment défini comme la « partie du discours » qui comporte des cas. Quant au terme même de « cas » (= *casus*, littéralement « chute »), il provoque force théories, aussi fragiles qu'ingénieuses pour ramener leur paradigme au concept de « chute »[10]. Pour le nombre des cas, l'opinion générale s'en tient à 6; c'est l'avis de Priscien, qui domine les études de syntaxe. Mais d'autres en comptent 7 (scindant les emplois de l'ablatif), voire 8 (scindant les emplois du datif).

L'ordre dans lequel ils présentent les cas n'est pas aléatoire[11]. Le N, « cas direct », est en tête, parce qu'il naît le premier, soit par « nature » soit par « position » (convention). Le G est second parce qu'il engendre les cas obliques. Le D est troisième parce qu' « il convient davantage aux amis »; l'Ac quatrième parce qu'il « vise surtout les ennemis ». Le V est le cinquième (et dernier en grec!) parce qu'il est moins parfait que les autres (on ne peut le concevoir qu'associé à une deuxième personne). L'Ab est sixième parce qu'il est proprement latin, et en quelque sorte rajouté aux cas grecs.

Les observations sur le D et l'Ac montrent à quel point le *sens* de certains exemples grammaticaux peut dévoyer l'interprétation fonctionnelle des faits qu'ils devraient illustrer *(dare alicui / accusare aliquem)*. La situation marginale du V résulte d'une intuition juste, insuffisamment développée. Mais pourquoi l'avoir laissé avant l'Ab?

Il serait trop long d'exposer les valeurs reconnues à chaque cas. Nous nous bornerons à des indications très sommaires en nous appuyant surtout sur Priscien.

Pour le N, un vieux problème agitait les grammairiens : était-ce vraiment un *casus*? Si oui, d'où « tombait-il », puisque

10. *Piptō* et *ptōsis*, compris, à tort peut-être, comme « tomber » et « chute », provoquaient les mêmes embarras chez les Grecs.
11. Cf. PRISCIEN, in *GLK*, II, 186, 20.

c'est de lui que « tombent » les autres[12]? Il ne « tombe » même
pas du « concept », comme le voudraient les stoïciens, puisqu'on
en dirait tout autant d'un verbe ou d'une conjonction[13]. Obnubilés
par ces questions, les grammairiens ont peu réfléchi au rôle du N
qui, outre ses emplois purement dénominatifs (emplois correctement signalés et qui lui valent son appellation), sert à marquer
la fonction sujet.

Qu'un contresens ait été commis ou pas dans la traduction
du grec *aitiatikon*, il n'en reste pas moins que les Romains ont
toujours compris *accusatiuus* comme un dérivé de *accusare*[14]. Priscien
développe cependant des vues intéressantes sur les *uerba transitiua*,
les actifs transformables en passifs[15]. Mais il se contente d'un vague
raisonnement analogique pour apporter un semblant de justification aux accusatifs dépendant de verbes non passivables. Ce
qui le gêne, c'est l'idée préconçue — destinée à une longue car-
rière — que le verbe « actif » exprime une action *(actus)*.

Pour le G, le souci visible de Priscien est d'en ramener tous
les emplois à une *uis possessiua* (d'où quelques difficultés pour les
emplois adverbaux!, e.g. *GLK*, III, 229, 20).

Toute l' « analyse » du D repose sur l'interprétation sémantique d'énoncés contenant un datif. D'où ses diverses appellations :
datiuus, commendatiuus, voire *salutatiuus* (puisqu'on l'utilise dans les
dédicaces!).

L'Ab est salué comme une innovation latine (les Romains
l'auraient *ajouté* au système grec, dont on ne remet pas en cause
la priorité). Mais sa *licentia* décourage les théoriciens[16]. Seul
Priscien en traite longuement, en classant ses emplois par rapport
au D et au G grecs[17], ce qui n'est pas sans rappeler la méthode
de la grammaire comparée.

Quant au locatif, il est resté inaperçu, et est confondu avec
le G[18].

---

12. Le N n'est pas un cas, pour Diomède, *GLK*, I, 301, 21.
13. Priscien, *GLK*, II, 172, 5.
14. Varron le définit en disant : *cum accusaret*; Sergius : *accuso hunc et reum dico*.
15. *GLK*, III, 267, 12.
16. Diomède, *GLK*, I, 316, 31.
17. Bizarrement à la fin du l. V des *Institutions* (consacré aux « genres ») et au
l. XVIII, à l'occasion de divers exemples.
18. Par exemple *GLK*, III, 315, 19.

Les grammairiens latins ont établi à peu près exactement la flexion des noms et identifié les 6 cas de leur langue; ils ont su reconnaître un certain nombre d'emplois. Leurs œuvres, pour différentes qu'elles soient, laissent cependant l'impression d'un amas assez confus de règles et de remarques, bien éloigné de donner une idée claire de la syntaxe. On discerne plusieurs causes générales de cet échec.

Leurs vues sont principalement sémantiques, ou plus précisément ils érigent en « valeur » *(uis)* propre du cas un trait sémantique évident de tel énoncé dans lequel il est employé. Ceci apparaît nettement aux appellations mêmes des cas : on aura un « N » parce qu'on dit *nominor leo*. Le G sera essentiellement *possessiuus*, *parce que* dans *patris domus* on comprend que *pater possidet domum*. Les contre-exemples sont laissés de côté (que faire de *patris mors*?) ou raccrochés à tout prix à la valeur centrale, par une marche en crabe ponctuée de *similiter* signalant de vagues analogies. Partis de telles bases, avec de telles méthodes, les grammairiens latins ne pouvaient que patauger en syntaxe, courant d'un expédient à un autre. Priscien lui-même, en dépit d'une vaste information et d'un bon sens solide, n'agit pas autrement. Le désordre incroyable de son plan est, à cet égard, très révélateur.

La syntaxe du nom est tributaire des autres secteurs de la syntaxe. L'insuffisante élaboration de ces derniers a des effets désastreux; par exemple l'idée tenace que la voix « active » exprime une « action » *(actus)* du « sujet » entraîne forcément des erreurs fondamentales dans la définition du N et de l'Ac.

En dépit des intentions proclamées de Denys le Thrace (faire de la grammaire une discipline fondée sur la connaissance empirique des faits de langue), des *a priori* qu'on doit bien appeler philosophiques continuent d'égarer les spécialistes. On a vu que la longue querelle autour du N : est-il un *casus* ou non? reflète directement la doctrine de l'*impositio*. Une théorie glottogonique vient ici à la traverse d'une description objective.

Préoccupés de l'origine absolue du langage, ces auteurs ne le sont guère de son histoire. Ils ignorent à peu près totalement les vues diachroniques. Les données classiques ont à leurs yeux la même importance synchronique, qu'elles soient vétustes et stériles (et leur corpus largement tributaire des poètes ne manque pas d'archaïsmes) ou au contraire vraiment structurées et fécondes.

On peut dire enfin — ce n'est pas la moindre cause de l'embrouillamini de ces textes grammaticaux — que la vue des auteurs est constamment voilée par l'écran du grec. Dans leur plus grande partie, les *Iustitutions* de Priscien sont en fait une immense phraséologie comparée du grec et du latin. On ne considère pas le latin pour lui-même — ce qui n'exclurait pas, dans un deuxième temps, de fructueuses comparaisons avec d'autres langues —, on l'observe à travers le prisme de la réalité grecque; une apparente convergence des deux langues, sur un point donné, acquérant alors la dignité d'une explication.

Voilà quelques observations bien fragmentaires que suggère l'immense corpus des *Grammatici Latini*. Encore une fois, cette appréciation d'ensemble ne signifie pas que ces auteurs n'aient pas chacun leur personnalité et ne se divisent pas en courants partiellement opposés.

Première Partie

DU MOYEN AGE AU XVIIIᵉ SIÈCLE : L'AGE SPÉCULATIF

Chapitre Premier

CONCEPTIONS MÉDIÉVALES DU SYSTÈME CASUEL

I | HÉRITAGE EMPIRIQUE
ET GRAMMAIRE SCOLASTIQUE

Il est hors de question de présenter ici un tableau assez complet des doctrines médiévales sur les cas. Elles sont assez mal connues ; les textes n'existent pour la plupart qu'en manuscrits ; le sujet est immense et appellerait, avant toute synthèse, plusieurs monographies. Aussi nous bornerons-nous, après une rapide vue d'ensemble, à examiner de plus près les théories qui avaient cours dans la seconde moitié du XIIIᵉ siècle. Elles paraissent assez significatives de ce qu'on peut appeler la grammaire scolastique. Plusieurs traités, ceux des grammairiens « Danois » *(Daci)* ont été mis à notre disposition dans de bonnes éditions modernes[1] ; et nous suivrons aussi le précieux recueil de Charles Thurot, qui fournit d'autres textes assez nombreux[2]. En dépit des inévitables simplifications qu'imposent les dimensions de ce chapitre, cet

1. Voir dans la bibliographie les références des œuvres de Jean, Martin, Simon et Boèce le Danois ; ainsi que celles des exégètes modernes, Grabmann, Pinborg, Kelly.
2. Charles THUROT, *Notices et extraits de divers manuscrits latins pour servir à l'histoire des doctrines grammaticales au Moyen Age*, Paris, 1868.

échantillon suffira, espérons-nous, pour donner une idée au moins approximative des préoccupations courantes à cette époque, et des innovations qu'elle a apportées[3].

Innovations, ou retour à des sources oubliées, par réaction contre l'époque antérieure au xiie siècle? Les théoriciens ne découvrent pas, en vérité, des champs nouveaux qui s'ouvriraient à la réflexion grammaticale, mais ils coulent pour ainsi dire la masse des faits connus dans les moules d'une certaine logique, celle de l'*Aristoles latinus*. La grammaire est annexée par la logique, elle devient une « science » spéculative. Cette opinion est celle de tous les historiens de la grammaire. Mais cette « logique » — aimerions-nous préciser — n'est pas seulement l'art de la pensée juste, elle ne vise pas seulement à contrôler la validité des raisonnements, elle est aussi, et même d'abord, une métaphysique, puisqu'elle opère à partir de concepts aristotéliciens comme « substance », « accident », « mouvement », etc.[4].

Avant Abélard, les Rémi d'Auxerre (mort vers 908), les Baudry de Bourgueil[5] se bornent à suivre scrupuleusement les ouvrages légués par l'Antiquité tardive. Ils abrègent et compilent, continuant souvent avec moins de talent dans la même voie qu'Isidore de Séville[6], Saint-Aldhelme, Bède le Vénérable. Attachés servilement à la lettre de leurs modèles — ce qui entraîne parfois de curieuses acrobaties quand une faute rend le modèle incompréhensible —, ils aggravent la confusion qui caractérise leurs prédécesseurs. Un extravagant, comme Virgile de Toulouse, trouve auprès d'eux le même crédit que Priscien et Donat. Ils sont, par surcroît, soucieux d'accorder grammaire et religion; Smaragdus,

---

3. J'exprime ma reconnaissance à Marc Baratin, qui a bien voulu me présenter de très utiles observations sur ce chapitre.

4. Il ne s'agit évidemment pas de démêler ici ce qui, dans cet « aristotélisme », revient exactement à Aristote lui-même et ce qui est imputable à ses commentateurs, exégètes, disciples, de l'Antiquité ou du Moyen Age. Cf. R. BLANCHÉ, *La logique et son histoire*, Paris, 1970, chap. 2 à 6.

5. Connu par un poème de 1098 qui est une description sommaire de la grammaire.

6. Isidore de SÉVILLE (mort en 636) considère la grammaire comme le premier des sept « arts libéraux » (*Orig.*, 1, 2, 1). Elle est désignée par lui tantôt comme *ars*, tantôt comme *scientia* (1, 5, 1-2). Sur cette « inconséquence », voir les réflexions de J. FONTAINE, *Isidore de Séville et la culture classique dans l'Espagne wisigothique*, Paris, 1959, p. 52 (la première partie de cet ouvrage, p. 1-210, traite d' « Isidore grammairien »). Isidore consacre en tout 9 lignes aux cas (1, 7, 31), mais deux pages aux 28 espèces de noms communs et une page aux « lettres mystiques ».

abbé de Saint-Mihiel en 805, justifie l'existence de 8 parties du
discours par le fait que le chiffre 8 se rencontre souvent dans
les Ecritures! Le trait commun à tous ces auteurs, outre leur
indigence intellectuelle, l'absence d'esprit critique et le défaut
d'originalité, c'est que — exception faite de quelques puérilités
bien pensantes — ils n'ont cure d'abstraction. Chez eux, rien qui
ressemble à une « grammaire générale ». Les xe et xie siècles
ont certes porté un intérêt croissant à Boèce[7], traducteur et commentateur d'Aristote[8]. Les auteurs peuvent à l'occasion citer tel point
de vue considéré comme péripatéticien[9], mais ils ne réorganisent
pas du tout la grammaire en fonction de cadres logiques.

Au contraire, comme l'observe J. Pinborg[10], la fusion des deux
disciplines, grammaire et logique[11], est très visible chez les penseurs du xiie siècle, comme Anselme de Canterbury, Gilbert de
Poitiers et Abélard[12]. Les commentaires de Priscien élaborés au
xiie siècle, et notamment celui très célèbre de Pierre Hélie (Petrus
Helias, vers 1140), se donnent pour mission non plus de reproduire, mais d'ordonner plus logiquement et de compléter Priscien :
ceci par une définition plus claire et plus unitaire des parties du
discours, par une explication « philosophique » plus poussée de
leurs « accidents ». Pierre Hélie n'hésite pas à critiquer : « Priscien
énumère de nombreuses constructions sans définir leurs causes, se
bornant à les signaler en suivant l'autorité des grammairiens antérieurs. C'est pourquoi il n'instruit pas *(non docet)*, car ceux-là seuls
instruisent qui définissent les causes des énoncés qu'ils citent. »

Le péripatétisme, dont Pierre Hélie use encore assez sobrement,
« envahit la grammaire tout entière, et la pénètre jusque dans
les formes de l'exposition »[13]. Les causes de ce phénomène sont
connues : découverte de traités aristotéliciens jusqu'alors ignorés
(et notamment les *Analytica posteriora*), fait que la grammaire n'est

---

7. Mort en 524.
8. Cf. Jean Jolivet, *Arts du langage et théologie chez Abélard*, Paris, 1969, p. 17.
9. Par exemple Isidore, *Orig.*, 1, 6, 1, signale que la réduction du nombre des
parties du discours à deux parties essentielles (nom/verbe) remonte à Aristote. Point
de vue que J. Fontaine, *Isidore*, p. 96, estime à juste titre plus philosophique que
grammatical. Abélard procédera de la même façon, cf. J. Jolivet, *Arts du langage*, p. 34.
10. J. Pinborg, *Sprachtheorie*, p. 23.
11. Précisons : une logique à fondement métaphysique.
12. Anselme est mort en 1109, Gilbert en 1154 et Abélard en 1142.
13. Charles Thurot, *Extraits*, 118.

enseignée que par des maîtres ès arts, qui sont en même temps étudiants en théologie, et passent leur temps à argumenter selon les schèmes péripatéticiens. L'importance du philosophe grec est consacrée par la décision de la Faculté des Arts de Paris qui exige dès 1255 l'étude préliminaire de l'œuvre entier d'Aristote[14]. Thomas d'Erfurt tire de la *Physique* d'Aristote le début de sa *Gramatica speculativa*[15]. Jean le Danois, peut-être le meilleur des *Grammatici Daci*, est l'auteur d'une *Diuisio scientiae*, qui forme comme une vaste introduction à sa *Summa gramatice*[16]. Il y a, selon lui, trois « sciences spéculatives » : métaphysique, mathématique, sciences naturelles et trois « sciences spéculatives auxiliaires » : rhétorique, logique, grammaire. Dans sa *Somme grammaticale* (1280), il ramène, conformément à la doctrine d'Aristote, les principes généraux et particuliers de la grammaire aux quatre « causes premières » (formelle, finale, efficiente, matérielle). La première partie est consacrée à démontrer que la grammaire est une science, puisqu'elle remplit les conditions exigées d'une vraie science : elle a un objet reconnaissable, opère selon des principes déterminés et établit des rapports de causalité. Puisqu'elle est une science, elle est valable pour toutes les langues, en dépit des différences subalternes (par exemple l'existence d'un article en grec, son absence en latin). Elle suppose, comme le dit clairement Jean le Danois, la métaphysique, qui a pour objet la recherche des principes fondamentaux applicables aux sciences particulières[17].

Simon le Danois affirme de la même façon[18] le caractère scientifique spéculatif et universel de la grammaire; voici comment on peut, d'après L. G. Kelly, résumer son argumentation :

— la grammaire est une *science*, parce qu'elle procède par démonstration et preuve, selon les normes d'Aristote;

---

14. *Chart. Univ.*, Paris I, p. 277-279. Sur l'importance d'Aristote dans la vie intellectuelle à cette époque, cf. les études fondamentales de Martin Grabmann, *Mittelalterliches Geistesleben*, Munich, 1926.

15. Cf. L. G. Kelly, *La grammaire à la fin du Moyen Age*, 5.

16. Jean le Danois, éd. Alfred Otto, vol. I, 1, Hauniae, 1955.

17. On trouve une argumentation tout à fait analogue chez Boèce le Danois, dans ses *Modi significandi siue quaestiones super Priscianum maiorem* (vers 1270), éd. J. Pinborg et H. Ross, Hauniae, 1969, p. 4-32.

18. Dans ses *Quaestiones super 20 minoris uoluminis Prisciani*. Cf. L. G. Kelly, in *Folia linguistica*, 5, 1971, 225-252, et *La grammaire à la fin du Moyen Age*, p. 5.

— c'est une science *spéculative* parce qu'elle considère la langue comme un objet extérieur à l'intellect (le *modus significandi*, objet de la grammaire, est hiérarchiquement subordonné au *modus intelligendi*, lui-même dépendant du *modus essendi* soit, dans l'ordre descendant : être-concept-expression grammaticale) ;
— son objet est une vérité *universelle*, immuable dans l'espace et dans le temps ;
— c'est une science « commune » (c'est-à-dire que ses principes fondamentaux sont ceux de toutes les sciences spéculatives) ;
— ce n'est donc pas, faut-il le préciser, une « science pratique ».

On ne saurait trop souligner l'importance de ces positions. Elles représentent une véritable révolution par rapport à l'empirisme désordonné des grammairiens du Bas-Empire. Discipline descriptive, *ars* jusqu'au XIIe siècle — même quand on l'appelle étourdiment *scientia* —, la grammaire est orgueilleusement élevée au rang de « science ». Elle sera « science » parce qu'on la veut *abstraite*. Son objet devient le *sermo significatiuus prout abstrahitur ab omni scientia speciali*, comme l'écrit Robert Kilwardby dans son commentaire sur Priscien[19]. Elle sera science et donc universelle, parce qu'elle ne s'intéresse qu'aux *principia essentialia*, aux *significata generalia* (Roger Bacon). R. Kilwardby assimile complètement la méthode en grammaire à la méthode en géométrie : *Sicut geometria non est de magnitudine linee... sed de magnitudine simpliciter..., sic gramatica simpliciter non est de oratione congrua secundum quod concernit linguam latinam uel graecam...; immo est de constructione congrua secundum quod abstrahit ab omni lingua speciali*[20]. Il est inutile de souligner que la « science » ainsi conçue ne sera plus exactement une *peritia loquendi* comme chez Isidore; elle s'occupera moins d'adéquation aux données du langage que de cohérence interne par conformité « logique » aux concepts de base. Comme

19. R. KILWARDBY, archevêque de Cantorbery, mort en 1279; son commentaire (inédit), cité par PINBORG, *Entwicklung*, p. 30, est largement utilisé par les auteurs du XIVe siècle.
20. Texte cité par Ch. THUROT, p. 127. On peut traduire ainsi : « De même que l'objet essentiel de la géométrie n'est pas la grandeur linéaire, mais la grandeur..., de même l'objet essentiel de la grammaire n'est pas la correction de la langue en tant qu'il s'agit du grec et du latin...; mais bien plutôt la cohérence de la construction en tant qu'elle est abstraite de toute langue particulière. »

le dit clairement Boèce le Danois[21] : *certitudo in scientia habetur ex certitudine suorum principiorum* (« Dans la science, la certitude tient à la certitude de ses principes »).

II | PLACE DU SYSTÈME CASUEL DANS LA THÉORIE SCOLASTIQUE

Le XIIIe siècle développe systématiquement l'emploi du concept *modus significandi* (« manière de signifier ») introduit au XIIe siècle de façon à obtenir des définitions bien symétriques des « parties du discours ». Les *modi significandi* désignent ce que Priscien appelait les *proprietates significationum*. Le nom a pour *modus significandi* spécifique la propriété d'exprimer « la substance avec la qualité » *(substantiam cum qualitate)*. Ainsi *dolor* (nom) exprime la même *res* que *doleo* (verbe); mais le nom désigne la « douleur » en tant que chose permanente *(per modum permanentis)*, tandis que le verbe la désigne en tant que chose qui s'écoule *(per modum fluxus)*.

Ce *modus significandi* est « essentiel » pour le nom *(essentialis)*. En rangeant le mot qui en est investi dans la catégorie « nom », il lui permet d'avoir des *modi significandi accidentales*, qui sont (Donat l'a déjà dit) : *qualitas, comparatio, numerus, genus, figura, casus*[22]. Ce sont ces *modi significandi accidentales* qui assument la « construction »[23]. On peut les ordonner en :

— absolus *(absoluti)*;
— relatifs *(respectiui)*.

Par exemple, la *qualitas* sera absolue, mais le cas, relatif. Boèce le Danois (p. 180), sans prendre garde aux constructions adnominales, définit le cas comme une « propriété de la substance en relation avec l'action »[24]. Comme on verra, l' « explication » de l'emploi des cas se réduit souvent à une tautologie, ou à une

21. *Modi significandi...*, p. 4.
22. MARTIN LE DANOIS intitule son chapitre 37 : « De modo significandi accidentali qui facit casum. »
23. Cf. MARTIN LE DANOIS, p. 32.
24. *Proprietas substantiae in comparatione ad actum.*

pétition de principe[25]. Mais avant de passer à l'examen plus détaillé de chacun d'eux (ci-dessous, III), il importe de voir comment ces grammairiens présentent le système casuel dans son ensemble; car c'est bien d'un « système » qu'il s'agit avec sa cohérence (apparemment) parfaite, où chaque élément tire sa valeur de sa position qui est opposition. Aussi aucun des auteurs ne manque à décrire cette structure d'ensemble, limitant même parfois son effort à cette présentation.

Voici l'essentiel de l'exposé fait par Simon le Danois à la page 40 de sa *Domus gramatice*. Les six cas s'organisent en :

{ intransitifs
{ transitifs[26].

1) Les intransitifs sont :

{ le N exprimant le *suppositum actuale*;
{ le V exprimant le *suppositum virtuale*.

On peut les appeler aussi « absolus ».

2) Les transitifs (ou relatifs, *respectiui*), les quatre autres, se scindent en deux groupes, scindés à leur tour en deux cas :

A) Relation de substance à substance :

a) avec expression d'une origine *(principium)* : G;
b) avec expression d'un terme *(terminus)* : D;

B) Relation de substance à action :

a) avec expression d'une origine : Ab;
b) avec expression d'un terme : Ac.

Un tel tableau vaut qu'on s'y arrête pour en admirer la parfaite symétrie. Voilà un chef-d'œuvre d'oppositions binaires avant la lettre, une construction d'une absolue rigueur géométrique, très satisfaisante pour qui affectionne les systèmes déductifs; hélas très

---

25. Il y a d'autres définitions intéressantes du « cas ». Ainsi : « Pour la perfection du discours, deux choses sont nécessaires, le sujet *(suppositum)* et le prédicat *(appositum)*. Le sujet est ce de quoi l'on parle. Le prédicat est ce qui est dit du sujet. *Les mots casuels ont été inventés pour exprimer le sujet*... les verbes ont été inventés pour exprimer le prédicat. »
26. Ce concept de *transitio*, emprunté à Priscien, signifie qu'il y a un changement de personne. N et V *per unam personam intransitiue proferuntur* (PRISCIEN).

peu satisfaisante, ne disons pas pour toutes les langues passées et
à venir, mais même pour le seul latin. Simon, dans l'enthousiasme
de l'abstraction, enchaîne sur l'ordre des cas. Si les cas sont donnés
dans l'ordre N G D Ac V Ab — d'ailleurs différent de l'ordre
structural qu'il vient d'établir — c'est aussi pour des raisons
profondes : « Parce que la source est avant le ruisseau, la cause
avant l'effet, l'origine avant ce qui en dépend, pour cela le N
précède les autres cas. De même le G est l'origine de la flexion,
c'est à partir de lui que se fléchissent tous les autres[27], aussi pré-
cède-t-il tous les autres. Le D se rapporte à la substance, et de
même que la substance est avant l'action, de même le D avant
l'Ac qui exprime le terme de l'action; de même l'Ac précède
le V parce que l'actuel précède le potentiel. De même le V précède
l'Ab parce que l'intransitif précède le transitif. »

On voit à plein dans ce passage le fondement métaphysique
de ce bel enchaînement logique, en particulier la primauté du
concept de « substance ».

Martin le Danois[28] présente un tableau d'ensemble assez différent où l'explication « localiste » est plus appuyée. Le jeu des
oppositions « origine » / « terme », et « action » / « substance »
aboutit au schéma suivant :

Expriment l'origine ⎰ par rapport à l'action : N (cf. A ci-dessous);
⎱ par rapport à la substance : G (cf. B).

Expriment le terme ⎰ par rapport à l'action et à la substance :
⎪   « à qui » : D;
⎪   « de qui » : Ab;
⎨ par rapport à l'action seulement :
⎪   « vers qui » : Ac
⎩   V (cf. C).

A) Ex. : *Petrus legit :* « L'origine de l'action de « lire » est
   dans « Pierre ». »
   « L'action sort *(egreditur)* de lui. »

B) Le G exprime l'origine relativement à la substance puisqu'on
   dit *cuius est alterum* « à qui appartient le deuxième terme ».

C) Le V est le « but visé par un appel » *(terminus excitationis).*

---

27. C'est difficile à soutenir pour le V.
28. P. 42.

Cette présentation dans laquelle l'opposition origine/terme domine l'opposition substance/action est en liaison avec la théorie du « mouvement » *(motus)* de la phrase. Si la phrase est un *motus* entre un *terminus a quo* (origine) et un *terminus ad quem*, toutes les parties du discours pourront être classées en fonction de leur rôle dans ce mouvement. Le nom (ou le pronom) qui sont au point de départ auront donc un *modus habitus (quietis)* ; le verbe aura au contraire un *modus flexus (uel fieri)*[29].

Il est vrai (comment concilier cette propriété avec le *modus quietis?*) que les cas se caractérisent par leur aptitude à donner au nom le rôle de *terminus a quo* (le N, toujours) ou de *terminus ad quem* (l'Ac toujours).

Les quelques qualités que les grammairiens ont abstraites de l'emploi réel des cas leur permettent, malgré leur petit nombre, des jeux de construction différents. Il n'y a rien à dire quant à la cohérence interne de ces systèmes et à leur rigueur « logique ». Mais en quoi éclairent-ils mieux les faits de langue?

III | EXAMEN PLUS DÉTAILLÉ DES CAS

Le nominatif

Dans le célèbre *Doctrinale*, Alexandre de Villedieu fournit, en guise d'explication du N, de simples gloses faisant appel à l'action de diverses « forces »[30].

Ainsi pour le « sujet », on dira que le verbe régit[31] le N *ex ui personae*; ex. : *Guillermus legit*[32]. Attribut, le nom est au N *ex ui copulae (Guillermus est clericus)*. Les exemples les plus difficiles sont résolus grâce à l'ellipse. *Ego sedeo iudex* se comprend comme

---

29. L. G. KELLY, *La grammaire à la fin du Moyen Age*, p. 8-9.
30. Cf. Ch. THUROT, *Extraits*, p. 250 sq.
31. Le verbe *regere* apparaît dans l'emploi grammatical depuis le VIIIe siècle. Priscien disait *exigere, desiderare* par exemple.
32. Glose *Admirantes*.

ego sedeo ens *iudex*. Pierre Hélie trouve aussi un certain nombre
d'astuces pour rendre compte des trois expressions parallèles :

$$\textit{misereor hominis uolentis esse} \begin{cases} \textit{episcopus} \\ \textit{episcopum} \\ \textit{episcopi}; \end{cases}$$

episcopus parce que *esse*... « exige le N par force copu-
lative »[33];

episcopum, parce que « tout infinitif exige l'Ac par force
d'infinitif »;

episcopi, « pour obtenir la similitude des cas » (cf. *hominis*).

Le N en apposition sera au N *ex ui appositionis*.

Il y a encore des N *ex ui euocationis*[34]; il faut entendre par là
que par la figure de l'*euocatio*, les pronoms *ego, tu, nos, uos* donnent
au N qui peut les accompagner la valeur d'une première ou
deuxième personne.

Un sort autonome est fait aux N dans une expression comme
tu ludis et ille (N *ex ui zeumatis*[35]), et à ceux qu'expliquent la *uis pro-
lempsis* (prolepse) ou la *uis conceptionis* (syllepse). Alexandre admet
en outre 6 N « absolus » (entre autre les emplois purement dénominatifs, comme les titres, ou l'emploi du N en fonction de V).

Boèce le Danois se borne à voir dans le N le cas de la « désignation » (p. 182). Il est vrai qu'il ne consacre que 33 lignes à
l'emploi des cas, concluant fièrement : « De la sorte sont expli-
quées les propriétés de l'être, qui fondent le statut casuel. »

Martin le Danois inclut, on l'a vu, le N dans un système
localiste. Simon le Danois (p. 32-33) l'explique par référence aux
« causes » aristotéliciennes. Le N est *causalis*. Mais il exprime la
« cause efficiente » avec un verbe qui désigne l'action, la « cause
matérielle » avec un verbe passif. Il sera en revanche « cause
formelle » dans *Christus est doctus* où *doctus* donne sa forme à l'essence
générale (p. 34-35).

---

33. Ce sont les grammaires latines rédigées en français qui, à cette époque, tra-
duisent *ex ui* par « par force ».
34. A. de VILLEDIEU, chap. VIII.
35. = *zeugmatis*.

Le vocatif

Le même Simon voit dans le V l'expression d'une « cause matérielle » (p. 33)[36]. Il s'emploie pour « une substance que l'on peut inciter à percevoir ou à agir » *(Waltere, Socrates currit! | Waltere, curre!)*. Boèce (p. 183) dit plus brièvement la même chose. Martin le Danois (p. 42) le définit d'une manière à peu près analogue comme le *terminus excitationis*.

Le génitif

En dépit des différences dans leurs schémas structuraux, les grammairiens « danois » s'accordent à voir dans le G le cas exprimant l'origine dans une relation de subtance à substance (Simon, p. 40; Martin, p. 42). Il s'oppose donc directement, soit au D (Simon) qui, avec les mêmes relations substantielles, désigne le terme, soit au N (Martin) qui désigne lui aussi une origine, mais par rapport à un acte. Le G exprime la cause efficiente (Simon, p. 33). Plus loin, le même auteur, pour rendre compte des emplois variés du G, les examine sous trois points de vue :

1) qu'est-ce que le G et pourquoi a-t-il été ainsi dénommé;
2) sa signification;
3) sa valeur causale.

1) Pour le premier point, on voit reparaître l'enseignement antique : *dicitur a generando*, et ceci pour deux raisons : le G « engendre » les autres cas; il exprime la filiation. Mais, à ces données traditionnelles, Simon ajoute l'explication scolastique : « Le G exprime l'origine de la substance qui lui est unie, substance qui lui appartient ou lui est étrangère. »
2) Sur le deuxième point, Simon, selon l'usage du débat scolastique, se pose une objection : tous les cas obliques expriment un *terminus*. Or, si le G est oblique, comment peut-il exprimer un *principium*? La solution vaut d'être rapportée littéralement : *G dicit principium uocaliter sed terminum realiter*[37].

36. Comme le N sujet d'un verbe passif, comme l'Ac d'objet... (cf. THUROT, p. 250).
37. La cohérence de la doctrine de Simon semble ici en défaut; il n'a pas signalé plus haut cette qualité générale des cas obliques.

3) Enfin le G est dû à une « cause efficiente » car « qui commence est efficient » *(Qui enim incipit, efficit)*.

Le *Doctrinale* et ses glossateurs vont beaucoup plus loin dans le détail. Ils distinguent, d'une façon plus réaliste, le G adnominal du G adverbal[38] :

A) Le G construit avec des noms : le G peut être *ex ui possessionis*; mais la *possession* est « pure » *(equus regis*, parce que le roi peut dire *hoc meum est)* ou « impure » *(uicinus regis)*.

Un G remarquable est celui que l'on définit *ex ui demonstrationis essentiae* (= le G de qualité). Dans *forma mulieris* (« la beauté de la femme ») *mulieris* est au G puisque la « femme » est bien l'origine de l' « accident » « beauté ». Mais comme Aristote l'a souligné dans le *De anima*, les « accidents » servent à connaître la « substance ». Donc, en tant qu'origine de la connaissance de la substance, les « accidents » se mettent très correctement au G; d'où *mulier formae eximiae* « une femme d'une remarquable beauté »[39].

Question embarrassante que ne résolvent ni Alexandre ni son commentateur : *pes porci* peut se dire *ex ui possessionis*; le « pied » est alors inhérent au « porc ». Mais l'expression signifie aussi un pied *détaché* de l'animal qui le possédait... Aporie qui montre l'inconvénient de considérer d'abord, pour définir une relation syntaxique, un trait sémantique reconnu à l'énoncé dans son ensemble.

Les « noms » qui désignent l'auteur ou le patient d'une action (et ici l'on range, avec *amator*, le participe *amans*, les adjectifs *cupidus, timidus*, etc.) se construisent avec le G *ex ui actus conuersi in habitum* (« par la force d'une action transposée en état »); par exemple *amator uini, cupidus ludi*. On se demandera quelle importance peut bien avoir, pour le choix du cas, le fait que *amator* ou *cupidus* transposent en *substantia in quiete* le *fluxus* essentiel du verbe. On a l'impression que l'auteur dit n'importe quoi, à condition

---

38. Cf. Ch. THUROT, *Extraits*, p. 273.
39. ... *accidens est principium cognoscendi ipsum subjectum. Et ideo in tali comparatione debet ipsum accidens designari per casum dicentem tale principium ; hic est genitiuus* (p. 277).

que son commentaire s'appuie sur les concepts de la « logique »
scolastique.

Certains emplois réservent des difficultés insurmontables aux
théologiens-grammairiens; ainsi *uirtus Dei*[40]. Car Priscien l'a dit :
tous les cas obliques sont « transitifs »; et la *transitio* suppose la
diversité; or Dieu est la vertu même...

B) *Le G construit avec un verbe :* le ressort du raisonnement
conduit par Alexandre de Villedieu est de remplacer le verbe par
un nom. De la sorte est sauvegardée la relation de substance à
substance propre au G[41]. Ainsi *obliuiscor lectionis* est ramené à
obliuionem lectionis patior. De même *Est regis facere hoc* (très choquant
si l'on se souvient que la *uis copulativa* exige le N) doit se comprendre
comme *hoc facere est res regis*. Pour des usages plus rétifs, le commentateur déploie toutes les ressources de sa dialectique subtile. Si
refert et *interest* demandent le G, c'est en raison de leur signification
qui est celle de la *pertinentia* (c'est-à-dire le fait de « se rapporter
à, d'être attaché à »). « Puisque le « rapport à » est orienté vers
ce à quoi il se rapporte, comme à son origine, et cela sans mouvement, pour cette raison ces verbes sont orientés vers le cas qui
exprime l'origine sans mouvement, c'est-à-dire le G[42]. »

Enfin, A. de Villedieu se débarrasse sous l'étiquette de « G
absolus » des locatifs (qui, pour Priscien, étaient des G construits
« adverbialement ») : *Romae, humi, militiae*[43]. Absolus ou pas, on
aurait aimé voir comment les intégrer à une explication d'ensemble
du G, ce à quoi notre grammairien ne se risque pas.

Le datif

On a vu que les grammairiens danois s'emploient à définir
le D par rapport aux concepts de « substance », « action »,
« terme ». Mais ils sont très avares d'exemples.

---

40. Cf. Ch. Thurot, *Extraits*, p. 280.
41. *Ibid.*, p. 285-286. On sait que bien des Modernes, sans avoir les mêmes raisons
scolastiques, procèdent de même.
42. *Quoniam pertinentia inclinationem habet ad id... cuius est pertinentia, tanquam ad suum
principium, et hoc sine motu, propterea inclinantur haec uerba ad illum casum qui dicit principium
sine motu.*
43. Et même *uespere* dans Matth., XXVIII, 1, compris, vu la confusion graphique
de *ae* et de *e*, comme un « G » de *uespera!*

Alexandre de Villedieu et son commentateur se tiennent plus près des faits, en essayant vaille que vaille de rattacher ceux-ci aux catégories scolastiques.

Les constructions du D « se rapportent » à la possession, à la relation et à l'acquisition. Pour la « possession », on rencontre tout de suite la fameuse concurrence G/D : *est regis | est regi*. Au G, on signifiera « la cause et le principe de cette relation »[44]; au D un *terminus terminans*.

La « relation » s'exprime par exemple avec les adjectifs *similis*, *uicinus*, les adjectifs verbaux en *-bilis* et en *-ndus*. Le D y signifie le *terminus substantiae* (le G dans les mêmes énoncés mettrait en relief la *cause*, l'origine *sans* mouvement; l'Ab la cause, le point de départ *avec* mouvement).

A l' « acquisition » ressortissent toutes les autres constructions; mais on distingue acquisitions « substantielles » et acquisitions « accidentelles » avec subdivision dans chaque cas entre D *commodi* et D *incommodi*.

La question du double datif suscite des raisonnements tout à fait typiques. L'auteur d'*Admirantes*[45] écrit : « Le datif est le cas acquisitif, et l'acquisition requiert trois conditions : l'acquéreur, ce qu'on acquiert, au bénéfice de qui se fait l'acquisition; ou bien pour qui se fait l'acquisition, par l'intermédiaire de qui, et relativement à quoi; il n'y en a pas davantage. C'est pourquoi trois datifs et pas plus peuvent parfois se construire ou être coordonnés, exemple : *argentum est mihi cordi lucro.* » Mais l'auteur ajoute que Priscien n'approuve pas la construction de trois D, et qu'on n'en rencontre pas d'exemples dans les textes. Aussi, bien qu'on puisse facilement établir l'existence d'une construction à trois D, il n'en parlera pas[46].

On voit comment l'analyse sémantique élémentaire de la notion d' « acquisition », avec les trois « conditions » qu'elle suppose, est substituée à l'analyse proprement syntaxique. Il semble que l'auteur, en démontrant, à sa manière, que trois D non coordonnés peuvent coexister dans la même phrase, vise à faire admettre que la présence de deux D est *a fortiori* tout à fait

44. Ch. THUROT, *Extraits*, p. 289.
45. Texte latin cité par Ch. THUROT, *Extraits*, p. 293.
46. *Ibid.*, p. 105.

compréhensible. Mais, en usant de cet expédient, il a pour le coup assez largement oublié la *uis* spécifique du D ainsi que les catégories « logiques » dans lesquelles elle joue. Comment unifier logiquement le « pour qui » et le « par l'intermédiaire de qui » par exemple ?

L'accusatif

L'Ac est unanimement reconnu comme exprimant le terme d'une action : *significat rem suam in ratione termini actus*, écrit Boèce le Danois (p. 183)[47].

Michel de Marbais[48] définit assez clairement la « construction transitive » *(constructio transitoria)* dans laquelle est impliqué l'Ac : « L'Ac signifie du point de vue du terme, comme on le voit en disant *Video Sortem*. Car *Sortem* est exprimé comme ce à quoi se termine la vision. C'est pourquoi, dans ce verbe *uideo*, se trouve la manière de signifier correspondant à cet Ac. Et par ces deux manières de signifier est produite la construction transitive. »

Définition assez lucide, bien que fondée sur un exemple commode (que dirait-il pour *accipere epistolam*?). On remarquera qu'une procédure plus purement syntaxique, comme la transformation passive, n'est pas du tout prise en considération. Mais en dehors de ces énoncés trop complaisants, d'insurmontables difficultés apparaissent.

Ainsi dans le double accusatif *doceo pueros grammaticam, pueros* est régi par *doceo* en vertu de la *uis transitionis*; quant à *grammaticam*, il est gouverné par un *tradendo* dont le sens est compris dans *doceo*. C'est pourquoi le commentateur d'Alexandre de Villedieu parle ici d'un Ac *ex ui gerundiui*[49]!

Des expressions comme *fortis dextram* ou *caecatur oculos* auront des Ac *ex ui synodoches*[50]. On voit bien ici « la partie pour le tout », mais de quel mouvement *dextram*, par exemple, sera-t-il le terme ?

Il serait trop long d'énumérer les diverses explications *ad hoc*,

47. Définitions assez semblables chez SIMON LE DANOIS, *Domus gramatice*, p. 38; chez MARTIN LE DANOIS, p. 42.
48. Grammairien du XIIIe siècle dont Ch. THUROT donne des extraits, p. 300.
49. Cf. Ch. THUROT, *Extraits*, p. 298.
50. C'est-à-dire « en vertu d'une synecdoque ». Ce dernier mot est utilisé par ces grammairiens sous la forme de *synodoche*.

avec chaque fois une *uis* tout à fait analogue à la fameuse « vertu dormitive de l'opium ». Qu'un verbe normalement intransitif reçoive une construction transitive (*ardere*, non plus *Alexim*, mais *Christum*!) c'est « par la vertu d'un renforcement du terme principal ». Qu'on dise (à basse époque) *Mattheum legitur*, c'est « par la vertu d'un passif impersonnel issu d'un verbe transitif ». Curieusement les Ac comme *Romam, rus, domum*, si propres à illustrer le *modus significandi* fondamental du cas, sont étiquetés « Ac absolus ». Mais le principal obstacle est celui de l'Ac sujet de l'infinitif. Comment la substance « terme » du mouvement peut-elle se muer en substance « origine »? Après une très longue discussion, le commentateur d'Alexandre de Villedieu est forcé de conclure (simple constatation!) que l'infinitif exige l'Ac[51]. Mais l'Ac, comme tous les cas obliques, est « transitif »; or en tant que sujet de l'infinitif, il sera « intransitif ». Qu'à cela ne tienne : il suffit de poser la « règle » que l'Ac est transitif quant à sa relation avec le verbe antécédent, intransitif quant à sa relation avec le verbe suivant[52]. Il recueille le *motus* du verbe précédent, il est pour le verbe suivant le *subjectum* où prend racine l'*actus* du verbe[53].

Même *non liquet* (non avoué, et même noyé sous une avalanche de subtilités scolastiques) chez Simon le Danois[54]. Une logomachie d'une présentation très scolaire et faisant intervenir à point nommé les concepts « logiques » tient lieu de description et d'explication.

L'ablatif

On pourrait faire des remarques analogues à propos de l'Ab, le cas qui désigne le *principium motus*, et se ramène logiquement à une « cause efficiente » (*percutior a te*), ou à une cause formelle (*tepeo calore*)[55].

Dans le détail, les auteurs se souviennent ou oublient opportunément la définition générale. Par exemple, Alexandre de Villedieu et son commentateur assignent à l'Ab une *uis causae uel effectus*,

---

51. C'est vite dit! Et l'infinitif historique ?
52. Ces grammairiens raisonnent constamment comme si l'ordre des mots en latin était aussi fixe, aussi pertinent qu'en français.
53. Cf. Ch. Thurot, *Extraits*, p. 309-310.
54. *Domus gramatice*, p. 37-38.
55. Simon le Danois, p. 39.

non seulement dans *uerbis uincit*, mais encore dans *stadiis sex distat*[56]. Pour l'Ab dit de qualité, il fait appel à une *uis demonstrationis essentie*. La différence avec le G à peu près synonyme, c'est que celui-ci peut se gloser par « étant », et l'Ab par « ayant ». Une *uis carentiae* explique *poena caret*[57]. L'ablatif absolu suscite bien des hypothèses et des discussions[58]. La solution la plus communément admise est celle qu'expose l'auteur d'*Admirantes* : pour lui *Sorte legente* équivaut à *dum Sor legit*. Il y a un lien syntaxique *(constructio)* entre les deux ablatifs. Mais ils sont « absolus » parce que exempts de dépendance extrinsèque. Mais pourquoi employer l'Ab ? C'est parce qu'il exprime « la concomitance d'une action avec une autre action, dans la mesure où l'une des actions est la cause de l'autre, et l'ablatif exprime la substance en tant que principe d'une action faite ou subie ». C'est dommage que de la « concomitance » (idée juste et que Priscien ne semble pas avoir énoncée clairement), on glisse à la « cause », ce qui ramène à l'expression d'un *principium* en relation avec un *actus*, rôle spécifique assigné en système à l'Ab[59].

Il est surtout très regrettable que le même auteur jusque-là assez bien inspiré veuille renforcer sa thèse en ajoutant un argument qui la ruine : certains, dit-il, estiment que *dum* est l'équivalent de *cum*, c'est-à-dire — précise-t-il — d'une préposition qui gouverne justement l'Ab !

Quant à l'ablatif que nous appelons « local », on devine à quelles contorsions il contraint de malheureux grammairiens qui n'ont pas reconnu l'existence d'un cas spécifique, le locatif. Il faut donc « expliquer » *Romae* selon l'essence du G, et *Athenis* selon l'essence de l'Ab ! Il faut aussi rendre compte de l'Ab exprimant l' « endroit par où l'on passe », etc. Entreprise ardue, même pour des hommes dressés à l'éristique des Facultés des Arts[60].

---

56. Cf. Ch. THUROT, *Extraits*, p. 311-334. La glose *Admirantes* essaie de ramener toutes les constructions de l'Ab à l'idée de cause.
57. Le commentateur explique plus lucidement que la proximité sémantique de la « privation » et de l' « enlèvement » fait comprendre pourquoi les verbes « manquer de » inclinent à se construire avec l'ablatif.
58. Voir chez Ch. THUROT, *Extraits*, p. 318-324, les explications de Siger de Courtrai.
59. On remarque que cette analyse de l'Ab absolu ne va pas jusqu'à éclairer la *constructio* qui relie les deux Ab, analyse qui se heurterait à de nombreuses difficultés : un des termes y fonctionne comme « sujet », l'autre comme « verbe » ; il peut y avoir un attribut lui-même à l'Ab, etc.
60. On apercevra le dédale des solutions chez Ch. THUROT, *Extraits*, p. 325-334.

Enfin, l'emploi des cas avec les prépositions est tout à fait
délaissé. Les auteurs se bornent à répéter sommairement que le
syntagme prépositionnel est à l'Ab si le nom exprime l'origine
d'une action, à l'Ac s'il en exprime le terme. Les nombreux emplois
récalcitrants (*stare apud, ante, ad...* / *stare pro ; cum, sine,* etc.) sont
opportunément laissés de côté.

IV | CONCLUSION

Dans la mesure où une étude aussi rapide et fragmentaire[61]
autorise des conclusions, on mettra d'abord en relief l'originalité
très frappante de la grammaire à partir du xiie et surtout du
xiiie siècle. A bien des égards, elle offre des traits généraux analogues à ceux qui distinguent certains courants structuralistes
modernes. La prééminence de la syntaxe est hautement affirmée :
« L'effort des grammairiens s'exerce principalement sur la construction », écrit un auteur anonyme du xiiie siècle[62]; alors que
les grammaires antiques, vaste réservoir où puisent ces révolu-
tionnaires, s'occupent uniquement — sauf exception[63] — d'ortho-
graphe et de morphologie.

Toutes ces grammaires, est-il besoin de l'observer, sont « syn-
chroniques »; non qu'elles aient éliminé le point de vue diachronique. Elles l'ignorent simplement. Elles ne se préoccupent pas
de l'histoire. Elles traitent la *koinē* latine comme une matière
contemporaine, ajoutant parfois un tour « chrétien » aux usages
« classiques », mais sans porter le regard sur le cheminement de
la langue. Tout est « mis à plat » et considéré du même œil.

Ces grammaires sont également toutes des grammaires d'une
seule langue; on ignore le grec (langue par surcroît hérétique),
et jusqu'à sa graphie. Mais pourquoi le latin ne suffirait-il pas,

---

61. Mais comme nous l'avons dit plus haut, on manque de données de première
main, et d'abord de textes édités.
62. Ch. THUROT, *Extraits*, p. 213 : *Studium gramaticorum praecipue circa constructionem
uersatur.*
63. Le *Priscianus minor* (= *Institutiones,* l. XVII et XVIII) traite de syntaxe. C'est
la source quasi unique pour des hommes que leur ignorance du grec tient à l'écart
d'Apollonios et d'Hérodien.

puisque toute langue doit permettre à la science du langage d'atteindre à la généralité.

Tel est bien, en effet, le trait le plus frappant de cette période : la grammaire est fièrement élevée à la dignité de « science spéculative ». De la science, elle possède les principes, les méthodes ; elle en possède aussi la pérennité et l'universalité. Une fois établie, elle doit valoir pour tous ces phénomènes accidentels que sont les langues superficiellement différentes, dispersées dans le temps et dans l'espace. Cette ambition grandiose produit des œuvres admirablement ordonnées. Un simple coup d'œil sur la table des matières des *Modi significandi* de Martin le Danois par exemple suffit pour s'en convaincre[64].

Mais cet effort pour théoriser la grammaire ne va pas sans faiblesses ni lacunes. Autant Priscien est fertile en exemples — devenant parfois un véritable recueil phraséologique — autant les scolastiques en sont avares[65]. Ils ne se lancent pas bravement dans la broussaille des faits, pour y ouvrir des avenues ; ils se contentent de raisonner sur un petit nombre de données, considérées comme exemplaires, qu'ils recueillent sans peine chez les grammairiens anciens, leur substituant parfois, dans une pieuse intention, des exemples chrétiens. Pour établir des lois générales, il est évidemment plus facile de partir d'un corpus simplifié au risque de mutiler la réalité.

Une autre contrainte les engage dans la même voie. Ils visent certes à édifier une « science » mais leur objectif et la présentation qu'ils donnent à leurs œuvres sont tout pédagogiques. Nous avons là des manuels plutôt que l'enregistrement d'une recherche authentique. Le souci d'enseigner est tellement vif que plusieurs des auteurs et non des moindres ont rédigé leurs ouvrages en vers, considérés comme plus mnémotechniques que la prose. Ainsi deux des plus célèbres traités : le *Doctrinale* d'Alexandre de Villedieu et le *Grecismus* d'Evrard de Béthune.

---

64. *Corpus philosophorum Danicorum Medii Aevi*, t. II (éd. H. Roos, 1961), p. 328 sq. Un préambule traite du concept de *modus significandi* ; puis de la différence entre les *modi essendi, intelligendi, significandi*. Le livre I traite des *modi significandi essentiales generales*. Dans une première partie sont abordés ces *modi* en général (avec un chapitre par partie du discours) ; dans une deuxième partie (chap. 14 à 54 !), il est question de ces *modi* d'une façon plus particulière. Tout cela rigidement organisé. Le chapitre sur les cas est le chapitre 27 : « De modo significandi accidentali qui facit casum. »

65. Cf. les exemples que donne Ch. Thurot, *Extraits*, p. 26, notamment chez P. Hélie.

Enfin la puissante originalité de cette époque, son effort de
mise en ordre théorique peuvent aussi être sa plus grande faiblesse,
si quelque erreur vient vicier la théorie. On s'est imaginé attribuer
à la grammaire un statut scientifique (avec les caractères de nécessité et d'universalité qui en découlent) en la modelant selon une
armature logique. On a cru que l'axiomatisation complète imposée
à la matière grammaticale était sa principale explication et la
garantie de sa vérité. Or cette logique toute-puissante n'est pas
seulement une logique, c'est en même temps une métaphysique.
Comme l'a dit L. Brunschvicg, l' « apparence purement formelle
qu'on a prêtée à la logique d'Aristote » vient de ce qu' « après
lui s'est effacée l'intelligence de la connexion entre le syllogisme
et l'ontologie ». Par exemple, selon cette « logique », le sujet
grammatical est aussi le sujet « logique », c'est-à-dire le support
des « qualités »; mais il est en même temps le sujet « ontologique »,
c'est-à-dire la « substance ».

L. Blanché le montre clairement[66], l'axiomatique élaborée au
nom d'Aristote n'est pas une axiomatique au sens moderne du
terme. Ce n'est pas un système « *hypothético*-déductif », où les
axiomes jouent le rôle de simples hypothèses, posées, mais non
affirmées comme vraies. C'est un système « *catégorico*-déductif » :
les axiomes de base y sont considérés comme évidents et nécessaires. Et l'enchaînement déductif a pour office de transférer leur
vérité aux propositions qu'on en tire. Autrement dit, ces axiomes
de base ne jouent pas seulement le rôle de *principes* de la théorie,
de points de départ logiques, ils en sont le *fondement*; ils ont un
contenu notionnel et c'est celui-ci qui donne en définitive à chacune
des propositions le cachet illusoire de la vérité.

Après une aventure intellectuelle qui a dû être très exaltante,
que reste-t-il de tant d'efforts? On a voulu construire une grammaire « spéculative » : la spéculation demeure certes, mais l'acquis
grammatical est bien menu dans le tamis de l'histoire. La pesante
expérience de la grammaire scolastique appelait un double cor-
rectif : une mise en cause de ses cadres métaphysiques; un retour
aux données de la langue concrète, qui est la chair de la grammaire.

66. *La logique et son histoire*, Paris, 1970, p. 60.

Chapitre II

SANCTIUS ET SCIOPPIUS : LA RAISON CONTRE L'USAGE AU XVIᵉ SIÈCLE

Sanctius et son disciple enthousiaste Scioppius sont d'excellents témoins du mouvement intellectuel qui se développe vers le milieu du XVIᵉ siècle et qui conduit à Port-Royal, et à la « grammaire générale » telle que la concevront les XVIIᵉ et XVIIIᵉ siècles. Ce n'est certes pas de Sanctius (1587) que date la réaction contre la scolastique. Les bases de sa doctrine se trouvent déjà chez J. C. Scaliger (*De causis linguae latinae*, 1540). Mais Sanctius a le mérite de la clarté et de la simplicité. Nous examinerons donc à travers Sanctius et Scioppius, les idées de l'école nouvelle sur le nom et les cas. Nous essaierons de les situer par rapport à la scolastique et aussi par rapport aux grammairiens de la génération précédente (Despautère, Lefèvre d'Etaples notamment). Ainsi devrait être rendue compréhensible la genèse de la grammaire « cartésienne ».

Francisco Sanchez de las Brozas, dit Sanctius, professeur à Salamanque, a conquis une notoriété qui devait durer jusqu'au XVIIIᵉ siècle par sa *Minerva seu de causis linguae latinae*, publiée à Salamanque en 1587[1]. Caspar Schopp, dit Scioppius, s'est fait connaître dès le début du XVIIᵉ siècle par des publications touchant à la littérature ancienne[2]. Il raconte que la lecture de la

---

1. J'ai utilisé l'édition d'Amsterdam, 1664, publiée à la suite de la *Grammatica philosophica* de SCIOPPIUS (B.U. Sorbonne, *LPL*, 17, in-12). Ce volume contient divers autres opuscules de SCIOPPIUS, notamment les *Annotationes in Syntaxin* et l'*Auctarium*.
2. Certaines sont datées de 1601 dans les fichiers des bibliothèques.

Minerva le convertit, relativement tard, à la grammaire[3]; véritable conversion en effet, si l'on en juge par l'ardeur militante du néophyte, le culte qu'il voue à son maître, et sa pugnacité contre tous les adversaires, confondus dans un mépris sans nuances[4]. Le résultat de son travail est proposé dans la *Grammatica philosophica* parue à Milan en 1628[5].

I | TRAITS GÉNÉRAUX DE LA NOUVELLE ÉCOLE

Un trait frappant de la nouvelle école (mais n'est-ce pas une constante de l'évolution des idées en linguistique?) est l'âpreté de sa critique à l'égard de tous ceux qui l'ont précédée, à l'exception de J. C. Scaliger. Elle exprime une volonté de rompre avec un passé qui s'étend à peu près jusqu'à eux et que Scioppius n'hésite pas à faire remonter... à Cratès de Mallos qui, au dire de Suétone, avait initié les Romains à la grammaire. Scioppius a publié, entre autres opuscules, un *Hercules coprophoros (Hercule transporteur de fumier)*, allusion vigoureuse à ces écuries d'Augias que sont à ses yeux les grammaires antérieures, voire contemporaines, par la masse des barbarismes et des solécismes qui les déshonorent. La *Grammatica philosophica* s'ouvre par un tableau synoptique intitulé *Comparatio cloacinae et sanctianae grammaticae.*

En face de la *Grammatica cloacina*, grammaire d' « égout »[6], « honteusement mensongère », encombrée de règles et d'exceptions, se dresse la *Sanctiana*, dont les règles sont toutes justes, au reste très peu nombreuses et *sans exceptions*[7]. On pourrait apprendre presque en un jour (p. 139) les quinze règles dont elle se contente.

Elle parvient à une aussi admirable simplicité parce que, au-delà des faits, elle recherche les *causes* de la langue latine, à

---

3. *Grammatica philosophica*, p. 1, recto.
4. Il a suivi, dit-il, Sanctius « qui est le premier et l'unique maître en cet art », *Annot.*, p. 102.
5. J'ai utilisé l'édition d'Amsterdam, 1664; cf. ci-dessus, n. 1.
6. Allusion à l'anecdote rapportée par Suétone que Cratès de Mallos avait donné quelques conférences grammaticales à Rome pour y avoir été immobilisé après une chute dans une bouche d'égout.
7. Affirmation capitale à retenir.

l'exemple de Scaliger. Sanctius le proclame, comme une profession de foi épistémologique : « Il faut fournir la raison de toutes choses, y compris des mots » (*Minerva*, p. 4). Car c'est la raison *(ratio)* qui seule rend possible cette explication complète. Scioppius le confirme (p. 1, recto) et précise ailleurs : « Nous avons donc établi dans notre syntaxe une norme qui fût plutôt philosophique que grammaticale » (*Annot.*, p. 141). La raison — à laquelle on pourrait sans excès mettre une majuscule — est le pilier principal de cette construction. Mais l'autre pilier est l'usage, l'usage correct des auteurs latins, et non pas le latin barbare du Moyen Age. C'est pourquoi on rencontre chez Sanctius et Scioppius une quantité de références aux textes, infiniment plus que chez les scolastiques. A propos de ces références se développent des analyses et des critiques d'une forme que ne renierait pas la science moderne.

Telle est la double orientation de ces théoriciens : raison et usage correct. Ils ne se sont pas aperçus que ces deux concepts pouvaient être parfois difficilement conciliables. En tout cas, les conciliations qu'ils en proposent paraîtront sans doute ou bien très floues, ou bien allégrement chirurgicales.

La phrase minimale et la « constructio »

Sanctius, invoquant Platon et Aristote (*Minerva*, p. 66) écrit que « la phrase *(oratio)* est constituée du nom et du verbe, comme d'une matière et d'une forme la plus brève possible »[8]. Ainsi se trouve définie ce que André Martinet appelle la « phrase minimale ». Quant à la *constructio nominum*, elle se divise en deux branches :

$$\text{Syntaxe } (constructio) \begin{cases} \text{accord } (concordia) \\ \text{rection } (rectio)[9]. \end{cases}$$

Elle est d'autre part « régulière » (ou *uera*) ou « irrégulière » (ou *falsa*) ; les constructions déclarées « irrégulières » s'interprètent par recours aux « figures » dont la plus importante, et de loin, est l'ellipse[10].

---

8. Cf. SCIOPPIUS, *Annot. in synt.*, p. 140 : « Toute affirmation ou négation se compose d'un nom et d'un verbe. »
9. SANCTIUS, *Minerva*, p. 65.
10. SCIOPPIUS, *Gramm.*, p. 26-27.

Le nom

Le nom est la partie du discours signalée par la « différence spécifique » de la marque casuelle; celle-ci joue pour l'espèce « nom » le même rôle que la marque personnelle pour l'espèce « verbe »[11].

Les noms possèdent 6 cas; et cette division est « naturelle », c'est-à-dire conforme à la raison[12]. Sanctius est tellement convaincu de l'adéquation du système latin à une « raison » toute naturelle, donc très nécessaire, qu'il affirme hautement l'existence des mêmes 6 cas en grec. Et d'avancer des exemples pris aux auteurs latins, comme celui-ci (Cicéron, *Epist.*) : *numquam in maiore* aporiai *fui*; ou, de Juvénal : *melius Penelope*[13].

Il est vrai, disent-ils, que l'appellation traditionnelle des cas est propre à égarer. Il vaudrait mieux simplement les numéroter comme l'a déjà fait Scaliger, en prime, second, tiers, quart, quint et sixte[14]. Mais la commodité et l'utilité pédagogique recommandent de conserver tout de même les appellations traditionnelles.

La *rectio uera* — à laquelle doivent se ramener finalement tous les emplois en *rectio falsa* — tient effectivement en très peu de règles. Soit la phrase[15] *Filius Dei posuit animam pro peccatoribus*. Elle illustre à merveille la *rectio*, c'est-à-dire « le pouvoir de s'adjoindre un cas déterminé »[16] dans ses trois manifestations :

> dans *Filius Dei*, le substantif *filius* appelle le G;
> dans *posuit animam* le verbe actif appelle l'Ac;
> dans *pro peccatoribus*, la préposition appelle l'Ab.

A propos de cette phrase type, on ne nous dit rien du N dont il sera traité à propos de la construction du verbe (cf. *infra*). On

---

11. SANCTIUS, *Min.*, p. 18; SCIOPPIUS, *Gramm.*, p. 4. Cette doctrine est déjà chez Scaliger.
12. SANCTIUS, *Min.*, p. 20.
13. *Min.*, p. 20. C'est comme si on soutenait que le français possède un datif parce que l'allemand dit : *Ich wohne in Paris*.
14. C'est, pour les dénominations, du super-Tesnière! A *primus, secundus, tertius*, etc., correspondent respectivement N, G, D, Ac, V, Ab (SANCTIUS, *Min.*, p. 18; SCIOPPIUS, *Gramm.*, p. 21).
15. SCIOPPIUS, *Gramm.*, p. 21. Dorénavant, sauf mention contraire, tous les renvois à Scioppius et à Sanctius viseront respectivement la *Minerva* et la *Grammatica philosophica*.
16. *Certi casus adsciscendi potestas.*

ne nous dit rien non plus du D, qui — on le verra plus loin — est en fait exclu de la rection : situation étonnante et propre à faire douter de la prétendue rationalité parfaite du système latin.

II | EXAMEN PLUS DÉTAILLÉ DES CAS : LE GÉNITIF (G)

La *rectio uera* du G s'énonce selon une règle très simple (Scioppius, p. 30) : « Tout G est régi par un nom substantif exprimé ou supprimé. »

Cette règle implique (Sanctius, p. 67) qu'aucun G, ni en latin, ni en grec, ne peut être régi par un verbe. Une fois énoncé le principe de la *rectio uera*, il reste à y ramener la masse des faits irréguliers, regroupés sous la bannière de la *rectio falsa*. C'est à quoi s'emploient nos auteurs, avec une grande constance et une indéniable agilité d'imagination.

Dans *accuso te furti* (G du grief) il faut entendre *accuso te ⟨crimine⟩ furti*[17] (il conviendra évidemment dans un second temps de ramener l'Ab *crimine* à un ablatif prépositionnel).

Le locatif *Romae* étant pris pour un G (à l'exemple de Priscien), on restituera : *natus ⟨in urbe⟩ Romae*.

Le G « de prix » rentrera dans le droit chemin grâce à une autre ellipse, assez complaisante :

hoc emi magni ⟨aeris pretio⟩[18].

Parfois ce n'est plus l'ellipse d'un ou plusieurs mots qu'il faut admettre, mais toute une paraphrase :

lumborum tenus mergitur

(avec un G dépendant d'une sorte de postposition!) est pour : *⟨usque ad finem⟩ lumborum mergitur*[19].

---

17. C'est encore l' « explication » de plus d'un moderne, et notamment de Kuryłowicz!

18. Exemples pris chez SANCTIUS, p. 68-72, et chez SCIOPPIUS, p. 30 sq.

19. Sanctius et Scioppius auraient pu observer avec quelque soulagement que la « préposition » *tenus* est correctement construite avec l'Ab, par exemple VIRGILE, *En.*, 3, 427, *pube tenus*.

Quant aux G après participe actif comme *amans uxoris*, ou *appetens alieni*, Scioppius (p. 31) s'en débarrasse rapidement mais non sans gêne. Le nombre même des « solutions » qu'il propose les affaiblit toutes. Ces participes n'ont, dit-il, que l' « apparence » *(facies)* d'adjectifs. Mais ils ont « valeur » *(uis)* de substantifs (et nous retombons dans un cas de *rectio uera*). Ou plutôt il faut sous-entendre un substantif comme si on disait ⟨*homo*⟩ *amans*. (Mais à quoi rattacher alors *uxoris*? D'autre part dans ce cas *amans* redevient un adjectif!) Autre truc : comprenez *amans* ⟨*amorem*⟩ *uxoris*. (Mais alors le participe recouvre une *uis uerbalis*; et d'ailleurs l'expression a un autre sens.) Bref, il semble que tous les procédés soient bons pour ramener au troupeau les brebis égarées. Tant la *rectio uera* a de force contraignante puisque par elle c'est la « raison » même qui s'exprime.

Les G après les adjectifs au statut adjectival incontestable *(plenus, diues, peritus*, etc.) ne peuvent relever que d'une *rectio falsa*. On invoque ici encore pour réduire ces « anomalies » :

a) L'ellipse d'un nom :

  diues agri ⟨*ergo*⟩.

b) L'ellipse d'un nom sémantiquement proche de l'adjectif :

  diues ⟨*diuitiis*⟩ *agri*.

c) L'influence du grec : il y a quelque chose de supprimé comme *ek* ou *heneka*. Suppression bien compréhensible (opine Sanctius, p. 68) si l'on pense à *plenus de uino* (cf. ital. *pieno di vino*, fr. *plein de vin*) qui se réduit à *plenus uino*.

On peut observer ici que les tours elliptiques proposés font bon marché de cette correction tellement prônée depuis le début du siècle. L'hésitation entre *agri* ⟨*ergo*⟩ et ⟨*diuitiis*⟩ *agri* suggère qu'aucune de ces gloses ne s'impose vraiment. Encore une fois, les auteurs se satisfont d'une approximative équivalence sémantique, pourvu qu'au détour de la paraphrase apparaisse la construction réclamée par la *ratio recta*. Quant à l'influence grecque sur *plenus uini*, le lecteur ne peut deviner s'il s'agit de l'ellipse véritable d'un *ek* par exemple, ou si Sanctius trouve suffisamment éclairante par elle-même la simple juxtaposition du grec et du latin. Mais l'argument de *plenus uino* / *plenus de uino* permet de supposer qu'il a vraiment en vue l'ellipse, assez fantastique, d'une préposition grecque.

Le datif (D)

Le D embarrasse fort nos auteurs; ils ont posé en dogme que le système casuel latin est le reflet même de la raison. Or il y a trois rections très claires :

> par le verbe : Ac;
> par le nom : G;
> par la préposition : Ab.

Que faire alors de ce cas fonctionnellement superfétatoire? En bonne logique, il doit être étranger au jeu de la rection. C'est bien ce qu'affirme Sanctius, page 72 : « Le D n'est jamais régi, ni à l'actif, ni au passif; il signifie toujours « acquisition »; il s'ajoute à l'*oratio* déjà construite[20].

Puisque la signification du D se limite à l'*acquisitio*, il ne saurait jamais exprimer l' « agent »; c'est là une grossière erreur des grammairiens, conclut Sanctius (p. 75).

Mais comment rendre compte des faits? Ce n'est ni facile ni clair. Pour *obtemperatio legibus*, le « nom verbal » peut conserver la construction du verbe. Mais ce n'est que différer la solution du problème; l'explication ultime n'est pas fournie.

Dans le double D aucun des deux termes n'est régi par le verbe; chacun à sa manière exprime l'acquisition (Sanctius, p. 75 : *hoc erit mihi curae*; Scioppius, p. 32)... Et on n'en saura pas davantage.

Le désarroi de nos grammairiens vient de ce qu'ils ont tracé au cordeau une structure parfaite, avec des correspondances terme à terme entre les fonctions et les formes. Mais en dépit de la nécessité profonde et universelle des 6 cas latins, le D ne peut être intégré. Il sera donc rejeté, marginalisé. Et ce rejet donne sur les méthodes le même indice que le recours démentiel à l'ellipse.

---

20. Théorie confirmée *Min.*, p. 73 : *Datiuus constructae atque perfectae orationi per modum acquisitionis superuenit.* (Noter *super-uenit.*) Le D se trouve ainsi défini comme un circonstant incident à la phrase entière.

Le vocatif (V)

Le V, cas marginal, n'est pas régi par *tu, uos,* comme certains le croient, précise Scioppius (p. 33). Il n'est régi par aucune partie du discours, bien qu'il soit souvent uni à l'interjection *O.* La preuve que le verbe ne régit pas le V, c'est, dit Sanctius (p. 81), que le même V peut figurer dans la même phrase, qu'elle soit à l'actif ou au passif *(o domine, me doces / doceor a te).*

L'ablatif (Ab)

Comme le G est toujours régi par un nom, l'Ab est toujours dépendant d'une préposition, exprimée ou supprimée (Sanctius, p. 83). Propriété tellement fondamentale que Sanctius l'appelle *casus praepositionis,* non sans risque, puisque l'Ac, pour une part de ses emplois, est lui aussi prépositionnel.

Une fois énoncé ce principe de la *rectio uera,* survient la foule des tours relevant de la *rectio falsa,* que l'on ramène à la norme par divers procédés (Scioppius, p. 34 sq.) :

a) On restitue la « préposition supprimée » (avec le comparatif) :

> *indoctior* ⟨*prae*⟩ *illo;*

(instrumental) :

> ⟨*cum*⟩ *suo gladio eum trucido;*

(relations diverses) :

> *dignus* ⟨*pro*⟩ *laude*
> ⟨*ab*⟩ *arte insignis*
> *adulescens* ⟨*cum*⟩ *magno ingenio*
> *palet* ⟨*ex / a*⟩ *metu*
> *natus* ⟨*in*⟩ *ruri*

(car *ruri,* les grammairiens romains l'ont affirmé, est bien un ablatif).

b) On restitue la préposition supprimée et encore autre chose :

> *magno* ⟨*pro pretio*⟩ *emere*
> *potior* ⟨*potestatem a*⟩ *pecunia.*

Comme on le voit l'Ac dit d' « objet interne » est d'usage fréquent dans ces restitutions (sans que d'ailleurs les auteurs semblent s'apercevoir que les phrases « régulières » qu'ils proposent appellent parfois de nouvelles explications; comment rendre compte d'un *potestas a pecunia*?).

L'ellipse devient dans certains cas un vaste détour paraphrastique, comme pour *utor libris*, qui est « mis pour » *utor usum*, « c'est-à-dire » *utilitatem capio ex libris*.

En bonne logique, il ne peut exister aucun « ablatif absolu ». Sanctius (p. 84) tonne contre les « grammairiens imbéciles » qui emploient cette expression. Il faut comprendre

⟨*sub*⟩ *Aristotele auctore*,
⟨*ab*⟩ *hoste superato*,

où *ab* est à entendre au sens de *post*, précise sans vergogne Scioppius (p. 34).

Une conséquence utile de cette démarche injustifiable est de réintégrer l'ablatif absolu dans le cadre de l'ablatif, ce que ne faisaient pas les grammairiens modistes. On se trouve ainsi mieux préparé à définir plus correctement le champ des effets de sens auquel peut se prêter cet emploi de l'ablatif[21].

L'accusatif (Ac)

La *rectio uera* de l'Ac tient en trois règles (Sanctius, p. 76-80) :

1) il est l'apport d'un verbe actif;
2) il est le support d'un verbe infinitif;
3) sinon il est régi par une préposition.

L'étude de l'Ac complément d'objet (et de l'Ac dit « sujet » de la proposition infinitive) coïncide à peu près avec celle de la rection verbale. Ici encore, la *rectio uera* est incroyablement simple : « Un verbe actif quelconque, fini ou infini, régit toujours un Ac, exprimé ou supprimé » (Scioppius, p. 38). Ex. : *disco litteras; ueneror Deum* (car le déponent est un actif !).

---

21. Cf. Guy SERBAT, L'ablatif absolu, in *Revue des Etudes latines*, 1979.

Que faire des « intransitifs »? Réponse : il n'y en a pas! Il faut restituer :

a) Un complément d'objet (qui est ce que nous appelons un « objet interne ») :

> *uiuo ⟨uitam⟩, dormio ⟨dormitionem⟩, curro ⟨cursum⟩*[22];

b) Un réfléchi :

> *terra ⟨se⟩ mouet; anno ⟨se⟩ uertente*

(façon expéditive de régler notamment l'épineuse question des verbes ambivalents).

Relèvent évidemment aussi d'une *rectio falsa* les accusatifs d'extension et de relation (Scioppius, p. 33) :

> *uixit ⟨per⟩ annos centum*[23];
> *albus ⟨ad⟩ dentes*[24];
> *⟨per | ad⟩ omnia Mercurio similis.*

(Comme on le voit, le respect proclamé de l'usage classique n'interdit pas le recours à des gloses d'une *latinitas* quasi mérovingienne!)

De même pour l'Ac de but : *ibo ⟨ad, in⟩ Neapolim.*

Dans le double accusatif (Scioppius, p. 42-43; cf. Sanctius, p. 76), l'Ac de la personne est régi par le verbe mais l'Ac de la chose dépend d'une préposition, *kata*, « c'est-à-dire » *ad, circum, iuxta.* Ex. : *Poscimus te pacem.*

Cette suppression de la préposition est un usage grec, de même qu'au passif *doceris artes*[25].

Une question très embarrassante, et dans laquelle s'enlisent Sanctius et Scioppius, est celle de l'Ac avec un gérondif : *desi-*

---

22. Outre la *latinitas* douteuse de quelques-uns d'entre eux, ces exemples font oublier que l'usage correct est que le complément d'objet interne soit *déterminé*; c'est-à-dire que le latin l'emploie pour *ajouter* au verbe intransitif un trait sémantique quasi adverbial, mais qu'un adverbe véritable pourrait difficilement exprimer : *eam uiuere uitam quae sola est uita nominanda.*

23. Dans cette phrase, il faudra aussi résoudre l'intransitif !

24. C'était l'occasion de penser au grec!

25. Il y a en revanche vraiment deux Ac, mais avec *esse* sous-entendu, dans *praesta te uirum, Deum uocamus patrem* (?).

derium discendi litteras[26]. Car on ne peut pas dire que les formes en *-di* ou en *-do* gouvernent l'Ac, puisque ce ne sont pas des verbes (elles n'ont ni personne, ni temps!).

L'Ac sujet de l'infinitif

La règle simple qu'énonce Scioppius (p. 37) dit que « le support d'un infinitif est un Ac exprimé ou supprimé ». Il convient donc de le rétablir en ce dernier cas, d'où :

scio te amare (amari),

mais

cupio ⟨me⟩ scire.

Restitution qui ne va pas sans difficultés comme on le voit par :

Arbores uidentur ⟨eas⟩ cadere,

énoncé si embarrassé que l'auteur l'éclaire par un nouveau tour : *arbores uidentur caducae* (sans prendre garde au changement de sens). Les emplois, nombreux et variés, de l'infinitif sans sujet, obligent Scioppius à invoquer des « figures » et principalement l'ellipse : *Sunt cantare pares* se comprendra comme *a cantare*, c'est-à-dire *a cantu*, c'est-à-dire *quod ad cantum attinet*.

Dans l'ensemble, cette question de l'Ac sujet de l'infinitif est très peu approfondie. La négligence de Sanctius et de Scioppius semble facile à expliquer : ils ont tendance à poser comme un axiome une valeur et une seule pour chaque cas. Au prix de quelques manipulations, les G et les Ab qui semblent aberrants sont ramenés assez aisément à la *rectio uera*. Mais le problème est autrement ardu pour l'Ac : on doit lui reconnaître d'emblée trois valeurs : objet d'un verbe actif; sujet d'un infinitif; emploi prépositionnel. Si la première fonction entre assez bien dans le cadre préétabli des rections (G → nom; Ab → préposition; Ac → verbe), les deux autres manifestent une originalité inquiétante. Aussi nos auteurs se gardent-ils de les approfondir.

Le nominatif (N)

La position syntaxique du N s'énonce très simplement (Sanctius, p. 66) :

N a nulla parte regitur.

Le N n'est régi par aucune partie de l'*oratio*. Dans *Cato scribit*, *Cato* n'est pas régi par le verbe; *scribit* n'est pas régi par le nom. Il y a entre eux un accord *(concordia)* mais non pas une dépendance *(rectio)*. Leur relation relève, non pas de la seconde partie de la syntaxe (qui traite de la rection), mais de la première qui traite de l'accord. Le rapport du nom et du verbe dans cette phrase minimale *(oratio breuissima)* est un rapport d'implication réciproque, comme celui qui unit l'adjectif et le nom, le relatif et son antécédent[27].

Là où le N n'est pas le support il faudra faire appel à l'ellipse, par exemple :

Cato scribit ⟨ens⟩ inuitus.

Scioppius (p. 37) se souvient très à propos d'une distinction scolastique pour « expliquer » des tours comme : *ego didici hoc puer; Deus est animus; ego uocor Marcus*; dans ces phrases, les *N puer, animus, Marcus* représentent, dit-il, le « *N uirtualis* » des scolastiques, et non pas le « N *formalis* ».

Scioppius (p. 35), rappelant la règle que tout verbe fini à un support au N, soit exprimé, soit supprimé, en déduit qu'il convient de le sous-entendre quand il n'apparaît pas.

1) Pour *legimus*, on comprendra ⟨*nos*⟩ *legimus*; de même ⟨*homines*⟩ *ferunt* et l'inévitable ⟨*caelum*⟩ *uel* ⟨*pluuia*⟩ *pluit*[28], ⟨*lux*⟩ *lucescit*, etc.

2) De même : ⟨*misericordia*⟩ *miseret*, ⟨*taedium*⟩ *taedet*; et aussi *uiuitur* ⟨*uiuere*⟩ ou ⟨*uita*⟩; *curritur* ⟨*currere*⟩ ou ⟨*cursus*⟩. C'est ainsi que Plaute : *ligna caesum itur*, est à interpréter comme ⟨*uia*⟩ *itur* ⟨*ad*⟩ *caesum ligna*.

---

27. Sanctius n'a pas songé que, accord ou pas (cf. *omnes timere*) le couple nom (sujet)-verbe est radicalement différent du couple antécédent-relatif en ce que, justement, il est apte à constituer l'*oratio breuissima*.

28. Nous avons cette fois un « N interne » !

Ici encore se dégage un paradigme des formes susceptibles de jouer le rôle de support (Scioppius, p. 36) : nom/infinitif/complétive[29].

III | CONCLUSIONS

La réaction anti-scolastique ne commence pas avec Scaliger et Sanctius

S'il fallait caractériser en deux mots l'œuvre de Sanctius (et celle de ses disciples), on pourrait dire qu'elle professe un double culte : celui de la *Raison,* celui de *l'usage* correct. Elle se distingue par là très nettement des *Summae* médiévales — pourtant férues de rigueur « scientifique » — qui négligeaient l'étude de l'usage, et qui ne construisaient pas *directement* l'édifice bien ordonné de leurs *modi significandi* avec les outils de la raison, mais en l'asseyant sur les fondations préalablement établies d'une ontologie et d'une épistémologie (les *modi essendi* et *intelligendi*).

Mais il importe de souligner que cette rupture avec le substrat scolastique et ce goût pour la *ratio* et pour *l'usus* ne commencent pas avec J. C. Scaliger (1540), que Sanctius et ses successeurs révèrent à juste titre comme leur père spirituel. L'attitude intellectuelle anti-scolastique a d'abord été celle de lettrés du xvᵉ siècle, et de grammairiens publiés au début du xviᵉ siècle, que Scioppius n'en précipite pas moins aux enfers de sa *Cloaca* grammaticale.

Une vue sommaire assez répandue consiste à voir dans Scaliger et Sanctius (sinon dans Descartes et dans Port-Royal!) les premiers champions dressés contre la scolastique. On oublie que ces grammairiens luttent en fait, non pas contre les scolastiques mais contre ceux qui, depuis un siècle environ, ont vigoureusement dénoncé les méthodes et les façons de parler héritées du xiiiᵉ siècle. Témoins L. Valla (dont les *Elegantiae linguae latinae* sont de 1444!) et le fameux J. Despautère, dont les manuels se répandent au début du xviᵉ siècle. On pourrait même avancer sans outrance qu'au

---

29. Un exemple de Scioppius — avec une complication : *est miserorum ut maleuolentes sint = maleuolentia est ⟨res⟩ miserorum.*

nom de la « Raison », Sanctius, Lancelot et bien d'autres jusqu'au début du xixe siècle, tout en prétendant préserver l' « usage » correct, vont élever des systèmes au fond assez proches des *summae* médiévales.

Usus *et* ratio *au quinzième et au début du seizième siècles*

On connaît la plainte qu'élève Erasme contre la pédagogie régnante vers 1480 : « Du temps de ma jeunesse, on écorchait vifs les enfants avec les *modi significandi* et les questionnettes *ex qua ui*, sans que, pendant ce temps-là, on leur enseignât rien d'autre qu'à très mal parler »[30].

Erasme met ici en cause une théorie grammaticale (celle qui se satisfait de gloser tel ou tel emploi par une *uis* ténébreuse) et le manque de correction du latin enseigné. Un peu plus tard, Cornélius Agrippa tonnait contre « les monstrueux professeurs de mémoire », « les géométriciens » à l'esprit brouillé « en manière que tout l'hellébore du monde ne suffirait à purger leurs cerveaux »[31]. L. Valla — constamment pris à partie par Scaliger et Sanctius — s'était signalé non seulement par ses *Elegantiae linguae latinae* (1444) mais par ses *Disputationes scholasticae* (1431) qui critiquaient l' « aristotélisme » médiéval. Pour la description grammaticale proprement dite, le témoin le plus remarquable est sans doute le Flamand Joannis Ninivite Despautère[32]. C'est un des acteurs les plus vigoureux de la lutte antiscolastique. Ses manuels très souvent réédités symboliseront longtemps — non sans fâcheuses connotations pédantes — la grammaire latine. Il est publié en France à partir de 1512. A cette époque la bataille reste rude entre la tradition — forte du conservatisme de certains éditeurs et de la routine timorée des étudiants — et l'innovation que représentent les manuels du Flamand.

Dans les trente dernières années du xve siècle le vieux *Doctrinale* d'Alexandre de Villedieu (né vers 1170!) a connu plus de

---

30. Erasme (1469-1536), *De pueris statim ac liberaliter educandis*, trad. J.-Cl. Margolin, p. 460.
31. *De incertitudine et uanitate scientiarum* (1530), cité par J.-Cl. Margolin, *Erasme par lui-même*, Paris, 1965, p. 128.
32. Pour les études sur Despautère, on peut consulter R. Hoven, *Ecoles et livres d'école en Hainaut du XVIe au XVIIe siècle*, Université de Mons, 1971, p. 166, n. 33. Le cognomen bizarre de *Ninivite* signifie originaire de la ville de *Ninove*.

150 éditions[33]! Il y en aura encore une centaine au début du XVIᵉ siècle[34]. On a pu montrer, en observant quelles œuvres sont publiées à Paris, que ce *Doctrinale* séculaire arrive encore largement en tête des livres de grammaire pour la période de 1501 à 1510[35]. (Il est vrai que l'éditeur humaniste Josse Bade s'emploie activement à remanier, à moderniser, alléger le vieux traité, par exemple la version dite *Rudimenta ascensiana* de 1504[36].) Mais pour la période de 1511 à 1520 c'est Despautère qui l'emporte, édité d'ailleurs par le même J. Bade.

Audacieux et batailleur, Despautère part en guerre contre les *scholastica nugalia* (les billevesées scolastiques)[37]. Il brosse un portrait-charge du grammairien inculte, à la gravité composée, débitant ses âneries comme s'il transmettait des oracles sibyllins. Il y en a beaucoup d'actuellement vivants, précise-t-il, mais par discrétion il ne les mentionne pas[38]. Il abandonne la lourde machinerie des *modi (essendi, intelligendi, significandi)* qui situaient clairement la grammaire par rapport à une métaphysique. A la place s'installe une *Ratio*, qui engage à aller du simple au complexe, du général au particulier, donc à instituer un ordre et à établir des structures.

Mais — second point capital — cette ordonnance rationnelle doit être celle d'une langue correcte, et non pas barbare et grossière, comme les humanistes jugent la langue des auteurs médiévaux. Seule la pratique des bons écrivains (classiques) fournit la matière à étudier. Il déplore la maigre connaissance qu'ont les contemporains de l'Antiquité. Est-ce parce qu'il accorde, comme L. Valla, cette place éminente à l'usage réel que Despautère définit la grammaire comme un *Ars* et non plus comme une *scientia* à la façon des modistes[39]?

33. Dietrich Reichling, *Das Doctrinale des Alexander de Villa Dei*, Berlin, 1893 (= *Monum. German. Pedagogica*, t. XII).
34. *Ibid.* Le *Doctrinale* est d'ailleurs le seul manuel qu'Erasme n'accable pas de son mépris. Il le déclare « tolérable » (*De pueris*, éd. Margolin, p. 461).
35. Cf. J.-Cl. Chevalier, *Histoire de la syntaxe*, p. 68.
36. *Ascensiana*, d'après *Ascensius*, prénom de J. Badius.
37. Nous nous référons à la 5ᵉ édition de sa *Syntaxis*, Paris, R. Estienne, 1550. Dans la préface (de 1513), il explique qu'il a visé à rédiger une grammaire « facile » (p. 3). Il se plaint (p. 5) de la pression des parents, soucieux de voir leurs enfants connaître la grammaire consacrée. *Haec causa est cur cum nugatoribus interdum nugor.*
38. *Ibid.*, p. 8.
39. *Ibid.*, p. 7 : *Grammatica quid est? Ars recte scribendi, atque loquendi.* Despautère, au même endroit, célèbre la parenté du grammairien et du poète.

L'inévitable ambiguïté qui naît des relations peu claires qu'entretiennent l'*usus* (facile à constater, sinon à expliquer) et la *ratio* (qui reste incertaine et insaisissable) conduit Despautère à donner en fait la primauté à l'*usus*. En voici un exemple : pour les modistes le *modus significandi* est un reflet nécessaire du *modus intelligendi*, lui-même dépendant du *modus essendi*. Les relations syntaxiques ne sont donc qu'une transposition des relations logiques. Aussi dans la rection, l'élément régissant a un pouvoir nécessaire *(potestas)* sur l'élément régi. Despautère, fort du patronage de Quintilien, remplace le concept de *potestas* par celui d'*usus*, c'est-à-dire l'usage des bons auteurs. (Attitude qui explique pourquoi il se réfère si souvent à L. Valla.) Il va jusqu'à écrire : « Il n'existe à coup sûr ni cause *(causa)* ni valeur *(uis)* si ce n'est la volonté des auteurs et l'usage constant des lettrés »[40].

Ainsi s'affirme un courant anti-scolastique certes, mais principalement empirique. Le XVIe siècle est, par là, l'époque où l'on prend en considération les faits. On a redécouvert le grec et l'hébreu, au lieu de rester confiné dans un certain latin. C'est le temps où se rédigent des dictionnaires polyglottes[41]. Une sorte d' « ivresse de collectionneurs », comme le dit J.-Cl. Chevalier, s'empare d'humanistes comme Lefèvre d'Etaples ou Sylvius[42]. Leurs œuvres présentent un énorme amoncellement de faits, qui peut confiner au déballage désordonné[43]. C'est très frappant dans le *Mercurius* de Saturnius (par opposition à qui Sanctius appellera son ouvrage *Minerva*!). Par exemple, les verbes actifs sont distingués en 8 classes, selon leur construction (ainsi : « verbe + patient + G »)[44]. D'où une foule d'exemples qui font de ce livre comme un inventaire de phrases, une sorte de dictionnaire plutôt qu'une grammaire.

Despautère donne la même impression d'émiettement et de

40. *Syntaxis*, éd. de 1582, p. 212, citée par J.-Cl. CHEVALIER, *Histoire de la syntaxe*, p. 92, dont nous nous inspirons ici.
41. Cf. G. MOUNIN, *Histoire de la linguistique*, p. 124.
42. J.-Cl. CHEVALIER, *Histoire de la syntaxe*, p. 173.
43. Lefèvre d'Etaples distingue 23 variétés, pour le seul génitif adnominal. Il est vrai que les modistes connaissaient ce genre d'énumération. Mais au XVIe siècle, on élimine de la description, même dans les rééditions du *Doctrinale* (1525), le vieux débat scolastique sur la possession « pure et impure ».
44. Cf. J.-Cl. CHEVALIER, *Histoire de la syntaxe*, p. 339-340. Le *Mercurius* est de 1546.

confusion. Il reconnaît d'ailleurs çà et là qu'il est trop bavard : *prolixior fui*[45]. Sous couleur de ne rien laisser échapper de l'usage, il est disposé à toutes les digressions. Par exemple, traitant de la concordance entre le nom et l'adjectif, et formulant la règle bien connue, il trouve bon de fournir de longues explications à propos d'objections possibles; puis il se lance dans un développement déplacé sur les *cognomina*, avec force emprunts à L. Valla[46]. Ou s'il parle de l'accord entre relatif et antécédent, c'est prétexte à un interminable examen de cas particuliers, qu'ils soient apparemment aberrants ou seulement difficiles au plan du discours[47]. Ou encore, observant justement à propos du nominatif, que les subordonnés par *ut* et *quod* peuvent tenir la place du sujet, il s'embarque dans un excursus très développé sur ces conjonctions en général; et même, à propos de tel exemple de Quinte-Curce fortuitement cité, dans une vive discussion sur l'authenticité des *Lettres* attribuées à cet auteur[48]!

Le rationalisme contre les excès de l'empirisme

On comprend que Lancelot, dans sa *Nouvelle Méthode latine* (éd. 1644), ait jugé « bien embrouillée » la *Syntaxe* de Despautère. Contre la submersion par un *usus* mal encadré par des règles alourdies d' « observations, appendices, remarques », etc., J. C. Scaliger « ce père souvent méconnu de toute la grammaire classique de Port-Royal à 1900 et au-delà », selon l'expression de Georges Mounin[49], a réagi en affirmant la nécessité de mettre au jour des systèmes mieux organisés. Ce n'est pas un enregistrement des faits qu'il veut proposer, mais un *de Causis*. Ce titre, repris en sous-titre par Sanctius pour sa *Minerva*, déclare assez que l'explication doit primer, ou du moins dominer la description. L'objectif avoué de Scaliger (*De causis*, chap. XCIII, p. 179) est de ramener *tous* les faits, avec rigueur, à *quelques* principes essentiels. Alors que Despautère s'accommodait, à la différence des modistes, d'une situa-

---

45. *Syntaxis*, éd. de 1550, p. 13.
46. *Ibid.* La règle est énoncée p. 14; « explications » et digressions l'entraînent jusqu'à la p. 22 (d'une typographie extraordinairement menue).
47. *Ibid.*, p. 22-36.
48. *Ibid.* La discussion occupe les p. 40-41.
49. *Histoire de la linguistique*, p. 127. On s'attendait à lire plutôt « jusqu'en 1800 et au-delà ».

tion linguistique telle que « il ne peut être rendu compte de
tout » (c'est même un sous-titre de son livre)[50], Sanctius professe
qu'*une langue est un tout organisé qui peut être analysé selon les principes
de la raison, parce qu'elle est elle-même la raison*[51].

Des deux idées-force du mouvement anti-scolastique, *usus* et
ratio, c'est d'abord l'*usus* qui a pris le dessus. Maintenant, vers le
milieu du XVIe siècle, c'est la *ratio* qui l'emporte. Aux yeux de
Sanctius, il ne saurait d'ailleurs y avoir d'antinomie entre les
deux termes. Car l'*usus* est la manifestation de la *natura* qui relève
elle-même d'une organisation rationnelle. Les relations logiques
forment la structure de la pensée et sont le reflet même de la nature.
Cette conviction — qui sera celle de Port-Royal et qui ne fait que
laïciser les relations reconnues entre les divers *modi* par les théologiens du XIIIe siècle — autorise les grammairiens à user de procédés assez rudes pour ramener à la norme les faits apparemment
déviants. Puisque la même *ratio* charpente logiquement toutes les
langues, il importe de retrouver sous les cas particuliers les schèmes
fondamentaux, et ce par l'effet de moyens comme la commutation,
la transformation, le rétablissement d'ellipses, toutes procédures
que l'on juge parfaitement innocentes.

On ne se demande guère ce qu'est au juste cette *ratio* si foncièrement identique à la *natura*. On voit une qualité de « simplicité » — et donc une preuve de rationalité — dans la pauvreté
même du corpus des règles générales. Or, celles-ci ont été déduites
d'une observation intuitive de faits *peu nombreux*, érigés *ensuite* en
principes et réappliqués avec détermination à l'*ensemble* du langage.
D'où cette impression de simplification outrée et d'un « réduc-
tionnisme » inquiétant. Foin de l'embarrassant datif pour qui
n'est disponible aucun terme régissant! Une description « simple »
du nominatif dispense de réfléchir au rôle du sujet (et du N) en
général, et à l'étonnante position d'un Ac sujet de l'infinitif. Une
fois proclamé que le G signifie « possession », on le décrétera
inconcevable après le verbe, qui est incompatible avec la possession, puisque l'idée de « flux » lui est inhérente...

50. *Syntaxis*, éd. 1550, p. 46 : *non omnium est ratio reddenda*. Despautère précise plus
loin qu'il est impossible de fournir une explication rationnelle pour tout ce que les
générations antérieures ont introduit dans la langue. Remarque intelligente qui méritait d'être développée complètement.
51. Cité par J.-Cl. Chevalier, p. 367.

On voit que la raison-nature tient chez ces rationalistes la même place que la métaphysique chez les modistes. Ceux-ci étaient ouvertement et clairement des théologiens. Ils bâtissaient leur grammaire comme le troisième étage d'un édifice intellectuel dont les bases étaient ontologiques. Les axiomes de leur « logique » étaient, d'une manière très cohérente, fondés sur des catégories et non pas sur des hypothèses. Le xvɪe siècle rejette en principe toutes ces substructions médiévales mais, à la place, il installe une Raison prétendue naturelle. Rien d'étonnant par conséquent si les traits généraux de cette nouvelle grammaire reproduisent ceux de l'ancienne. Comme la grammaire « spéculative » des modistes, la grammaire « philosophique » de ces rationalistes ne souffre *pas d'exceptions* (Scioppius, p. 139). Tout doit s'expliquer du même pas, que les formes soient exprimées ou « sous-entendues ». Cette linguistique, « totaliste » avant la lettre, est, comme on le devine, tout à fait *achronique*. On ne peut pas la dire « synchronique », ce qui impliquerait une réflexion sur le temps et la décision d'éliminer le point de vue diachronique. Elle ignore simplement la dimension du temps, comme elle ignore à peu près celle de l'espace, bien que ses auteurs sachent du grec, de l'hébreu, des langues modernes. Si une langue est une construction de raison, il n'y a aucun besoin de procéder à des comparaisons avec d'autres langues (pas plus qu'à une étude diachronique) pour établir la philosophie valable pour tous les idiomes. Une grammaire correctement rationnelle est donc *ipso facto* une grammaire *universelle*[52].

Quant à l'influence de ces théories, le chapitre suivant essaiera de la faire ressortir. L'acquis fondamental reste la restitution du latin correct, progrès imputable, non pas à Scaliger et à Sanctius, mais à ceux que vise leur critique « rationaliste », les hommes du xve siècle et du xvɪe siècle commençant.

---

52. Prétention à l'universalité justement appréciée comme un trait médiéval par Georges MOUNIN, *Histoire de la linguistique*, p. 118.

Chapitre III

LES GRAMMAIRES DE PORT-ROYAL ET LE COURANT RATIONALISTE (XVIIᵉ-XVIIIᵉ SIÈCLES)

Après avoir examiné au chapitre précédent les grammaires latines de Sanctius et de Scioppius — témoins du courant rationaliste spéculatif qui se développe depuis Scaliger —, il serait fastidieux d'exposer point par point le contenu de la *Nouvelle Méthode* (ci-après *NM*), tant Lancelot répète ses prédécesseurs. Il paraît plus utile de présenter synthétiquement les divers points de convergence méthodologique, d'apercevoir les rapports entre la *NM*, la *Grammaire générale et raisonnée* (ci-après *GGR*) et la *Logique*[1], enfin de mesurer l'influence de la grammaire dite « cartésienne » sur les théoriciens du XVIIᵉ et du XVIIIᵉ siècle, voire par-delà le XIXᵉ siècle sur certains linguistes contemporains.

I | LANCELOT ET SANCTIUS

A) Lancelot ne mesure pas les éloges qu'il adresse à Sanctius, et ne dissimule nullement à quel point il dépend de lui. « Sanctius s'est acquis une réputation merveilleuse. » Il a apporté « une

---

1. La première édition de la *Nouvelle Méthode pour apprendre facilement la langue latine*, par LANCELOT, est de 1644. Nos références se rapportent à la 10ᵉ éd., Paris, Denys Mariette, 1709.
     La *Grammaire générale et raisonnée* par ARNAULT et LANCELOT parut en 1660. La *Logique*, par ARNAULT et NICOLE, en 1662.

lumière qui passe sans comparaison tous ceux qui l'ont devancé » (*NM*, p. 4). Son disciple, Scioppius, a publié un « excellent livre » (la *Grammatica philosophica*, *NM*, p. 5). « J'ai allié ensemble ces auteurs », précise Lancelot, qui ajoute : « Je n'y avance rien de moi-même (dans la *NM*), et ne dis rien qui ne soit appuyé sur ce qu'ils ont dit, encore que je ne les cite pas toujours, mais seulement aux endroits les plus importants » (*NM*, p. 6).

Se situant lucidement dans la lignée à laquelle J. C. Scaliger a donné la chiquenaude initiale, Lancelot ne s'en prend pas plus que Sanctius aux méthodes médiévales, mais cherche à se démarquer de Despautère, c'est-à-dire de ceux qui, au xvᵉ et au début du xvıᵉ, ont justement rejeté l'enseignement scolastique, au nom du bon usage et de la raison. Comme Sanctius, il vise (*NM*, p. 23) à l'exactitude, à la simplicité et à l'efficacité, conséquences heureuses d'une description rationnelle. Moins prétentieux que Scioppius, qui se contentait de quinze jours, il affirme qu'on peut apprendre la *NM* en six mois, alors que trois ans sont nécessaires pour absorber Despautère. (On jugera néanmoins Lancelot extraordinairement optimiste, si l'on veut bien jeter un coup d'œil sur les 300 premières pages de la *NM*, c'est-à-dire en laissant de côté la syntaxe. On y dénombre, toutes dûment numérotées :

— 27 règles pour le genre;

— 53 règles pour la conjugaison;

— + les hétéroclitiques;

— + les mots « de diverses terminaisons » (ces deux annexes ne comptant pas moins de 36 pages!);

— 79 règles sur les prétérits et supins.

Si l'on ajoute la syntaxe avec, comme on verra, les listes vertigineuses de tours apparemment irréguliers, on aura bonne opinion du collégien de 1660.)

B) *Quelques divergences : clarté et habileté chez Lancelot.* — Sur certains points, il est vrai, des divergences apparaissent entre Sanctius et Lancelot. Elles sont minimes. Lancelot éclaircit certains points « subobscuri » comme le reconnaissait Scioppius. Ou bien il montre son habileté à éluder des questions difficiles auxquelles se heurtaient de front ses inspirateurs.

Ainsi, pour l'emploi du gérondif et du supin, il pose cette règle simple que « tous les noms verbaux gouvernaient autrefois le cas de leur verbe ». Ce qui rend compte de *reditio Romam*, de *traditio alteri*, de *curatio rem*, et, du même pas, de la rection à l'accusatif après gérondif et supin, qui sont des noms substantifs. Or Sanctius, qui avait reconnu cette propriété des « noms verbaux », oubliait curieusement de l'appliquer au gérondif pour lequel il inventait des procédures très difficiles.

Lancelot simplifie aussi la présentation de l'attribut (*NM*, p. 367), en formulant la règle (versifiée) :

« Tout verbe qui des mots l'union marquera
Devant comme après soy même cas recevra. »

Cette règle s'applique directement à *sum, fit, habetur, nominatur*; mais elle s'étend aux verbes intransitifs qui sont doués de « la même force » : *Petrus redit iratus*. Ce n'est pas plus éclairant que chez Sanctius, mais à coup sûr plus simple et débarrassé des relents scolastiques sur les « N virtuels ».

Quant à l'épineux datif peu compatible avec le système construit par Sanctius, Lancelot sait éluder la question de sa valeur. Il se borne à signaler (*NM*, p. 356) que « le D marque toujours ce à quoi la chose ou l'action a rapport » (définition assez vague!); et que pour cela il peut se joindre à « tout nom ou verbe ». Traitant le même point d'une façon plus détaillée page 379 sq., il se garde bien d'affirmer que le D vient s'ajouter « à une phrase déjà parfaite »; et répète qu'on le rencontre après des noms (spécialement les noms-adjectifs) et des verbes, et qu'il « marque en tous lieux acquisition »[2].

Malgré sa prudence, Lancelot n'évite cependant pas toujours les développements traditionnels chez les scolastiques (et repris par les devanciers qu'il révère). Par exemple l'inévitable liste des « sens » du G (*NM*, p. 370-371), où parmi une vingtaine d'exemples différents, on relève que le G peut exprimer les rapports

— de sujet à accident : *color rosae*;
— d'accident à sujet : *puer optimae indolis*;

---

2. LANCELOT mentionne le double D (*NM*, p. 384) mais sans risquer d'hypothèses. Pour les constructions extraordinaires du D (p. 383), il fait appel — sans toujours le dire nettement — à l'ellipse, à l'analogie, à l'influence grecque.

— de cause efficiente à effet : *oratio Ciceronis*;
— d'effet à cause : *creator mundi*;
— de cause finale à effet : *apparatus triumphi*, etc.

C) *Identité de la démarche et des postulats fondamentaux*. — A ces nuances près on peut affirmer que la démarche d'ensemble de Lancelot et sa façon d'organiser la grammaire sont exactement celles de Sanctius, et que ses visées et ses postulats fondamentaux sont identiques.

Pour lui, comme pour son illustre prédécesseur, la syntaxe se divise en deux parties :

— celle qui est « régulière et simple »;
— celle qui est « irrégulière et figurée ».

La régularité, génératrice de simplicité, « est celle qui suit l'ordre naturel » (*NM*, p. 355). Sanctius a éclairé la grammaire « en la réduisant à ses *premiers* principes et à des *raisons* toutes simples et *naturelles* » (*NM*, p. 4)[3]. « Raison, nature, régularité », voilà des concepts étroitement confondus pour Lancelot comme pour Sanctius. Et ces « premiers principes » sont tellement ancrés dans la nature des choses que « ce qui paraît construit sans aucune règle, et par un usage entièrement arbitraire de la langue, se rappelle aisément aux lois générales de la construction ordinaire ».

En présence d'une telle évidence rationnelle, le grammairien se sent le droit de procéder, en toute bonne foi, à la restitution de « quelque parole sous-entendue », c'est-à-dire de recourir à la figure de l'ellipse. Sanctius, ajoute-t-il (p. 5), « est admirable » dans cet art de « réduire » les constructions irrégulières, figurées, aux constructions régulières, simples[4]. Ramener à la norme rationnelle les tours déviants c'est non seulement un droit pour le grammairien, mais le devoir impérieux d'un homme qui opère selon la raison. Il recourra donc à tout procédé propre à restituer la règle dans les constructions irrégulières en apparence. Il invoquera par exemple une *influence du grec*, sans trop en vérifier les voies;

3. Les mots soulignés le sont par nous (G. S.).
4. Il y aurait beaucoup à dire sur la confusion constante chez Lancelot comme chez Sanctius des (prétendues) ellipses grammaticales avec les ellipses figures de rhétorique.

si *locuples* et *abundare* sont suivis du G, cela s'explique par un *ek*
sous-entendu (*NM*, p. 419-420) comme chez Sanctius et Scioppius.
Lancelot écrit page 560 : « Les Latins n'ont en rien tant imité
les Grecs que dans les expressions où s'entendent *kata* ou *ek*. »
(De même p. 561 pour le N en fonction de V, etc.)

Mais c'est surtout l'intervention massive de l'ellipse qui permet
à Lancelot, comme à ses devanciers et inspirateurs, de faire, à
partir d'un tour irrégulier, le « rétablissement » parfois acroba-
tique qui remet les choses d'aplomb, c'est-à-dire dans la norme.
Le trait le plus frappant de toute cette école, c'est une véritable
ellipsomanie dont il serait accablant et vain de multiplier les
exemples, étant entendu une bonne fois qu'à peu près tout peut
être « exprimé ou sous-entendu » (cf. *expressus/suppressus* chez
Sanctius et Scioppius). Déluge d'ellipses pour les emplois du G
non adnominaux; ellipse d'un N pour les verbes sans sujet *(legit,
audimus, ferunt, pluit*[5]*)*. *Multum cibi* est gênant, puisque le G y
semble régi par un « adverbe de quantité » et non pas par un
substantif. Il faut donc restituer *multum ⟨negotium⟩ cibi* où l'on
admettra que *negotium cibi* signifie *cibus*; car *negotium* est proche de *res*
dont on connaît bien l'emploi sémantiquement vide (*NM*, p. 373)!

Les irrégularités ainsi « réduites » occupent une place énorme
dans la *NM*. Tantôt elles sont résolues dans les développements
mêmes, tantôt elles font l'objet de listes particulières; listes déme-
surées : près de 100 pages (p. 437-531) pour les verbes irréguliers,
les impersonnels, etc., puis de nouvelles listes (p. 533-549) pour
les verbes sous-entendus, les noms sous-entendus, à nouveau les
verbes, enfin les prépositions!

Comme on le voit, c'est à grands frais qu'est instaurée la simplicité prétendue naturelle et rationnelle.

L'*apriorisme* est un caractère obligé de pareilles méthodes :
l'examen d'un petit nombre de données amène à proclamer comme
vérité scientifique universelle ce qui n'est acceptable (à la rigueur!)
que dans des conditions particulières. L'entêtement à voir dans
le système des 6 cas latins un chef-d'œuvre de la nature et de la
raison — au point d'imposer au grec un ablatif — est des plus

---

5. *NM*, p. 326 : pour *pluit*, Lancelot va plus loin que Sanctius, et propose de restituer *pluuia* ou *caelum* ou *Deus*!

significatifs à cet égard. La même démarche *a priori* se décèle dans la plupart des chapitres de la syntaxe. Ainsi, pour le genre, Lancelot (*NM*, p. 25-82) constate d'abord que le latin compte 3 genres. Mais, objecte-t-il, la première origine des genres est venue de la distinction des deux sexes. (Voilà le postulat millénaire de la *prima impositio*, consolidant une vue intuitive — fausse — que le genre c'est le sexe, et aboutissant à une sorte de principe « naturel et rationnel ».) Il n'en faut pas plus pour que Lancelot se sente le droit d'ajouter : « *Donc* il n'y a *proprement* que deux genres; et c'est pour cela qu'il n'y en a pas plus dans les langues vulgaires d'Occident (et l'allemand ? voire les résidus de neutre en français ?). Mais comment rendre compte des 3 genres du latin et du grec ? Eh bien, les Grecs, et les Latins à leur imitation, « n'ont pas su » à quel genre rapporter un certain nombre de noms. C'est pourquoi ils les ont appelés « neutres ».

La confusion des Anciens a été telle en vérité qu'il faut à Lancelot 27 règles — enveloppant d'ailleurs force exceptions — pour embrasser la question du genre. Mais si l'on observe sa règle n° 1 (p. 27-28) on remarque qu'il est resté fidèle à son principe *a priori* : il n'y traite que du masculin et du féminin, sans un mot pour le neutre[6].

La principale cause de confusion n'est pas l'étourderie des Grecs, des Latins (et des Allemands), mais la transposition dans la langue, sous la forme du genre *grammatical*, de l'opposition des sexes. La langue reste conçue comme un reflet du monde et comme un reflet direct.

Naturelle, rationnelle, nécessaire, l'analyse grammaticale a donc une valeur *universelle*. Après une présentation de la syntaxe et une revue rapide des cas en *latin*, Lancelot n'hésite pas à affirmer (*NM*, p. 356) que les définitions données peuvent « même servir pour toutes les langues, où la distinction de ces cas est comme nécessaire ». On reconnaît ici un point de vue cher à Sanctius. On reconnaît aussi, au-delà des rationalistes du xvie siècle, le principe modiste de l'universalité de la grammaire, fût-elle — ceci est sans importance — la grammaire d'une seule langue.

---

6. Il signale néanmoins les noms de genre « commun » : *hic/haec parens*, les noms « douteux » *hic/hoc uulgus* (où l'on voit apparaître timidement le neutre).

D) *Validité syntaxique de la paraphrase*. — Avant de donner un aperçu de la *GGR* et de sa descendance classique, il sera utile de revenir sur un point : quelle est la validité des procédures de normalisation qui jouent dans la *NM* un rôle décisif (car, sans elles, il n'y a plus de règle, et l'on retombe dans le fouillis d'exceptions et d'observations tant reproché à Despautère). Dans l'immense majorité des cas, la procédure se fonde sur l'affirmation d'une « ellipse »; elle consiste donc à restituer un (ou plusieurs) termes non exprimés. Ainsi (*NM*, p. 388) *me poenitet fratris* se ramène à *poena fratris habet me*. Mais il faudrait soigneusement distinguer ici le plan sémantique et le plan syntaxique. Au plan sémantique, on peut admettre que la paraphrase (conforme aux règles) offre, dans son ensemble, le même sens que la phrase de départ.

De même (*NM*, p. 377), il est certain que l'irrégulier *discrucior animi* peut s'interpréter comme *discrucior ⟨dolore⟩ animi* (encore qu'il faille par surcroît paraphraser cet ablatif indûment non prépositionnel).

Mais l'erreur — sinon le tour de passe-passe — consiste à conclure de la *synonymie* globale entre deux phrases à leur identité *syntaxique*. Cela conduit parfois à une franche erreur, comme dans les deux exemples ci-dessus. A l'autre extrême, lorsqu'on évite semble-t-il une profonde discordance de construction *(plenus uino* glosé par *plenus ⟨de⟩ uino)*, la procédure de normalisation aboutit cependant à fausser les données formelles. Ce n'est plus une langue réelle qu'on étudie, mais une langue presque constamment rectifiée et comme canalisée, avec même assez souvent des « conduites forcées » qui se jouent des obstacles naturels.

Une fois de plus, la victoire d'une certaine *Ratio* organisatrice s'établit aux dépens de l'*usus* qu'ont restauré ceux qui, les premiers, s'étaient insurgés contre la grammaire scolastique. On n'a pas eu le temps de s'interroger sur les rapports qui peuvent exister (ou ne pas exister) entre la *Ratio* « raison » en général et une *ratio* qui serait plus ou moins spécifique au langage. Et, par une ironie du destin, la *Raison* ainsi comprise est venue occuper dans l'édifice conceptuel la place des *modi* fondamentaux, et continue d'assurer à la grammaire ces vertus propres aux sciences — rationalité, nécessité, universalité — que lui avait reconnues la théologie scolastique.

II | « NM » ET « GGR »

Sur la syntaxe, la *GGR* est, en apparence, très sommaire : c'est l'objet du seul chapitre 24 de la deuxième partie (c'est-à-dire le dernier de l'ouvrage, trois pages en tout) ; mais comme beaucoup d'auteurs l'ont remarqué, la syntaxe est traitée en fait tout au long de cette deuxième partie, à propos des parties du discours. On ne s'étonnera pas de retrouver ici, sous une formulation plus générale, les principes sur lesquels se fondait la *NM*.

Arnault et Lancelot rappellent la division fondamentale en syntaxe de convenance et syntaxe de régime[7]. La première est universelle (avec toutefois une restriction : « pour la plus grande partie »). Ainsi l'accord de l'adjectif et du substantif, la distinction du masculin et du féminin, etc.

La *GGR* se fonde visiblement ici sur le latin et les langues néo-latines. Un coup d'œil sur l'anglais lui interdirait d'affirmer pour nécessaire l'accord de l'adjectif. Il y a aussi quelque naïveté glottogonique à justifier l'opposition du masculin et du féminin en affirmant que « ce n'est que pour cela qu'on a *inventé* les genres »[8].

La syntaxe de régime, au contraire, est presque « toute arbitraire » : témoin le remplacement des cas par « de petites particules » en français, en espagnol, en italien. Cet arbitraire ne ruine cependant pas l'universalité de la grammaire, car il se dégage « quelques maximes générales qui sont de grand usage dans toutes les langues »[9]. Cette justification manque son but, car sans le dire, Arnault et Lancelot quittent la syntaxe du régime (sauf pour la règle du G, toujours adnominal) et reviennent à la syntaxe de convenance :

— pas de N « qui n'ait rapport à quelque verbe exprimé ou sous-entendu » ;

7. *GGR*, p. 104 (Paris, Republications Paulet, 1969).
8. *Ibid.* Une réminiscence scolastique très nette apparaît dans cette description des rapports de l'adjectif avec le substantif : « Le substantif est marqué confusément, quoique *directement*, par l'adjectif » (p. 104 et p. 105).
9. *Ibid.*, p. 105.

— pas de verbe « qui n'ait son N exprimé ou sous-entendu »
parce que le propre du verbe étant d'affirmer, « il faut qu'il
y ait quelque chose dont on affirme »[10] ;
— pas d'adjectif qui n'ait rapport avec un substantif.

La cinquième « maxime générale » invoque le « caprice de
l'usage » dans l'emploi des cas adverbaux *(iuuare aliquem / opitulari
alicui)* ; situation embarrassante et en contradiction avec le principe
qu'il n'y a pas d'exceptions, dont Arnault et Lancelot se tirent
en affirmant rapidement que la fantaisie de l'usage « ne change
pas le rapport spécifique à chaque cas ».

Deux pages (106-108) justifient par les « figures » les irrégularités de la langue. Bizarrement, l'ellipse n'y figure qu'en seconde
position après la syllepse, beaucoup moins souvent invoquée.

Quelques lignes méritent d'être citées, où s'exprime la foi des
auteurs dans la rationalité toute naturelle du langage : « Ce que
nous avons dit ci-dessus de la syntaxe suffit pour en comprendre
l'*ordre naturel,* lorsque toutes les parties du discours sont simplement
exprimées, qu'il n'y a aucun mot de trop ni de trop peu, et qu'il
est conforme à l'expression *naturelle* de nos pensées »[11].

III | L'INFLUENCE DE LA « GGR »
      JUSQU'AU DÉBUT DU XIXe SIÈCLE

Cette influence a été, on le sait, immense[12]. Elle est sans doute
due pour une part au fait que c'est un livre bref, dense mais
clair, et surtout qu'il est écrit en *français,* avec des exemples assez
souvent empruntés au français[13]. On en a compté 5 éditions

10. Mais l'infinitif réclame l'accusatif, répète la *GGR*, p. 105.
11. *Ibid.,* p. 106 (les mots soulignés le sont par nous, G. S.).
12. Cf. Ferdinand Brunot, *Histoire de la langue française,* IV, 1, p. 57 sq. Jacques
Rieux, Bernard E. Rollin, éd. de *The Port-Royal Grammar,* La Haye, Mouton, 1975.
Sur l'influence de la *GGR,* voir notamment l'introduction à ce dernier ouvrage, par
les traducteurs. Roland Donzé, *La GGR de Port-Royal²,* Berne, 1971. L'introduction
de M. Foucault à l'édition des Republications Paulet, Paris, 1969.
13. Mieux accessible que ses inspirateurs qui écrivaient en latin, la *GGR* a, pour
cette raison, éclipsé ses sources dans l'esprit de ses lecteurs.

de 1660 à 1709[14]. Guy Harnois a relevé les innombrables références à la *GGR*, à la fin du XVIIe et tout au long du XVIIIe siècle, de Dominique Bouhours (1674) à S. de Sacy (1799) et au-delà. En 1754 paraît une nouvelle édition, accompagnée des *Remarques* de Duclos, secrétaire perpétuel de l'Académie française[15] : « MM. de Port-Royal, écrit cet homme fin et sensé, établissent dans ce chapitre (II, 1) les vrais fondements sur lesquels porte la métaphysique des langues. Tous les grammairiens qui s'en sont écartés ou qui ont voulu les déguiser sont tombés dans l'erreur ou dans l'obscurité. » Le commentaire massif de la *GGR* par l'abbé Fromant, chanoine de Notre-Dame[16], ne se prive pas de critiquer ces Messieurs. Mais l'abbé se situe clairement lui-même dans le courant d'une grammaire générale et rationnelle. Le lien intime entre langage d'une part, raison et logique d'autre part, continue de garantir l'universalité de la grammaire.

Même des penseurs influencés par le sensualisme de Locke, comme Condillac, reconnaissent leur dette envers la *GGR* et continuent à concevoir la liaison fondamentale entre pensée et langue dans l'esprit d'Arnault et de Lancelot[17]. L'Anglais James Harris donne à son livre le titre significatif de *Hermès, ou recherches philosophiques sur la grammaire universelle* (1751)[18]. On lit pages 263-264 : « Nous observons que dans toute pensée régulière et exacte, la *substance* de la nature, le *sujet* du logicien et le *substantif* du grammairien sont tous désignés par ce cas que nous appelons nominatif »[19].

On constate une certaine radicalisation des principes ration-

---

14. Guy HARNOIS, *Les théories du langage en France de 1660 à 1821*, Paris, Les Belles-Lettres, 1929, p. 33.
15. Ces *Remarques* occupent 58 pages dans l'édition originale (cf. Republications Paulet, p. 109-157).
16. *Réflexions sur les fondements de l'art de parler*, Paris, 1756 (cité d'après *The Port-Royal Grammar*, cf. ci-dessus n. 12).
17. *Principes de grammaire*, 1775.
18. Réédité dans la traduction de Charles THUROT, 1796, par André JOLY, Droz, Genève et Paris, 1972. Importante introduction par A. JOLY, p. 1-144.
19. Les mots soulignés sont soulignés dans le texte de HARRIS. Harris ne consacre aux cas qu'un développement assez succinct (p. 260-270), peut-être parce qu'ils lui paraissent propres aux langues anciennes. Il se distingue néanmoins de Port-Royal sur plusieurs points : au lieu de transporter l'Ab latin en grec, il conclut de son absence dans cette dernière langue à son caractère non nécessaire (p. 261). Il définit d'une façon plus abstraite le G, et surtout il l'oppose au D ainsi réintégré dans le système casuel, selon des concepts localistes qui rappellent la démarche du Byzantin Maxime Planude : le G exprime toutes les relations qui partent de lui-même, le D les relations qui tendent à lui-même (p. 268-269).

nels de Port-Royal chez les théoriciens les plus importants tel N. Beauzée[20] : « La grammaire est la science raisonnée des principes immuables et généraux du langage... dans quelque langue que ce soit... Tous les peuples de la terre, malgré la diversité des idiomes, parlent absolument le même langage, sans anomalie et sans exception. » (Les modistes, puis Sanctius n'affirmaient pas autre chose. Port-Royal non plus, mais avec une touche de restriction quant au « caprice » de l'usage, à l' « arbitraire » de la syntaxe du régime[21].) De même encore Du Marsais[22] pour qui la *GGR* est « le grand ouvrage sur le langage ».

Sans répéter les relevés déjà connus[23], on se bornera à signaler que des « grammaires générales » dans le sillage de la *GGR* paraissent jusqu'en 1838 (Mazure, *Eléments de grammaire générale*) et qu'on dénombre six éditions nouvelles de la *GGR* entre 1803 et 1846. Il fallut, pour que son influence fût éclipsée, les progrès de la philologie, de la grammaire historique et comparée, qui triomphent dans le second quart du xixe siècle.

IV | LE RENOUVEAU CONTEMPORAIN DE LA GRAMMAIRE DITE « CARTÉSIENNE » : N. CHOMSKY

Ce n'est pas par hasard que la *GGR* a servi de symbole à une linguistique dénommée plus tard, non sans abus, « cartésienne »[24]. Bien qu'elle plonge des racines chez Sanctius, voire, comme nous avons essayé de le montrer, chez les plus systématiques théoriciens médiévaux, sa rédaction brève, claire, et en français, lui assure la place d'une sorte de manifeste. Lancelot

20. *Grammaire générale*, t. X (Paris, 1767), p. xvi-xvii (cité par R. Donzé, *La GGR*, p. 31; cf. n. 12).
21. Comme le note justement R. Donzé, *ibid.*, p. 37, la *GGR* signale la distinction en genre des pronoms personnels en hébreu, l'absence d'article en latin, la présence d'un genre « neutre » en grec et en latin, toutes anomalies dont l'indication peut montrer que le courant empirique illustré par Vaugelas (*Remarques* sont de 1647) n'est pas sans action sur Port-Royal.
22. *Logique et principes de grammaire*, 1769. Cité par *The Port-Royal Grammar*, introd., p. 25 (cf. n. 12).
23. Cf. *The Port-Royal Grammar*, introd., p. 25 (cf. n. 12).
24. Voir les réserves exprimées par Chomsky lui-même, *Linguist. cartésienne*, p. 17.

apporte à l'œuvre commune son expérience des langues, une souplesse non dénuée d'habileté; Arnault la puissance d'un esprit « habitué aux raisonnements abstraits »[25].

Après plus d'un siècle d'oubli, elle est venue occuper, « par un curieux avatar »[26], la place d'ancêtre de la grammaire générative transformationnelle de N. Chomsky.

Il est certain que celui-ci a établi sa théorie en dehors d'une influence de la *GGR*. Mais il a reconnu la parenté de sa démarche avec celle d'une « constellation » de penseurs dépendant à divers titres de Descartes; ce qui l'amène à écrire : « A bien des égards, il me semble fort juste de voir dans la théorie de la grammaire générative transformationnelle, telle qu'elle se développe dans les travaux actuels, une version moderne et plus explicite de la théorie de Port-Royal »[27].

La « linguistique cartésienne » aurait, selon Chomsky, énoncé quatre idées fondamentales pour la grammaire générative transformationnelle. Nous examinerons d'abord le bien-fondé de cette assertion avant de nous interroger sur d'autres affinités peut-être plus profondes.

1) La première de ces quatre idées est celle de l'*aspect créateur* du langage. Celui-ci ne réduit pas son rôle à une fonction de communication. Mais il se définit comme un ensemble fini de moyens permettant la génération d'un nombre infini d'expressions[28]. Or, si l'on se réfère au chapitre de la *GGR* qui touche le plus près à cette question (II, 1), on se rend compte que les auteurs ont en vue « cette invention merveilleuse de composer de 25 ou 30 *sons* cette infinie variété de mots »; ils ne pensent pas à l'infinité des *phrases* construites à partir d'un nombre limité de *modèles*.

2) Chomsky n'a en revanche nulle peine à montrer que la « linguistique cartésienne » s'est intéressée aux *principes universels* de la structure du langage »[29]. Il montre à juste titre que la *GGR*

25. Ferdinand Brunot, *Hist. de la langue française*, IV, 1, p. 57-59.
26. J.-Cl. Chevalier, *Histoire de la syntaxe*, p. 490.
27. *Linguistique cartésienne* (trad. franç., Paris, 1969), p. 69. (L'édition américaine, *Cartesian Linguistics*, a paru à New York en 1966.)
28. Ce point est développé dans *Lingu. cartés.*, p. 18-60. C'est dans *Le langage et la pensée*, Paris, 1970, que Chomsky suggère que Arnault et Lancelot auraient pensé à la créativité du langage.
29. *Lingu. cartés.*, p. 86.

marque une réaction contre le courant empiriste qui s'exprime
dans les *Remarques* de Vaugelas (1647) qui voulait être un simple
« témoin » de l'usage « maître et souverain des langues vivantes »[30].
Certes, tout cela est vrai[31]. Mais on induit en erreur en laissant
croire que la tendance à l'universalisme a été instaurée par Port-
Royal. C'est une très vieille idée, constamment mise en exergue
par les auteurs des *Summae* scolastiques, reprise par Sanctius, et
passant de celui-ci à la *GGR*.

3) La troisième idée fondamentale est celle de l'*innéité*[33]. C'est
apparemment la plus cartésienne des quatre, bien que son caractère
spécifiquement cartésien soit discuté[32]. Mais comme cette théorie
est complètement absente de la *GGR*, nous nous abstiendrons d'en
débattre.

4) Chomsky insiste surtout sur un quatrième trait de parenté
entre *GGR* et *GGT (Grammaire générative transformationnelle)* : la
distinction entre les structures de surface et les structures profondes[34]. « La grammaire de Port-Royal établit une distinction
entre ce que nous appellerions volontiers la « structure superficielle » d'une phrase et sa « structure profonde ». La première
concerne l'organisation de la phrase en tant que phénomène physique. L'autre intéresse le substrat structurel abstrait qui en détermine le contenu sémantique, et qui est présent à l'esprit lorsque
la phrase est émise ou perçue »[35]. Et Chomsky rappelle ici l'exemple
célèbre : « Dieu invisible a créé le monde visible » qui aurait,
dit-il, un sujet complexe (et un prédicat complexe), mais dont
la structure profonde révèle un système de trois jugements.

Il est remarquable que Chomsky invoque constamment cet
unique exemple. Or le chapitre II, 9, de la *GGR* qui le mentionne[36],
en contient d'autres, notamment : « Un habile magistrat est un

---

30. Il est remarquable que CHOMSKY (*Lingu. cartés.*, p. 89) mette dans le même sac
l'empiriste Vaugelas et... les fondateurs du structuralisme moderne : « A cet égard,
sa conception (de Vaugelas) de la structure du langage semble assez proche de celle
de Saussure, Jespersen, Bloomfield et bien d'autres encore, pour qui l'innovation
n'est possible que « par l'analogie », par la substitution d'éléments lexicaux à d'autres
éléments de la même catégorie, à l'intérieur de cadres établis. »
31. Pour la *GGR* elle-même, cf. p. 104.
32. *Lingu. cartés.*, p. 95 sq.
33. N. KRETZMANN, *ibid.* (cf. n. 30), p. 81.
34. Cf. *Lingu. cartés.*, p. 60-85.
35. *Le langage et la pensée*, p. 16-17.
36. *GGR*, p. 48-51.

homme utile à la république », et aussi la proposition à « termes simples » : « Dieu est bon »[37]. Or, c'est pour « un habile magistrat » que la *GGR* réserve l'expression de sujet complexe; cf. la *Logique* (II, 3 à 6). « Un habile magistrat » est un terme complexe parce que l'attribut « un homme utile à la république » n'est pas affirmé de tout magistrat, mais seulement d'un « habile magistrat ». C'est pourquoi ce syntagme peut certes se réécrire avec une relative (« un magistrat qui est habile », etc.) mais, comme celle-ci est restrictive, elle ne peut d'aucune manière passer pour l'équivalent d'un jugement :

> *un magistrat est habile.*

Au contraire, pour « Dieu invisible a créé le monde visible », les termes ne sont pas « complexes » au sens de la *GGR* comme Chomsky l'écrit. On peut ici descendre jusqu'au jugement :

> → *Dieu qui est invisible ;*
> → *Dieu est invisible.*

Bref, l'analyse que propose la *GGR* (et la *Logique*) vise seulement à fournir un critère pour éclairer la notion de « terme complexe »[38]. Il est outré d'élargir cette procédure (signalée seulement dans le chapitre sur le relatif) aux dimensions d'une thèse générale sur l'existence de structures profondes sous-jacentes[39]. Par un autre trait, la *GGR* annoncerait la *GGT* : sa conception de l'*ellipse*. Chomsky semble s'être aperçu un peu tard que Port-Royal et la *GGR* dépendaient étroitement de Sanctius (*Le langage et la pensée*, 1970). Pour sauver le concept de « linguistique cartésienne », il s'efforce donc de montrer que, sous d'apparentes ressemblances, des différences fondamentales distinguent la *GGR* de ce qui l'a précédée. Pour Sanctius, la résolution de l'ellipse n'est qu'un moyen pour donner son « véritable sens » à « un passage littéraire », la « paraphrase plus élaborée » d'une « variante elliptique ». La *GGR* et ses successeurs se proposent au contraire de développer une « théorie psychologique et non une technique

---

37. Remarque faite par R. H. Robins, *A short history of linguistics*, p. 125.
38. Cf. N. Kretzmann, p. 182.
39. N. Kretzmann croit pouvoir affirmer que la démarche générativiste prend plutôt racine dans les travaux poursuivis tout au long du Moyen Age et qui s'expriment notamment à la fin du XVe siècle dans la théorie des *exponibilia*. (Il étudie, à cet égard, un traité imprimé à Haguenau en 1495.)

d'interprétation textuelle »; (lors de la production d'une phrase, des opérations mentales relient les structures abstraites sous-jacentes aux structures superficielles)[40].

La tentative que fait Chomsky pour séparer Port-Royal de Sanctius est totalement erronée[41]. Ni Sanctius, ni Scioppius ne s'occupent de textes littéraires. Ce sont les tours les plus ordinaires qu'ils examinent et que, par milliers, ils corrigent en rétablissant les mots « supprimés ». *Vtor libris = utilitatem capio ex libris* (parce qu'il faut retrouver la « règle juste » qu'un Ab est prépositionnel). *Sum Romae = sum ⟨in urbe⟩ Romae*, parce qu'un « G » ne saurait être qu'adnominal). Qu'y a-t-il de littéraire là-dedans? Ce n'est pas une interprétation textuelle que propose Sanctius, mais un procédé pseudo-grammatical pour retrouver la norme.

D'autre part, la *GGR* et la *NM* ne laissent pas apercevoir une « interprétation relativement différente » de l'ellipse. Ni Arnault ni Lancelot (qui proclame constamment son allégeance à Sanctius) ne se sont d'ailleurs aperçus d'une différence aussi capitale. R. Donzé l'observe très sagement : « Je ne crois pas qu'il y ait une différence fondamentale entre la conception de Sanctius et celle de Port-Royal. Et je ne pense pas non plus qu'on puisse comparer à la théorie des opérations transformationnelles de N. Chomsky l'idée qu'un Du Marsais a pu se faire du mécanisme de la pensée et de son expression »[42].

Bref, il est impossible de se fonder sur la *GGR* (et la *NM*) pour justifier les prétentions de Chomsky à fonder sur le « cartésianisme » ses propres conceptions. Ni la créativité, ni l'innéité, ni même les structures profondes ne s'y rencontrent au sens où il le prétend. L'universalisme, lui, est bien antérieur à Port-Royal[43].

---

40. *Le langage et la pensée*, p. 34-35.
41. Les précautions de forme que prend Chomsky (« il semble, relativement ») n'atténuent guère la portée de sa thèse.
42. R. Donzé, p. 229, n. 87 (cf. n. 12).
43. Une lecture attentive du fameux chapitre II, 1 de la *GGR* interdit d'imaginer une faille entre structures profondes et structures superficielles, faille que viendraient surmonter des règles de réécriture. Arnault et Lancelot partent des trois opérations fondamentales de l'esprit : « concevoir, juger, raisonner ». Le raisonnement n'étant qu'une suite de jugements sera laissé de côté. La première opération (concevoir) isole les « objets » de la pensée (« terre, rondeur »); la deuxième opération unit ces termes par un acte d'affirmation (« la terre est ronde ») où le lien « est » représente « la forme ou la manière de la pensée ». On voit qu'une proposition « régulière » (et d'ailleurs les « irrégulières » n'ont aucune pertinence) est, par l'intermédiaire du « concevoir » et du « juger », un reflet fidèle et direct de l'extra-linguistique.

On ajouterait volontiers que c'est par d'autres traits que la *GGT* rappelle la *GGR*, et principalement par la volonté d'intégrer la grammaire dans un cadre épistémologique qui la dépasse et la fonde. Le danger est grand d'asseoir ainsi la « science » du langage sur une philosophie, voire sur une métaphysique. Ce qui est amusant dans le cas de Chomsky c'est qu'en croyant embrasser, au nom de la raison, Descartes et les grammairiens philosophes issus de lui, il donne aussi l'accolade à Sanctius et aux théologiens du Moyen Age.

Deuxième Partie

LE XIXᵉ SIÈCLE :
L'ESPACE ET LE TEMPS OUVERTS
A LA GRAMMAIRE

Chapitre IV

LES NÉO-GRAMMAIRIENS
ET LA SYNTAXE DES CAS

I | DEUX PERSPECTIVES NOUVELLES :
L'ESPACE, LE TEMPS

L'appellation de « néo-grammairiens » pour désigner le mouvement de ceux qui, autour de Brugmann, d'Osthoff, de Delbrück, de H. Paul, posaient dans les années 1870 les fondations de leur œuvre, leur a été lancée, on le sait, par dérision. Les *Junggrammatiker* (jeunes Turcs de la grammaire) ont relevé le défi, ont repris ce *cognomen* péjoratif, et, procédant d'une manière plus méthodique que leurs devanciers, ont porté à sa perfection la révolution entreprise par le XIXᵉ siècle. Contre ceux qui expriment aujourd'hui leur dédain pour l' « épisode philologique de Bopp à Meillet »[1], épisode qui serait venu interrompre stupidement la réflexion séculaire sur la philosophie du langage, il est équitable d'exalter le travail admirable accompli par ces hommes. Sans eux, sans la somme immense de faits exacts qu'ils ont patiemment

---

1. Michel FOUCAULT, dans l'Introduction rédigée pour la réimpression de la *Grammaire générale et raisonnée de Port-Royal*, Paris, Republications Paulet, 1969.

recueillis et mis en ordre, aucune linguistique sérieuse ne pourrait exister de nos jours.

Le xixe siècle n'a certes pas découvert brusquement que toutes les langues méritent l'attention du linguiste, et que toutes se déroulent dans le temps. Il y a eu des prédécesseurs, depuis toujours sans doute, et notamment depuis le xvie siècle. Mais les savants du xixe ont les premiers entrepris une exploration qu'ils voulaient rigoureuse et complète des langues *autres*, et des langues *en devenir*. Ils ont les premiers véritablement ouvert les *deux perspectives de l'espace et du temps*, à peu près ignorées depuis l'aube de la réflexion grammaticale. Les âges antérieurs étaient comme murés à l'intérieur d'un tout petit nombre de langues : le grec pour les Grecs, puis principalement le latin, et quelques langues occidentales. Le latin, ils le voyaient pour ainsi dire mis à plat, sans relief; on n'ignorait pas qu'il avait évolué, mais cette évolution n'était pas objet d'étude. A un donné linguistique aussi mince s'associait une intense spéculation sur le langage. Avec le xixe siècle une masse inouïe de faits nouveaux se propose à la réflexion. La vieille demeure où l'on tournait en rond éclate; c'est l'humanité entière qui s'offre à l'étude, avec son histoire et sa préhistoire. Les spéculations et les apriorismes de l'ancienne linguistique sont dénoncés et mis de côté. Seuls, les faits intéressent ces grammairiens d'une époque où triomphent les sciences exactes. On répète à l'envi que le xixe siècle a privilégié la grammaire historique. Nous serons nous-même obligé d'exposer seulement l'œuvre des hommes qui ont traité du latin en comparatistes. Mais il serait très injuste d'oublier l'intérêt très nouveau porté aux langues du monde entier, indo-européennes ou pas.

Le xve et le xvie siècle avaient réappris le grec, appris l'hébreu[2]. La curiosité, assez nouvelle, pour les autres langues s'exprimait par la juxtaposition de parlers différents, rangés selon un classement géographique. Le célèbre dictionnaire polyglotte d'Ambrosio Calepino date de 1502. On avait essayé aussi de classer les langues; tentatives le plus souvent malheureuses et sans intérêt scientifique : pour des raisons peu linguistiques, l'hébreu était considéré comme

---

2. Ce développement s'inspire de Maurice LEROY, *Les grands courants de la linguistique moderne*, Paris, PUF, 1963, p. 9 sq.

la langue mère par G. Postel, comme par saint Jérôme[3]. Mais c'est la découverte du sanskrit qui marque vraiment le départ d'un comparatisme bien fondé. Du discours de William Jones (1786) au livre que publie Fr. Schlegel en 1808 *(Ueber die Sprache und Weisheit der Inder)* s'affirme et s'affine le concept important de parenté linguistique.

La grammaire du XIXe siècle, tournée vers les langues du monde entier et vers l'histoire des langues, n'est donc pas une création *ex nihilo*[4]. Mais elle va infiniment développer, avec des exigences nouvelles de rigueur scientifique, une curiosité jusque-là rejetée dans l'ombre par la façade orgueilleuse des « grammaires générales ». Le bilan de cet effort original est extraordinairement riche. Il suffit de se reporter à n'importe quelle bibliographie linguistique pour vérifier que le XIXe siècle est l'âge d'or où ont été élaborées les œuvres maîtresses qui demeurent à la base de notre documentation[5].

3. J. J. SCALIGER avait pourtant publié une *Diatriba de Europaeorum linguis* où il identifiait bien les divers groupes : slave, grec, latin, germanique...

4. Dès le XVIe siècle (1585-1588), l'Italien SASSETTI avait observé à Goa les ressemblances entre sanskrit et italien *(nàva/nove* ; *sarpà/serpe,* etc.). Mais ses *Lettere* ne furent publiées qu'en 1855! De même la note du jésuite CŒURDOUX (établi à Pondichéry), à l'Académie des Inscriptions en 1867, ne fut publiée qu'au début du XIXe siècle! Il y faisait part de ses remarques sur « les curieuses analogies entre la langue sanskroutane, le latin et le grec ».

5. Voir par exemple les « indications bibliographiques » à la fin de l'*Introduction* d'A. MEILLET, p. 483-509 (8e éd., Paris, 1937, mise à jour par BENVENISTE). Dès 1819 paraît la grammaire historique de l'allemand, la *Deutsche Grammatik* de Jacob GRIMM. De solides grammaires comparées sont publiées, pour les langues romanes en 1836 (Fr. DIEZ); pour les langues slaves, en 1852 (Fr. MIKLOSICH); pour les langues celtiques en 1853 (J. K. ZEUSS). Pour le sanskrit, le dictionnaire de BÖHTLINGK et ROTH (1855) est toujours un ouvrage fondamental, comme la grammaire de J. WACKER-NAGEL (1896 sq.). Citons encore le manuel d'iranien de BARTHOLOMAE (1883), le dictionnaire du Rig-Veda, de H. GRASSMANN (1873). Dès le début du siècle a paru la célèbre grammaire serbe de S. WUK qui faisait l'admiration de Grimm (trad. allemande, 1824). Après A. SCHLEICHER (1856), F. KURCHAT et A. LESKIEN (1876) donnent d'excellentes descriptions du lituanien, A. BIELENSTEIN du lette (1863). G. MEYER fait connaître l'albanais (1891). (« Les langues modernes, tant dans leurs formes les plus populaires que dans leurs formes écrites et littéraires, ont attiré l'attention des savants qui se dirigeaient autrefois sur les langues qu'on ne peut plus observer; on s'est mis à décrire avec une exactitude singulière tous les détails des idiomes modernes », A. MEILLET, *Leçon d'ouverture du cours de grammaire comparée* au Collège de France, 1906 (= *LHLG*, p. 5).) Les langues sont étudiées dans le détail de leurs dialectes (romans, germaniques, etc., notamment dialectes grecs par AHRENS, 1839-1843). Dans le domaine des langues indo-européennes, le travail poursuivi après 1870 trouve « sa synthèse la plus caractéristique » (selon l'expression de G. G. LEPSCHY, *La linguistique structurale,* Paris, Payot, 1967, p. 18) dans le colossal *Grundriss* de K. BRUGMANN et B. DELBRÜCK (K. BRUGMANN, *Grundriss der vergleichenden Grammatik der indo-germanischen Sprachen,*

On n'en finirait pas d'énumérer les œuvres importantes qu'a engendrées cette explosion, si l'on peut dire, d'une curiosité linguistique associée à un souci d'exactitude rigoureuse. Il suffit, pour donner une idée de l'incroyable fécondité du mouvement néo-grammairien, de rappeler qu'Antoine Meillet a pu procurer, outre des centaines d'articles et ses œuvres bien connues de synthèse comparative, des grammaires de l'arménien (1903), du slave commun (1924), des langues germaniques (4ᵉ éd., 1930), du vieux perse..., sans compter ses célèbres *Aperçu d'une histoire de la langue grecque* et *Esquisse d'une histoire de la langue latine*.

Enfin, les ouvrages pour nous fondamentaux sont ceux qu'ont rédigés, selon la méthode néo-grammairienne, M. Leumann et A. Szantyr pour le latin (1965 et 1977), E. Schwyzer pour le grec (1939).

II | REJET TOTAL DE L'APRIORISME CLASSIQUE ET DES MYTHES ROMANTIQUES

La génération néo-grammairienne affirme ses méthodes en rejetant non seulement l'apriorisme de la « grammaire générale » du XVIIIᵉ siècle — cette attitude de principe est, dans l'ensemble, celle des comparatistes antérieurs — mais aussi, d'une façon plus directe, tout ce qui, chez les prédécesseurs immédiats, paraissait relever du mythe ou d'une imagination mal contrôlée. Les néo-grammairiens ont une conscience très exacte de leur place dans le courant de pensée de leur siècle. On peut en juger par des aperçus historiques, comme celui que B. Delbrück place au début de sa *Syntaxe*[6] ou celui qui clôt l'*Introduction* de Meillet (p. 454 sq.).

Pour eux, les chefs de file des deux premières époques du XIXᵉ siècle (Bopp à partir de 1816, Schleicher vers le milieu du

2ᵉ éd., Strasbourg, 1897-1916 pour les trois premières parties. Les volumes III, IV et V consacrés à la *Syntaxe* ont été rédigés par B. DELBRÜCK (1893-1900)). On n'oublie pas que F. de SAUSSURE, considéré comme le père de tout le structuralisme européen, s'est fait d'abord connaître par son fameux *Mémoire sur le système primitif des voyelles en indo-européen* (1878).
6. *Grundriss*, t. III.

siècle) sont encore pour une part des hommes du xviiiᵉ siècle.
Ils leur reprochent de ne pas rester sur le terrain solide des faits;
de proposer des constructions *achevées* qui tombent *ipso facto* dans
l'arbitraire et l'apriorisme; de postuler une langue primitive pure
et sans exceptions[7].

Brugmann et Delbrück repoussent cette chimère glottogonique
comme ils rejettent les thèses d'A. Schleicher, inspirées des sciences
naturelles. Ce dernier assimilait les langues à des organismes naturels qui ne peuvent que « se dégrader » et périr. Comme l'a dit
excellemment de nos jours M. Leroy : « Schleicher était encore
resté en grande partie un homme du xviiiᵉ siècle, soucieux de
placer la théorie au début de la recherche et d'imposer aux faits
le corset d'un schème logique préalablement construit »[8].

Par une saine réaction, les néo-grammairiens recherchent
l'objectivité et la rigueur. Comme Grimm au jugement de Meillet,
ils recueillent les faits avec « une sorte de piété ». Ce n'est pas
une langue vraiment primitive qu'ils prétendent reconstruire,
mais seulement l'ordre vérifié ou probable dans lequel les phénomènes se sont succédé. Ils s'en tiendront aux données, organisées
selon les lois. Ils voient dans leur prudente exactitude le triomphe
même de la méthode scientifique, et la garantie d'une rupture
définitive avec l'incertitude des démarches précédentes.

Mais leurs éminentes qualités mêmes ont conduit ces savants
à une sorte d'abstention devant les problèmes théoriques. On
dirait que « théorie » est devenu pour eux synonyme d'arbitraire.
Ils n'ont pas songé que l'attitude scientifique n'exclut pas, bien
au contraire, la généralisation sous forme d'hypothèse. Cette lacune
est partout visible chez eux, et peut-être particulièrement dans
la syntaxe, qui est le domaine qu'ils ont le moins pratiqué. Leurs
monuments documentaires sont frappés d'une sorte de débilité
pour tout ce qui touche à la doctrine : concepts mal définis,
inconséquences, contradictions. Les controverses qui avaient divisé
leur siècle n'y trouvent qu'un écho misérable (notamment sur la

---

7. Comme Renan, qui croyait possible d'arriver jusqu'au « berceau du langage »,
*De l'origine du langage*², 1858, cité par M. Leroy, *Les grands courants de la linguistique
moderne*, p. 35. On trouvera dans cet ouvrage, p. 32-35, d'utiles indications sur le
« glottogonisme ».
8. *Ibid.*, p. 32.

théorie des cas); tant ils purgent leurs œuvres de tout ce qui outrepasse l'enregistrement des faits. Enfin, ils n'ont pas échappé au destin si couramment observé qui consiste à reproduire sous des formes différentes les erreurs mêmes que l'on condamne à juste titre chez ses devanciers.

III | CONCEPTION NÉO-GRAMMAIRIENNE DES CAS

Brossant un tableau d'ensemble des cas, Delbrück (III, 188) expose qu'ils expriment les relations qu'entretient le concept nominal par rapport au concept verbal.

Le nom peut être le porteur *(Träger)* ou le centre de l'action verbale *(Mittelpunkt)*. Il est alors au N. Il peut aussi être atteint par cette action

— de près et complètement (Ac);
— partiellement (G).

Ou bien l'action se fait en vue du nom, en considérant le nom (D);
Ou encore le nom exprime :

— l'accompagnement, l'aide (I);
— le point de départ (Ab);
— le lieu où se déroule l'action (L).

Delbrück, soucieux de bien se démarquer par rapport aux théories localistes, souligne ici que le « but visé » n'était pas, « à l'origine » *(ursprünglich)*, exprimé par un cas. Ce sens résulte d'un développement secondaire, qui s'est produit sûrement dès l'époque commune pour l'Ac, peut-être plus tard pour le D.

On remarque d'emblée que l'étude des cas est commandée par l'établissement d'un faisceau de *Grundbegriffe* (« concepts fondamentaux ») qui transcendent leurs significations diverses et qui se situent à l'époque IE. C'est pourquoi l'étude du syncrétisme des cas (leur confusion formelle) tient une place essentielle dans la doctrine (Delbrück, III, p. 189 sq.). La reconnaissance du syncrétisme permet, en effet, d'analyser le D grec comme totalisant les emplois d'un D, d'un I, d'un L et même, au pluriel, d'un Ab. De même l'Ab latin englobe I et L. Seul le sanskrit conserve l'état IE (qui était déjà marqué par un certain nombre de syncrétismes : N plur. = N + V; N nt = N + Ac; D pl. = D + Ab ; G sing. = G + Ab, sauf dans les thèmes en -*o*-). Pour examiner les cas un par un (chap. IV à X, p. 200-400), Delbrück adopte un plan surprenant au premier abord, très logique en fait. La succession des cas est la suivante : Ab, L, I, D, G, Ac, N, V. Si l'on met à part le V, les cas se trouvent rangés à peu près dans l'ordre où ils sont — approximativement — touchés par le syncrétisme (l'Ab atteint dès l'IE est normalement en tête).

L'ablatif

Il n'y avait « à l'origine » d'Ab que pour les pronoms (Delbrück, III, p. 181-182). Il passa de là à une partie des noms. Au reste, il ne présente de forme spéciale qu'au singulier (il y a beaucoup plus d'Ab singuliers que d'Ab pluriels en védique)[9]. Le *Grundbegriff* de l'Ab sera donc d'exprimer le substantif point de départ de l'action, mais un substantif conçu comme unité.

Après cette définition, Delbrück (III, p. 200 sq.) va orchestrer puissamment la description d'ensemble du devenir de ce cas dans les différentes langues. Il nous offre un immense catalogue dont les exemples sont rangés d'après la nature du terme qui précède l'Ab :

— Ab après verbe / substantif verbal / adjectif / ablatifs plus libres.

La section fournie des Ab postverbaux est subdivisée (§§ 82-89) d'après le contenu sémantique des verbes (« s'éloigner », « chasser de », etc.). On admire la richesse des données, l'ampleur et la sûreté de l'information, l'exactitude philologique (l'auteur n'hésite pas à discuter au passage par le menu la validité d'un exemple avestique).

9. 124 contre 923 pour les noms. Delbrück a peut-être perdu de vue que le singulier est d'une façon générale beaucoup plus fréquent que le pluriel. Par exemple dans le *Pro Murena*, §§ 1-8, pour 200 morphèmes de la classe nominale au singulier (noms, pronoms, désinences personnelles), il n'y a que 56 pluriels, soit moins de 22 % du total.

Les Ab après noms verbaux n'exigent aucune explication particulière. Les Ab après adjectifs (ex. : *inanis, uacuus*, etc.) se justifient par la proximité sémantique entre ces adjectifs et les participes des verbes normalement construits avec l'Ab.

Enfin, les Ab « plus libres » *(freiere)* sont ainsi dénommés parce qu'ils sont en relation, non pas avec le verbe seul, mais avec la phrase *(Satzaussage)*. En sanskrit et en avestique, ils expriment le motif de l'action. En latin, ils sont difficiles à distinguer de l'I.

L'instrumental

La difficulté de l'I, c'est qu'il exprime non seulement l' « instrument », mais l' « accompagnement » et l' « extension » (Delbrück, III, p. 184). L'emploi comme « agent » du passif n'est pas « originel » pour la bonne raison que le passif est de création relativement récente. Le concept central est sans doute celui d'association. On met à l'I le substantif désignant celui qui, de concert avec le « porteur » de l'action, accomplit celle-ci[10]. De là, on passe à l' « accompagnement » proprement dit, puis à l' « instrument ». De même les valeurs d'extension se concevront comme l'association ininterrompue avec une distance ou un laps de temps donnés.

Le locatif

Diverses observations amènent Delbrück à supposer une extension du sens du L, dès la *Ursprache*, selon le schéma suivant.

1) à l'intérieur d'un espace;
2)   —   d'une surface (= *an, auf*);
3)   —   d'une durée;
4)   —   d'une sphère.

Le datif

Delbrück (III, p. 184) récuse les explications qu'il a proposées autrefois (*KZ*, 18, p. 100 sq.). Il ne pense plus que la signification fondamentale du D soit l' « inclination physique vers quelque

---

10. C'est ce que J. Haudry appellera l'emploi « désubjectif » de l'I.

chose ». Ceci pour deux raisons : 1) il éprouve une défiance très nette contre les hypothèses glottogoniques (du genre de celles qui résolvent en prépositions les désinences casuelles) ; 2) il s'est dégagé de la tendance générale à préférer les explications localistes. L'important, c'est d'expliquer le développement historique. Or, celui-ci engage à mettre en avant une conception intellectuelle du D. A preuve, la prépondérance des noms de personne au D, ce qui ne se produirait pas si le D exprimait purement le but. En védique, le verbe « aller » ne se construit jamais avec un D de personne. C'est donc à partir d'un *Grundbegriff* non local que s'est développé, plus tard, le D de but. (Evolution comparable à celle de l'Ac de but, issu du *Grundbegriff* très général, et non local, de l'Ac.)

Le génitif

Delbrück (III, p. 308) le définit comme une sorte d' « Ac étréci » *(verengerter Akk.)*[11]. Son rôle initial est d'être, à ce titre, complément du verbe (= partitif). Il n'est pas impossible de tirer l'emploi adnominal de cet emploi adverbial fondamental[12]. En traduisant l'exemple allemand proposé (III, p. 333) on obtient la chaîne suivante :

1) « il mange du pain (G partitif), une bouchée » (Ac) ;
2) « il mange du pain une bouchée » (sans virgule!) enfin,
3) « il mange une bouchée du (de) pain »[13].

Les effets de sens du G — méticuleusement relevés depuis des siècles — sont dus au contenu lexical des noms en relation. Ainsi le « G de possession » est senti tel parce que le mot régissant désigne quelque chose qui se trouve appartenir au terme régi (III, p. 334). Le G « subjectif » n'est sans doute qu'un emploi particulier du G « de possession » *(der Flügel des Vogels → das Fliegen*

---

11. DELBRÜCK accepte les définitions de Gädicke et de GRIMM (III, p. 187). Pour ce dernier *(Deutsche Grammatik, 4, 646)*, l'Ac exprime « die vollste Bewältigung eines Gegenstandes » par le concept verbal, le G au contraire « eine Geringere Objektivisierung » *(das Wasser/des Wassers trinken)*.
12. Plus haut, III, p. 186, DELBRÜCK hésitait à décider lequel des deux emplois du G, adverbial et adnominal, était le plus ancien.
13. C'est pourquoi Delbrück met en tête de sa description du G adnominal : *amphora uini.*

des Vogels). Quant au G « objectif », il doit son extension à l'habitude prise de marquer la relation adnominale par le G. On a dit dans la *Ursprache* : *der Geber das Gute*, puis l'Ac *das Gute* a été remplacé par le G *des Guten*.

L'accusatif

La doctrine de Delbrück est ici assez incertaine. Tantôt il affirme (cf. ci-dessus à propos du D) que le *Grundbegriff* était très général, en tout cas non local (III, p. 188). C'est sans doute la vue que reflète le tableau d'ensemble rappelé au début de ce chapitre : est à l'Ac le nom atteint de « près et complètement » par l' « action ». Mais en III, p. 187 (cf. p. 360), l'auteur approuve Gädicke d'en avoir donné une définition négative, suivant en cela les grammairiens hindous : l'Ac apparaît dans les emplois non couverts par les autres cas. Il est donc impossible — on en est convaincu depuis longtemps, dit-il — de dériver tous les emplois de détail de l'Ac d'un Ac originel d' « objet » ou d'un Ac de « but ». Enfin, en III, p. 363, apparaît une nouvelle attitude : malgré ce qu'il a dit, Delbrück inaugure la description de l'Ac IE par l'Ac de but.

Ces incertitudes trouvent une sorte de justification dans ce que dit l'auteur en III, p. 188 : si l'on trouve le *Grundbegriff* non local trop nébuleux, il faudra simplement cataloguer les emplois reconnus comme IE, sans tenter de les unifier; Delbrück, quant à lui, ne voit pas d'objection à cette attitude réservée.

Il y avait pourtant quelque chose de séduisant dans le tableau esquissé III, p. 187 : si l'Ac est le cas du substantif atteint *(betroffen)* au plus près *(am nächsten)* et le plus complètement *(vollständigst)* par le concept verbal, il s'oppose assez nettement

— par « atteint » au N;
— par « au plus près » au D;
— par « le plus complètement » au G[14].

14. Il ne manque pas d'objections contre ce tableau. Le N *Mittelpunkt* n'est-il pas lui aussi « atteint » en somme par l'action ? Il y a des « datifs d'objet » atteints « au plus près ». Enfin, dans des phrases grecques (de date IE) présentant un Ac d' « objet » et un Ac désignant « la partie du tout atteinte par l'action verbale » (du type Hom., *Il.*, 4, 501 : « Ulysse *le* (Ac d'objet) frappa de sa lance *la tempe* (Ac de « la partie du tout »)), le deuxième Ac correspond à la définition du G.

Le nominatif

Il est pour Delbrück (III, p. 188) « à l'origine » le porteur ou le centre de l'action, conçu comme actif. Ce n'est qu'après la constitution du passif que le N a pu devenir le centre passif *(leidender Mittelpunkt)* de l'action. A ce stade seulement le N peut être conçu comme « objet de l'énoncé » et « sujet grammatical ». Tel est « le concept fondamental » du N. Traitant à nouveau de ce cas (III, p. 393), Delbrück se borne à ajouter une page sur les emplois du N comme prédicat.

Autres descriptions

Si l'on examine les descriptions faites à la même époque (et plus tard !) par d'autres savants du courant néo-grammairien, on s'aperçoit que de simples nuances les séparent. « Tous raisonnent de la même manière », estime à juste titre A. Meillet qui suit, lui-même, leurs traces[15]. Une des œuvres les plus caractéristiques est l'*Abrégé de grammaire comparée des langues indo-européennes*[16] par le chef de file du groupe de Leipzig Karl Brugmann. Citons aussi, de Meillet lui-même, l'*Introduction à l'étude comparative des langues indo-européennes* dont la première édition est de 1903[17]. La même doctrine générale se reflète dans les sommes sur lesquelles nous nous appuyons aujourd'hui, comme la *Lateinische Grammatik* dite Leumann, Hofmann, Szantyr[18], ou un manuel comme le *Traité de grammaire comparée des langues classiques* par A. Meillet et J. Vendryes[19].

K. Brugmann affirme d'abord (p. 393) que la flexion casuelle exprime, outre le nombre, le rapport du concept substantival au

---

15. Dans l'*Introduction* à l'ouvrage cité dans la note suivante, p. IV.
16. Karl Brugmann, *Abrégé de grammaire comparée des langues IE* (publié en allemand sous le titre de *Kurze Vergleichende Grammatik der IG Sprachen*, de 1902 à 1904), trad. franç. sous la direction d'A. Meillet et R. Gauthiot, Paris, 1905.
17. Nous la citons d'après la 8e édition, Paris, 1937. On sait que l'*Introduction* est dédiée « à mon maître Ferdinand de Saussure, à l'occasion des vingt-cinq ans écoulés depuis la publication du *Mémoire sur le système primitif des voyelles dans les langues IE* (1878-1903) ».
18. Manu Leumann, *Lateinische Grammatik*, Ier volume : *Phonétique et morphologie*, Munich, 1977; Anton Szantyr, *ibid.*, 2e volume : *Lateinische Syntax und Stylistik*, Munich, 1965.
19. Ire éd., Paris, 1924. Nous le citons d'après la 3e éd., nouveau tirage revu par J. Vendryes, Paris, 1960.

concept verbal (plus rarement le rapport à un autre concept substantival).

On peut appeler « sens fondamental » d'un cas la sphère d'emploi des cas constituée par les différents types d'emplois particuliers telle qu'elle était à l'époque IE (p. 441). C'est évidemment la comparaison qui permet de restituer cet état préhistorique.

Brugmann insiste plus que Delbrück sur la difficulté d'atteindre les *Grundbegriffe* (p. 442). Même attitude de prudence chez Meillet (p. 342) : « Ces valeurs sont souvent complexes et les mêmes cas figurent dans les groupements qu'il est difficile de ramener à une formule unique, si vague qu'on la fasse. »

La réserve à l'égard des généralisations permet à ces savants d'accueillir avec une minutieuse exactitude tous les faits : d'où l'intérêt documentaire de leurs travaux. On note cependant qu'ils abandonnent parfois un peu de leur retenue pour risquer des hypothèses unifiantes au niveau de l'IE; d'autre part, si Brugmann reconnaît que le regard est gêné par des zones de brume, il ne met nullement en doute l'existence du *Grundbegriff* derrière le rideau qui le dérobe, et affirme du même coup que seule la connaissance de ce *Grundbegriff* permettrait d'éclairer les emplois historiques des cas (cf. ce qu'il dit de l'Ac, p. 466, ou du G, p. 465).

IV | LIMITES, FAIBLESSES, ERREURS DES NÉO-GRAMMAIRIENS

On ne saurait trop rendre hommage au XIXe siècle dans son ensemble — à notre époque où le dénigrement du « positivisme » s'exerce souvent sans nuance — d'avoir ouvert aux études grammaticales les deux perspectives de l'espace et du temps. Et ce sont les néo-grammairiens qui ont conduit l'œuvre à son apogée.

Depuis des millénaires, les grammairiens étaient frappés de cécité historique[20]. Depuis l'aube de la scolastique, des vues *a priori* franchement métaphysiques, ou logiques et pseudo-rationnelles,

---

20. A. MEILLET, *Introduction*, p. 454 : « Aux Hindous comme aux Grecs, il a manqué la notion de développement historique. »

étaient imposées au donné linguistique. Le voici enfin réinstallé dans la dimension qui est celle de tous les faits humains, celle de l'histoire. Une foule de données s'éclairent maintenant, une fois établi avec précision où elles trouvent leur place. Des champs immenses sont ouverts à l'investigation des chercheurs. Des œuvres monumentales sont construites, des grammaires historiques d'une foule de langues différentes, ouvrages qui suscitent l'admiration et restent encore aujourd'hui d'irremplaçables trésors d'exacte érudition.

Et pourtant, on ne peut souscrire au jugement trop favorable porté par A. Meillet, néo-grammairiens lui-même : « En un sens, on était vers 1900 parvenu à un terme impossible à dépasser » (la restriction « en un sens » signifie seulement que les progrès en cours au début du xxᵉ siècle s'inscrivent dans la direction générale qui est celle des néo-grammairiens depuis 1875[21]).

L'histoire n'a pas pour chapitre premier une « Genèse »

Pour aller droit au but, et formuler la critique interne la plus importante, on pourrait dire que ces grammairiens-historiens se font de l'histoire une idée erronée.

Ils prennent, certes, force précautions. Ils vont répétant que seule importe la reconstitution d'un enchaînement rigoureux, conforme à des lois objectivement établies. La reconstruction d'une langue originelle n'est pas leur propos car la « tendance est toujours forte de peupler l'espace vide de la préhistoire d'ombres de toutes sortes », écrit B. Delbrück[22]. « Pour ma part, ajoute-t-il, je me tiens à des positions sceptiques. »

Qu'en est-il en réalité ?

---

21. *Introduction*, 8, p. 479. La restriction apportée par « en un sens » est développée dans les pages suivantes; la découverte de textes nouveaux, voire de langues inconnues (tokharien, hittite), oblige à ne « rien changer d'essentiel aux doctrines exposées » antérieurement; il faudra seulement pousser l'étude du vocabulaire, suivre « dans toute son étendue le développement de chaque langue ». L'originalité du « système » de telle langue, à telle époque, s'apprécie en suivant son évolution depuis le début de l'époque historique. Les recherches en dialectologie, en phonétique expérimentale, en psychologie enrichissent la connaissance linguistique.

22. *Syntax*, III, p. 69. Cf. aussi le parallèle que fait MEILLET entre l'ancienne grammaire générale, les reconstructions à la Schleicher (non nommé) et la nouvelle linguistique générale, *Introduction*, p. 483.

On condamne certes les fantaisies romantiques de Schleicher.
Mais on continue d'employer constamment le concept de *Ursprache*
(« langue originelle, primitive »), l'adjectif *ursprünglich* (« originel-
lement », « primitivement »). Ils sont toujours monnaie courante
en grammaire comparée et dans nos manuels d'aujourd'hui. Si
l'on désigne ainsi par *convention*, non pas une prétendue langue
originelle, mais un état de langue seulement *antérieur*, celui de la
langue qui est, d'une façon très vraisemblable, à la source des
idiomes indo-européens, langue qui a elle-même un passé inson-
dable, il n'y a aucun danger en méthode. Et c'est bien ainsi que
s'expriment les néo-grammairiens quand ils exposent leur doctrine
en général. Ils sont bien, à cet égard, les contemporains des savants
qui fondaient la « Société de Linguistique de Paris » et inscrivaient
en tête de ses statuts l'interdiction d'épiloguer sur la question de
l'origine des langues.

Mais la pratique dément la théorie. Pour le système casuel
par exemple, Brugmann et Delbrück répètent qu'il est commandé
par les *Grundbegriffe*, les significations fondamentales des cas dans
la *Ursprache*. Sans doute reconnaissent-ils, avec une honnêteté
toute scientifique, que ces *Grundbegriffe* sont parfois enveloppés
d'une obscurité telle qu'on ne peut les atteindre. C'est admettre
du même coup qu'ils existent, c'est poser leur existence comme
certaine et indispensable même si l'insuffisance des données disponibles les dérobe en partie à la vue.

Entre les savants du début, voire du milieu du siècle, qui
bâtissaient audacieusement une *Ursprache* complète, rédigeaient des
fables en cette langue, et les néo-grammairiens qui laissent dans
l'ombre certains éléments de l'édifice, la différence est grande.
Mais ces derniers continuent de croire que, derrière le voile que
l'objectivité oblige à respecter, se trouve bien le *Grundbegriff*, le
concept unitaire qui doit rendre compte des emplois attestés.
Ces historiens ne rédigent plus eux-mêmes une Genèse, mais ils
continuent d'en postuler l'existence. En doctrine, ils refusent caté-
goriquement l'idée qu'ils puissent retrouver le balbutiement primitif
de l'humanité, mais, dans la mesure où les *Grundbegriffe* — identifiés
complètement ou non — sont conçus comme simples, unitaires,
recouvrant l'ensemble des relations dans la phrase, ils définissent
un état de langue non pas *antérieur*, mais idéalement primitif. Un

ursprünglich ainsi compris (en fait, sinon en doctrine) tient, dans la perspective historique nouvelle, la place de ces fondements métaphysiques ou logiques si justement reprochés aux grammairiens des siècles passés. L'apriorisme de ces derniers consistait à chercher hors de la grammaire les bases sur lesquelles ils l'édifiaient. L'IE des néo-grammairiens n'est pas *a priori*; il est reconstruction à partir de données réelles. Mais cette reconstruction vise en définitive à dégager un ensemble de concepts qui auront une vertu explicative complète, à la source de l'histoire.

Le rappel de quelques faits permet d'illustrer cette démarche. Comme les comparatistes des deux premières périodes du xixᵉ siècle, B. Delbrück privilégie le sanskrit réputé plus proche de la *Ursprache*. Et c'est à partir des grammairiens hindous qu'il établit d'abord le *Grundbegriff* de chaque cas, pour en vérifier ensuite la manifestation dans les diverses langues. Malgré sa prudence proclamée, Delbrück se livre parfois à des opérations assez fantastiques, pour retrouver une fuyante unité : ainsi, on l'a vu, pour le G dont les emplois adnominaux sont rapportés rudement à un unique concept « partitif » (de construction adverbale). De même pour l'I d' « extension » ramené au concept d' « association »; de même pour le L pour lequel il restitue l'enchaînement des « sens » qui s'est opéré dans la *Ursprache*.

Conséquences de cette conception de l'histoire

Les *Grundbegriffe* représentent le point fixe par rapport auquel se définissent les emplois très divers qui jalonnent une mouvante évolution; un fait de langue trouve donc une justification suffisante dès qu'on aperçoit en lui un reflet de la valeur « primitive ». Cette position de principe impose une visée rétrospective de l'histoire, puisqu'il ne faut pas perdre le contact avec l'*ursprünglich*. D'où cette impression que la description néo-grammairienne ressemble moins à une photographie qu'à une radiographie : sous les chairs c'est le squelette indo-européen qu'on cherche à faire voir. Il est très frappant qu'au lieu de décrire pour lui-même un état de langue, le grammairien-historien en regroupe les données selon le schéma établi pour la *Ursprache*; à preuve la tripartition

constante des « fonctions » de l'Ab latin selon les trois cas de l'Ab,
de l'I et du L indo-européens.

Une contradiction assez naïve de la méthode « historienne »
c'est d'ignorer en fait qu'une langue, à tel moment de son histoire,
constitue une structure à expliquer — du moins en partie — pour
elle-même. En revanche, l'IE est, lui, traité comme un ensemble
de structures. Mais il est le seul état structuré, les états postérieurs
représentant (sinon des dégradations de l'état « primitif » — Brugmann et Delbrück refusent en principe ce mythe d'une décadence
constante) du moins des altérations, des modifications dont seule
peut rendre compte leur relation à l'état n° 1. On pourrait donc
avancer sans paradoxe que les néo-grammairiens sont en quelque
sorte structuralistes pour une synchronie IE, non structuralistes
pour toutes les autres.

La priorité accordée aux *Grundbegriffe* de la *Ursprache* peut
expliquer aussi la faiblesse des explications théoriques et la pauvre
élaboration de la syntaxe[23].

Sur les finalités du langage, sur la nature du signe, sur les
caractères des « systèmes » et des « structures », la grammaire
comparée du XIXe siècle finissant reste muette. Quand Delbrück
et aussi Brugmann suggèrent que le G n'a eu pour commencer
qu'un emploi adverbal (partitif), c'est sans doute par esprit « unita-
riste » (un *Grundbegriff* ne saurait être complexe) mais aussi parce
qu'ils ont posé sans l'examiner le postulat que les fonctions casuelles
relient fondamentalement le nom au verbe. Cette thèse de ce
qu'on pourrait appeler la prééminence fonctionnelle du verbe
appelait discussion et réflexion[24]. Autre problème théorique éludé,
celui des ablatifs et des datifs « plus libres » *(freiere)*, c'est-à-dire
en relation avec la phrase et non pas avec le verbe.

Une lecture des pages 545 à 569, consacrées aux cas et à la
phrase, du *Traité* de Meillet et Vendryes (qui est dans la ligne de
Brugmann et de Delbrück) permet d'identifier les mêmes faiblesses,

---

23. Cf. les critiques de W. D. WHITNEY, *La vie du langage*, 1875, p. 257, cité par
G. MOUNIN, *La linguistique du XXe siècle*, p. 16.
24. De même MEILLET, *Introduction*, p. 358 : « Le seul élément essentiel et constant
de la phrase est le verbe. » A l'appui de cette thèse, Meillet apporte cette preuve;
le verbe peut constituer la phrase entière, ex. : *uenimus*; ce qui est négliger le rôle syntaxique de la désinence personnelle (cf. *infra*, à propos du *Traité* de MEILLET et
VENDRYES).

malgré de nouvelles précautions dans l'expression. Tout est rapporté à l'IE, mais celui-ci est « peu cohérent » (p. 545), son système s'est tôt « dégradé » — situation qui favorise les explications *ad hoc*. Du V, on nous dit qu'il sert à interpeller; nous n'en saurons pas plus. Mais une page entière est consacrée à étudier dans le détail l'emploi de *o* (gr. ō) : bel exemple de la disproportion entre l'exacte description philologique et le caractère sommaire de l'analyse syntaxique[25]. Dire que « le N peut n'être pas exprimé » engage à croire que *uenit* ne comporte pas de sujet, fâcheuse confusion entre l'absence d'un nom et l'absence d'un morphème-sujet (qui est ici la désinence *-t*). Si l'on définit l'Ac comme exprimant des « rapports vagues » (M. V., p. 550), ou « servant à déterminer le sens d'un verbe » (*Introd.*, 343), comment le distinguera-t-on des autres cas postverbaux? Du D on cherche en vain une analyse syntaxique. Pour le G, deux valeurs distinctes : partitif (ce qui était sans doute anciennement son rôle principal; cf. Delbrück); adnominal : il désigne alors « ce qui est de la sphère du nom », définition bien lâche, qui ignore les compléments de nom au D ou avec préposition. Enfin Ab, I, L sont nettement distingués, mais leurs emplois très sommairement survolés.

En conclusion (p. 569), il est rappelé que « la valeur propre des cas tend de bonne heure à s'effacer ». (Que signifie ce « de bonne heure », et quelle est cette « valeur propre », sinon le *Grundbegriff* de Delbrück?) « En latin même, ajoutent les auteurs, l'emploi des cas, si important qu'il soit, n'est qu'une survivance. » (Ils vont, en effet, disparaître en roman.) Dans une telle perspective, entre un IE différent et mal défini, et un état roman très différent aussi, le lecteur a l'impression que l'état du latin historique est comme du sable qui glisse entre les doigts. Le présent, qui devrait être le principal objet de l'étude, devient inconsistant et irréel; l'avenir fait voir sa destruction; ses « valeurs fondamentales » sont projetées dans un passé fabuleux à partir duquel elles ont subi leur dégradation. Quel état de langue pourrait résister à cette sorte d'annulation?

Le début même du chapitre sur « la phrase » de Meillet et Vendryes (p. 572-573) propose des notions très floues sur la pré-

25. P. 547-548.

tendue « autonomie et indépendance » des mots dans la phrase IE[26].
Mais « peu à peu », l' « apposition d'éléments autonomes » fut
remplacée par la « rection ». Bref, à l'IE relativement structuré
de Brugmann succède un IE aussi inorganisé qu'une boîte de
puzzle avant rangement. L' « autonomie du mot », si souvent
proclamée par Meillet, signifie *dissolution de la syntaxe* au profit
d'un conglomérat d'unités « indépendantes », « impénétrables ».
Meillet donne ainsi forme à une doctrine implicite chez ses prédécesseurs. Car définir, comme Delbrück, le rôle des cas par l'expression de « concepts fondamentaux », c'est évidemment les considérer
comme porteurs en *eux-mêmes* d'un certain contenu sémantique,
et non pas comme les indices de fonctions *syntaxiques*.

Delbrück commence pourtant le troisième volume de sa syntaxe
(= *Grundriss*, V) par une critique des vues de J. Ries (*Was ist
Syntax*, 1894) qui reconnaissait l'existence des groupes de mots,
mais non pas celle de la phrase. B. Delbrück affirme au contraire
que « toute analyse de l'énoncé rencontre aussitôt la phrase »;
elle se définit — Sweet l'avait déjà dit à peu près — comme la
portion d'énoncé comprise entre deux pauses (*Grundriss*, V, p. 4).
Delbrück retient d'autre part l'analyse de la phrase en sujet prédicat (V, p. 6). Il n'ignore pas les bases non linguistiques de cette
définition, mais n'estime pas gênant ce recoupement de la grammaire et de la logique[27].

A ce point on pouvait attendre une réflexion approfondie sur
cette question fondamentale. Mais, d'une façon très révélatrice
de ses intérêts, Delbrück esquive, ou si l'on veut, néglige cette
perspective de recherche. Après deux ou trois petites pages sur
le « sujet » et le « prédicat » (V, p. 10-12), il se lance dans de vastes
développements, immenses inventaires comparatifs; par exemple
« la position et l'accentuation des mots » occupent les pages 38 à 86!

Très significative également est son analyse du N. D'abord
(V, p. 6), le sujet est donné comme le substantif au N qui forme

---

26. Même doctrine dans l'*Introduction*, p. 355 sq. « Une phrase IE se compose d'un
nombre variable d'éléments impénétrables, autonomes, significatifs par eux-mêmes,
qu'on appelle mots. » Exemple : grec *leloipas* : « tu as laissé ». Cf. p. 360 : « Chacun
des éléments de la phrase a son indépendance »; p. 363 : « autonomie » des mots, etc.
Cf. *LHLG*, p. 8.

27. DELBRÜCK, *Syntaxe* (= III, p. 32) : langue et logique « ne se touchent que
sur un point, qui est la doctrine du sujet et du prédicat ».

le « point central » *(Mittelpunkt)* de l'énoncé. Il précise (V, p. 10) qu'à la place du N on peut trouver comme sujet un G partitif, voire une locution prépositionnelle *(ad duo milia capiuntur)*. Ces observations justes auraient pu inciter l'auteur à se libérer du critère morphologique pour dégager la *relation* qui instituait en phrase aussi bien un groupe « substantif au N + Verbe » qu'un groupe « G partitif + Verbe » ou un groupe « locution prépositionnelle + Verbe » (et aussi la forme verbale sans nom sujet dont il déclare à tort que la désinence n'y sert qu'à l'accord!)[28].

Delbrück est si loin, en vérité, de pousser une analyse authentiquement syntaxique qu'il va considérer comme *Grundbegriff* le plus primitif du N celui d'agent de l'action (« Der als tätig gedachte... Träger ... der Handlung », III, p. 188). Voilà le N doté d'une valeur sémantique claire. Ce n'est qu'ultérieurement, par suite de la création du passif en particulier, que cet « agent » serait éventuellement devenu « patient »? On se demandera quelle mystérieuse opération a eu le pouvoir inouï d'inverser ainsi la signification présumée d'une forme casuelle.

Malgré quelques velléités, B. Delbrück, le savant le plus représentatif de la syntaxe néo-grammairienne, est donc passé largement à côté de la syntaxe. Et les *Grundbegriffe* des cas sont pour lui d'ordre sémantique et non pas syntaxique.

L'œuvre gigantesque des néo-grammairiens se caractérise par une étonnante abstention à l'égard de la théorie syntaxique. En dehors de cette prudente retenue, leurs positions sont peu nettes, leurs principes peu explicites, leurs démarches peu cohérentes. C'est, à n'en pas douter, une abstention volontaire de leur part. Si, au passage, Delbrück se flatte d'avoir répudié tout « localisme » dans sa conception des *Grundbegriffe* casuels, on ne trouve chez lui aucune information précise sur les vives controverses qui opposaient les savants sur ces questions depuis la naissance même de la grammaire comparée. Citons le localiste Wüllner[29], les antilo-

28. De même le prédicat peut être constitué par une forme du verbe fini, mais aussi par un autre substantif (ou un infinitif), un adjectif (ou un participe), voire un adverbe (V, p. 10-11).
29. Fr. WÜLLNER, *Die Bedeutung der sprachlichen Casus und Modi*, Münster, 1827. De même : J. A. HARTUNG, *Ueber die Casus, ihre Bildung und Bedeutung in der griechischen und lateinischen Sprache*, Erlangen, 1831.

calistes Michelsen et Rumpel[30], le semi-localiste Ahrens[31] — dont Kuryłowicz reprendra en substance les idées[32]. Nous reviendrons sur ces auteurs dans le chapitre suivant.

Si Delbrück ne se risque pas à proposer lui-même un « système » des cas, il aurait sans doute pu énoncer les motifs de son abstention, et faire savoir quelles critiques il avait à formuler contre ses prédécesseurs.

Une phrase de Meillet mérite d'être méditée : « Le comparatiste est d'autant plus sûr de lui que les langues étudiées offrent plus de formes anomales; à cet égard, les données indo-européennes sont uniques »[33]. La grammaire historique et comparée est à coup sûr la seule discipline qui rende intelligibles les noms de flexion hétéroclitique (*iecur*..., etc.), la conjugaison athématique ou les bizarreries apparentes de l'infixe nasal. Elle est, il est vrai, irremplaçable, car elle seule permet de restituer la « structure » abolie au sein de laquelle ces formes, marginales et immotivées à l'époque historique, avaient un sens.

Mais justement parce qu'elle fonctionne au mieux en visée rétrospective, à partir des fossiles linguistiques, la grammaire comparée du XIXe siècle, si apte à reconstruire, au moins en partie, le système IE, échoue à définir les synchronies historiques. Un paradoxe apparent de la grammaire de Brugmann-Meillet, c'est de procurer l'inventaire le plus exact et le plus détaillé qui ait jamais été dressé des faits linguistiques, et de n'offrir par elle-même aucun moyen de saisir un état de langue historique dans ce qui le constitue justement comme langue à un moment donné. Elle ignore complètement les rapports qui peuvent exister entre l'éternelle mouvance de la langue et le fait qu'elle est pourtant, à chaque instant, un système linguistique organisé. Pour cette réalité ambiguë, Saussure proposera l'opposition de la diachronie

30. C. MICHELSEN, *Philosophie der Grammatik*, I : *Kasuslehre der lateinischen Sprache vom Kausallokalen Standpunkt aus*, Bonn, 1843; T. RUMPEL, *Die Casuslehre, in besonderer Beziehung auf die griechische Sprache dargestellt*, Halle, 1845.

31. H. L. AHRENS, *Griechische Formenlehre des Homerischen und Attischen Dialektes*, Göttingen, 1952.

32. Cf. ci-dessous, chap. 8.

33. *Introduction*, p. 479.

et de la synchronie, reprise par tous les structuralistes du xxe siècle (mais qui appelle sans doute des correctifs nouveaux).

Encore une fois, l'inestimable amoncellement de matériaux rassemblés par la grammaire du xixe siècle sur des domaines inexplorés jusqu'alors, a permis un immense progrès des connaissances. Rien de comparable ne s'était jamais vu. Mais l'interprétation et l'explication des données restaient à fournir, en prenant en compte la réalité de la synchronie et la nécessité de théories explicites. C'est la tâche à laquelle se sont consacrés les divers courants structuralistes.

Troisième Partie

LES STRUCTURALISMES
L'AGE « TOTALISTE »[1]

Chapitre V

LE CERCLE DE COPENHAGUE :
« LA CATÉGORIE DES CAS »
DE L. HJELMSLEV

Le Danois Louis Hjelmslev passe à juste titre pour l'un des maîtres du structuralisme au milieu du xxᵉ siècle. A en croire A. J. Greimas — qui a préfacé la traduction française de *Langage* —, Hjelmslev est le « véritable, peut-être le seul continuateur de Saussure »[2] parce que son œuvre présente l' « achèvement formel des plus importantes intuitions de saussurisme ». La théorie à laquelle il a donné le nom de « glossématique » est, selon M. Leroy, « la théorie structuraliste la plus vigoureuse, la plus poussée dans le détail, celle aussi qui a eu le plus de retentissement »[3]. Que cette glossématique soit aujourd'hui relativement ignorée et négligée (en dépit de l'estime que des membres éminents du courant chomskyen montrent pour son créateur), cela mériterait certes de retenir l'attention de l'historien. Mais pour notre propos, Hjelmslev reste un témoin de choix, parce qu'il est typique d'une

1. « Totaliste » est une épithète-programme de L. Hjelmslev.
2. L. HJELMSLEV, *Le langage*, 1963, trad. franç., 1966, avec une introduction de A. J. GREIMAS, p. 12.
3. Maurice LEROY, *Les grands courants de la linguistique moderne*, Bruxelles, Paris, 1963, p. 94.

certaine époque, par son effort de systématisation et ses ambitions d'ensemble. Enfin, il est, parmi les « grands » du structuralisme, celui qui a le plus écrit sur les cas : deux volumes intitulés *La catégorie des cas*, parus en 1935 et 1937[4]. Encore s'agit-il d'une œuvre incomplète : l'auteur annonce page 98 qu'il analysera le système latin dans la deuxième partie. En fait, ce tome II sera occupé par l'étude de quelques « systèmes casuels à deux dimensions »[5]. Dans l'avant-propos du tome II, Hjelmslev déclare que le tome III traitera des rapports de la flexion et de la dérivation, des notions de transitivité et d'intransitivité. Il est regrettable que le tome III n'ait jamais vu le jour, et que ces questions capitales n'aient pas été traitées pour elles-mêmes. Cependant ce travail, bien qu'incomplet, donne une idée suffisamment claire des positions de principe et de la démarche de Hjelmslev. Le contenu des deux tomes publiés s'articule en quatre parties :

1. T. I, p. 1-70 : histoire des théories sur les cas;
2. T. I, p. 71-136 : le système proposé par l'auteur;
3. T. I, p. 137-183 : les systèmes à trois dimensions (illustrés par l'étude de deux langues caucasiennes, le tabassaran, p. 137-159, et le lak p. 160-183);
4. T. II, p. 1-75 : les systèmes à deux dimensions.

Hjelmslev a délibérément laissé de côté des langues non indo-européennes plus proches de nous, comme le hongrois, le finnois ou le basque, parce que leur structure lui paraissait moins éclairante. Quant aux langues indo-européennes, leur confusion rend, dit-il, plus compliqué l'établissement de principes généraux.

L'histoire des théories casuelles

Il faut bien dire que l'histoire des théories casuelles, telle qu'elle est présentée dans les pages 1-70, est tendancieuse et parfois mal informée sur les grammairiens de l'Antiquité. Elle est toute orientée vers la glorification du Byzantin Maxime Planude (xive siècle) et de son continuateur génial Fr. Wüllner, disciple de Bopp (début

---

4. Copenhague, 1935 et 1937; rééd. en 1 vol., 258 p., Munich, Fink, 1972. C'est d'après cette réédition que nous citons.
5. Soit cinq langues caucasiennes (avar, hurquili, küri, tchétchène, udi) et l'eskimo.

du xixe siècle)[6]. Leur mérite est, pour Hjelmslev, d'avoir élaboré des théories résolument et complètement « localistes »; toute valeur casuelle se ramenant en fin de compte à une notion abstraite de « direction ». L'erreur principale des Grecs anciens était d'opérer sur les cas considérés isolément les uns des autres[7]. Et devant la complexité d'un cas, le G par exemple, dans ses emplois réels, ils ont recouru à deux expédients détestables (« Charybde et Scylla de la linguistique »!), soit scinder ce qui est unité complexe; soit, par métonymie, choisir une signification « principale » et en faire dériver les autres[8]. Pour ne pas nous retarder passons sur Apollonios, Glykas, Choeroboscos, tous coupables de ces erreurs fondamentales, et venons-en à Maxime Planude. « C'est la meilleure théorie des cas grecs qui ait été faite », décrète Hjelmslev page 12. Un indice de cette qualité est d'ailleurs la facilité avec laquelle on peut la schématiser, car « une théorie « consistante » sur la signification d'une catégorie se laisse toujours formuler dans un tableau »[9]. Tout tient en effet en 3 colonnes et 2 lignes :

	+	o	—
Dépendance	Ac	D	G
Indépendance		N	

La première ligne « dépendance » comprend 3 termes qui s'opposent quant au concept abstrait de « direction ». L'Ac marqué positivement exprime « rapprochement »; le G, marqué négativement, « éloignement »; le D est neutre (ø) entre ces deux mouvements opposés. Par notion *abstraite* de direction Hjelmslev veut dire que le concept « direction » est applicable à la fois aux rap-

---

6. Fr. Wüllner, *Die Bedeutung der sprachlichen Casus und Modi*, Münster, 1827; *Über Ursprung und Urbedeutung der sprachlichen Formen*, Münster, 1831.

7. P. 8-9. Critique non totalement fondée. Les *ptôseis*, accidents de l'*onoma*, s'organisent en deux sous-ensembles : la *ptôsis orthē* et les *ptôseis plagiai*. Il est vrai que les vertus syntaxiques de cette opposition n'étaient pas tellement mises en lumière par les grammairiens anciens.

8. On comprend que ces flèches ne visent pas seulement des grammairiens de l'Antiquité!

9. Hjelmslev montre toujours un goût très vif pour les représentations géométriques et les schémas bien symétriques.

ports « concrets » (locaux) et aux rapports « abstraits ou grammaticaux »[10].

Quant au latin, Hjelmslev l'écarte en formulant quelques observations assez contestables[11], puis il bâtit sa doctrine en élargissant et en rectifiant sur certains points la théorie de Wüllner.

Fr. Wüllner : quelques tours de passe-passe « localistes »

Discipline de Bopp, Wüllner a pu trouver chez son maître lui-même l'amorce de la doctrine qu'il va développer[12], doctrine « très bien fondée et d'une très grande importance, dit Hjelmslev page 36. Ses vues sont judicieuses et exactes ». Pour Wüllner, à une forme linguistique donnée correspond une et *une seule* signification. Il faut donc définir une *Grundbedeutung* d'un degré d'abstraction tel qu'elle puisse couvrir tous les emplois particuliers de la forme. Aux formes casuelles (et par là Wüllner, précisant les vues de Bernhardi, entend à bon droit, non seulement les formes signalées par la flexion, mais les syntagmes prépositionnels) qui, en apparence, marquent des faits de rection ou expriment des relations spatiales ou temporelles, ou causales, sont attachées des *Grundbedeutungen* foncièrement spatiales. Comme chez Planude, la spatialité s'exprimera selon trois modes :

éloignement = G / repos = D / rapprochement = Ac.

Le système grec s'accorde assez bien, au moins numériquement, avec cette tripartition. Mais si l'on passe au latin (ou à toute autre langue qui ait plus de 3 cas obliques, la situation du V étant réservée), que va-t-on faire de l'Ab ? On admet qu'il est issu du

---

10. Ceci serait admissible si l'on concevait clairement — si Hjelmslev formulait clairement — ce que peut être la « direction » dans les rapports grammaticaux. On verra plus loin que, dans un rapport régissant-régi, le régissant est marqué par « éloignement », le régi par « rapprochement », répartition sans doute assez arbitraire.

11. Le système latin serait « d'une complexité à peu près inouïe » (p. 14). Le domaine des cas y est difficile à délimiter : ne faut-il pas y inclure des adverbes comme *hinc, huc*, etc. ? Il y a d'ailleurs une infinité de systèmes particuliers (consul a 5 formes au singulier, 3 au pluriel), etc. On objectera que les marques adverbiales citées ont une distribution étroite, et ne sont absolument pas disponibles (*hortinc* ? *hortuc* ?). Quant à la diversité des paradigmes formels, Varron avait déjà considéré à juste titre qu'elle n'entrave pas le fonctionnement des oppositions casuelles.

12. Fr. BOPP, *Vergleichende Grammatik...* (1833), p. 136 : « Les relations des noms (sont) principalement et, à l'origine, uniquement spatiales. »

syncrétisme de 3 cas (distincts en sanskrit par exemple) : I, L, Ab. La solution élégante de Wüllner — approuvée par Hjelmslev — est de considérer ces 3 cas comme 3 variétés du D (p. 38-39). Le D désigne idéalement un point de repos entre deux mouvements opposés. Or cette inertie propre au D peut être un authentique « mouvement ø ». Mais elle peut résulter, d'une façon complexe, de l'annulation de deux mouvements contraires, au sein même du D. Le repos est alors un équilibre de mouvements « réciproques » d'éloignement et de rapprochement. Dans le premier cas, on a le locatif sanskrit[13]; dans le deuxième cas un instrumental (comitatif) sanskrit, car le comitatif implique liaison bilatérale de deux termes selon le schéma A ⇄ B. Ainsi s'expliqueront respectivement en latin l'ablatif locatif *(Athenis manere)* et l'ablatif instrumental. Voire; mais que faire de l'Ab proprement dit *(Romā uenire)*? Ici l'astuce de Wüllner (car peut-on parler ici d'une « explication »!) c'est de doter cet Ab de deux chromosomes antagonistes, qui vont se neutraliser, puisqu'il faut obtenir pour finir un mouvement zéro. Seulement, comme les deux flèches affrontées ont servi pour le « comitatif » — promptement élargi d'ailleurs à tout l'instrumental — on trouve ici autre chose : la conjonction d'un + et d'un —. L'Ab s'analyse donc (en termes abstraits de direction) comme un cas ±. Dernier coup de pouce rectificatif, un des deux signes est mis entre parenthèses : l'Ab est donc soit (+) — soit — (+). Exemples :

1) *Romā proficisci* avec Ab (+) —, exprimant l'éloignement seul;

2) *Quo peruentum est?* « Où est-on arrivé »? avec Ab — (+), exprimant le rapprochement seul.

On aperçoit immédiatement que la neutralisation recherchée ne peut pas jouer, puisque les signes contraires ne sont pas présents simultanément. Comment oser fonder l'existence d'un Ab positif (Ab +) sur l'existence d'une poignée de formes adverbiales dont il est au reste aventureux d'affirmer que ce sont bien des ablatifs! Et au plan « abstrait », comment pourra-t-on justifier l'existence même d'un signe linguistique « Ab » qui coïncide toujours exacte-

13. Beaucoup moins « inerte » dans ses emplois réels que ne le suggèrent Wüllner-Hjelmslev.

ment avec l'Ac (+), ou avec le G (—), la marque antagoniste
qu'il est censé posséder ayant chaque fois complètement disparu ? Telle est la manipulation arbitraire — toute conçue pour
ramener Ab à un D de « repos » — que Hjelmslev approuve chez
Wüllner.

Autre imbroglio, celui du N

Le système de Wüllner présente cependant une lacune de taille :
le N en est absent. Pour lui comme pour Planude — tranchant
ainsi un débat séculaire — le N n'est pas un cas, puisqu'il indique,
pensent-ils, l'absence de relation, l'indépendance (p. 43). Cette
erreur a, selon Hjelmslev, contribué à discréditer l'hypothèse
localiste. Il est au contraire tout à fait évident que le N a « un
sens », un sens qui est certes « vague et imprécis », et qui a permis
d'y voir la forme nominale par excellence. Mais même s'il est,
en quelque sorte, une forme vide, on n'a pas le droit de l'exclure
de la catégorie à laquelle il appartient. Fondée en principe,
cette inclusion du N dans le système casuel tel que le propose
Wüllner est d'ailleurs aisée. En effet, il ne faut pas négliger le fait
que le N sert soit comme sujet, soit comme prédicat. Comme
sujet il exprime l'éloignement (?), comme prédicat, le rapprochement. C'est donc un cas foncièrement neutre quant à la « dimension » fondamentale de la « direction ».

Ce beau raisonnement est repris plus loin (p. 52-54), où l'auteur
expose que dans *rosa est pulchra*, la désinence — a de *rosa* implique
rection, donc éloignement; tandis que le *a* de *pulchra* implique
le fait d'être régi, donc rapprochement. Qu'on n'aille pas ici
parler d' « accord grammatical », d'une « rection mécanique ».
Planude avait déjà bien vu qu'il faut définir le cas du point de
vue du terme qui subit la flexion casuelle, au lieu de le rapporter à l'influence d'un autre terme; pour établir la valeur
d'un cas, il faut en considérer la signification *au même titre* dans
le terme régi et dans le terme régissant. Le total des emplois du
N permet donc de lui reconnaître à lui aussi un + et un —; dans le
système, dominé par l'idée de « direction », il est donc un cas
« neutre ».

La cohérence apparente de cette doctrine dissimule mal les

difficultés qu'elle provoque. D'abord, s'il est vrai qu'un cas reçoit sa « valeur » de sa position par rapport au « pôle » (positif ou négatif) de la dimension « direction », on peut compter trouver un cas clairement définissable comme en opposition franche avec le « pôle » (par exemple le G par opposition à l'Ac dans le schéma de Planude). Mais les autres cas, en marge de cette opposition polaire, ont chance de pouvoir seulement être définis comme « neutres ». Il va falloir alors subtiliser pour distinguer à tout prix ces cas neutres, nantis chacun de son indispensable *Grundbedeutung*. A quel arbitraire les décisions se trouvent ici exposées, c'est ce que montre Hjelmslev lui-même, opposant (p. 99) le locatif comme neutre et « concentré », au N neutre et « expansif ».

Ensuite, la procédure artificieuse utilisée pour ranger le N parmi les « neutres » ruine tout l'édifice. L'auteur n'y a pas pris garde. Mais si la catégorie N est « neutre » (par rapport à la « direction », concept fondamental) *parce que*, dans un syntagme comme *roza krasiva* il sert à marquer le régissant (d'où éloignement) aussi bien que le régi (d'où rapprochement), il faudra également déclarer « neutre » (+ —) le G grec par exemple, donné comme superbement négatif. En effet, soit un syntagme nom + adjectif au G (ou, si l'on veut, un génitif absolu). La marque casuelle G du nom signifie « éloignement » (parce qu'il est G, et parce qu'il est régissant) mais la même marque G de l'adjectif signifie « rapprochement », puisqu'il est régi). Même aporie pour un nom à l'Ac (+) qui serait sujet d'une proposition infinitive (rection, d'où —) ou simplement accompagné d'une épithète (— pour le nom, + pour l'adjectif). Bref, tous les cas se prêtant à ces petits exercices, tous pourraient être déclarés « neutres ». Le remplacement de la rection syntaxique par des « significations » aussi abstraites qu'on voudra, se ramenant à « éloignement-rapprochement » a pour le système casuel de Hjelmslev l'effet d'une boule magistrale dans un jeu de quilles. Tous se retrouvent couchés, à plat, neutralisés, porteurs d'une façon ou d'une autre des deux signes contraires.

La suite de l'exposé historique de Hjelmslev est commandée par ses propres choix doctrinaux. Il y fulmine contre les anti-localistes, les syntacticiens, les semi-localistes, les néo-grammairiens. Il y remporte çà et là quelques succès faciles : ainsi contre ceux

qui considèrent le N comme exprimant la cause (que dire de
« Philippe est mort »?). Il rejette l'analyse aristotélicienne de la
phrase; refuse de retenir comme pertinents les faits prosodiques
page 51; s'en prend à ceux qui substituent l'étude diachronique
à la description synchronique, etc. Et pour conclure ces chapitres
consacrés aux théories « grecque, latine et indo-européenne »,
Hjelmslev réaffirme que « la théorie localiste (Planude-Wüllner)
est la seule qui mérite une considération sérieuse », *étant donné*
qu'on peut y faire entrer sans peine le N.

Le système construit par Hjelmslev

Du système construit par Hjelmslev, on peut proposer la
synthèse suivante : il convient de reconnaître d'abord l'existence
de trois « dimensions », celles de :

1) la direction;
2) l'intimité (ou la cohérence);
3) la subjectivité/objectivité.

La dimension 1, fondamentale, est toujours présente. On rencontre assez souvent la dimension 2, rarement la dimension 3
(seulement dans les deux langues du Caucase oriental décrites
à la fin du tome I, le tabassaran et le lak).

Ces dimensions — dont on constate la nature sémantique —
n'appartiennent pas au domaine de la pensée logique, mais de la
pensée prélogique. Hjelmslev dira « sublogique » pour définir
le niveau qui commande le prélogique et le logique. Précision
nécessaire pour comprendre que les cas s'organisent, non seulement
selon des oppositions contraires ou contradictoires (logiques), mais
aussi selon des oppositions participatives (prélogiques).

A) *Le turc osmanli* offrirait un exemple parfait de système casuel
à une dimension (« direction »). Celle-ci s'organisant en 3 cases :
a) rapprochement; *b)* éloignement; *c)* repos.
Un triple jeu d'oppositions permet d'obtenir 6 cas. On peut
les représenter comme suit :

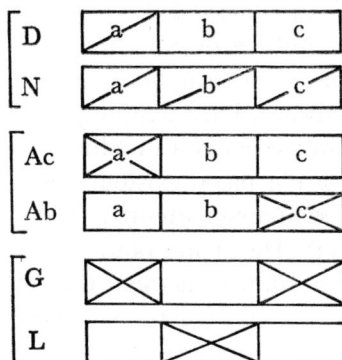

Dans la première paire DN, le D pur « allatif » (et pour cette raison « cas-pivot » du système) se trouve en opposition participative avec le N, indifférent aux trois concepts directionnels.

Dans la deuxième paire, Ac et Ab sont en opposition contraire. Dans la troisième, G et L en opposition contradictoire.

Nous n'avons pas qualité pour juger de la validité de ce schéma. Nous observons seulement que les cas y sont uniquement définis par leur contenu sémantique. Toute notion syntaxique est absente de cette présentation.

B) *Les systèmes à deux dimensions.* — Quand une langue compte plus de 6 cas, c'est qu'elle envisage une autre « dimension », celle de la « cohérence » ou intimité, notion dont Rask, rappelle Hjelmslev, a montré la pertinence pour le finnois. Par cohérence (non-cohérence) il faut entendre l'opposition sensible entre, d'une part, français *sur*, allemand *auf*, anglais *on* (un objet est décrit comme étant au contact d'un autre), et d'autre part *au-dessus de*, *über*, *over* (absence de contact). Cette deuxième dimension est dotée elle aussi par Hjelmslev de 6 cases; il la place perpendiculairement à la première dimension « direction », obtenant ainsi une sorte de damier. Une langue à 2 dimensions dispose donc de 36 positions casuelles différentes. Et justement l'avar (langue du Caucase oriental) se trouve au maximum théorique de 36 cas (t. II, p. 2)... bien que, nous dit-on, l'expression de la deuxième dimension tende à s'y évanouir (t. II, p. 24).

C) *Les systèmes à trois dimensions.* — La troisième dimension, celle de la « subjectivité »/« objectivité » est elle aussi à 6 cases. Deux langues seulement en seraient pourvues : le tabassaran et le lak, toujours au Caucase. Un exemple permettra de comprendre ce qu'est la subjectivité; si je dis « un chien passe devant l'arbre », la position « devant » n'a pas d'existence en soi; elle n'existe que par rapport à l'observateur-locuteur[14]. Elle peut donc être dite « subjective » (p. 133). De même pour « derrière »[15]. Cette troisième dimension comportant également 6 termes — que Hjelmslev toujours fasciné par les constructions géométriques, place à la perpendiculaire du plan défini par les deux premières dimensions — on obtient un cube, divisé en 6 sur toutes ses arêtes, d'où le maximum théorique de 216 cas! Le déchet est énorme, même en tabassaran qui se limite à 52 cas. Il va sans dire que la « valeur » d'un cas est entièrement déterminée par sa position (qui semble bien difficile à préciser!) parmi les 216 petits cubes composant le gros cube tridimensionnel.

Quelques remarques sur le système hjelmslévien

A) En se bornant à des remarques générales et en écartant les critiques de détail, on peut noter d'abord l'arbitraire des formes de représentation que nous propose Hjelmslev. Pour quelle raison un système casuel d'effectif non supérieur à 6 devrait-il être rectiligne? Pourquoi, s'il y a plus de 6 cas, faut-il qu'ils entrent obligatoirement dans une table de Pythagore? Quelle probabilité y a-t-il pour que le fonctionnement de l'esprit, même au niveau prélogique (surtout à ce niveau!), se soumette à une pareille rigidité orthogonale. Pourquoi les termes d'un paradigme ne se distriburaient-ils pas en plans sécants, en spirales, en éventails, voire selon des figures plus complexes? L'apriorisme éclate pour les systèmes à trois dimensions : Hjelmslev reste imperturbable devant la disproportion étonnante entre les possibilités théoriques et le

---

14. Hjelmslev note d'ailleurs justement que les mêmes prépositions peuvent aussi dénoter une position « subjective », mais cette fois au point de vue de l'auditeur : « Tu ne me vois pas, je suis derrière l'arbre. »
15. Hjelmslev ne semble pas avoir observé que ces possibilités n'existent pas du tout pour les expressions temporelles parallèles : avant/après.

rendement réel. D'ailleurs son schéma de la page 146 n'illustre pas du tout son exposé; c'est bien un cube, mais seules deux faces opposées sont divisées en cases. Ce cube ne peut donc en aucune manière donner la position de ses 216 constituants... Or, encore une fois, seule la position dans le système exprime la valeur d'un cas...

Ces enfantillages géométriques ont pourtant un sens. Hjelmslev, comme bien d'autres, ramène une matière difficile, disparate, complexe, celle de la langue, aux figures les plus simples de la géométrie. Comme si cette réduction valait par elle-même explication. Mais, à défaut d'éclaircissements plus convaincants, cette rassurante mise en scène mathématique n'est qu'un trompe-l'œil. La transposition mutilante de la grammaire en schémas géométriques a l'air d'une procédure magique visant à doter la première de la rigueur scientifique de la deuxième. La géométrie n'est ici qu'un lit de Procuste où l'on étend à toute force les faits linguistiques. Antique tentation de simplifier! Le vieux Varron, sans doute imbu de pythagorisme, s'enchantait des correspondances arithmétiques qu'il croyait apercevoir dans la langue (car « le nombre seul est sage »). Hjelmslev est-il tellement dégagé de ces pulsions, lui qui professe (p. 87, p. 99) que « les faits empiriques se groupent par eux-mêmes selon un principe de symétrie » ? S'il refuse de considérer l'opposition dépendance/indépendance comme une deuxième dimension possible, c'est parce que, dans ce cas, « le système ne serait pas symétrique » (p. 96).

B) On relèvera aussi quelques incohérences de taille. La définition donnée page 86 : « Est cas une catégorie qui exprime une relation entre deux objets » est d'une belle venue linguistique. Elle implique que l'on parlera de « cas », non seulement pour les formes *fléchies* des langues à déclinaisons (grec, latin, allemand, russe, etc.) mais aussi pour les syntagmes *prépositionnels* de ces mêmes langues, et à plus forte raison des langues sans déclinaisons. On ne pourra pas non plus négliger l'ordre des mots, là où, comme en anglais et en français, il est pertinent pour l'expression des relations. Tout cela, Hjelmslev l'admet en principe; mais il n'en tient aucun compte en pratique. Que l'on regarde sa description de certaines langues caucasiennes : il ne retient que les formes qui ressemblent aux formes déclinées des langues indo-européennes. Rien sur les moyens d'expression qui, dans ces langues, correspondent à nos prépositions.

L'absence d'un traitement conjoint des relations exprimées par des désinences et des relations exprimées par des prépositions frappe de nullité l'entreprise de Hjelmslev[16].

Son inventaire des moyens linguistiques propres à exprimer les relations casuelles est tout à fait incohérent. Ainsi le tabassaran se voit gratifié d'un « Ablatif postessif », ex. : *furĭ-q*^{c}*an* (surgissant) « de derrière la voiture ». Or il est probable que toute langue peut exprimer la même relation par quelque moyen; en français ou en anglais ce sera par une « locution prépositionnelle ». Dès lors, comment est-il possible de n'accorder que 3 ou 4 « cas » à l'anglais[17]? Il évoque page 113 les systèmes casuels à 2 termes seulement « qui se rencontrent rarement ». Comment se peut-il qu'une langue s'organise avec 2 relations seulement? On comprend bien qu'il hésite à s'engager dans le maquis des prépositions, où la limite n'est pas toujours nette entre lexème et morphème. Et si *-q*^{c}*an* est traité comme marque casuelle en tabassaran, et « de derrière » exclu de l'inventaire en français ou en anglais, c'est que le premier a l'apparence d'une désinence. Combien pèsent les traditions sur un homme qui proclame pourtant le principe saussurien que la langue est forme et non substance!

C) La définition purement sémantique des cas, telle que la propose Hjelmslev, peut sembler adéquate (à tort selon nous, car il reste une position syntaxique à définir) pour des expressions très « concrètes » comme son *furĭ-q*^{c}*an*. Mais elle n'est pas opératoire pour les relations les plus simples, les plus fréquentes, celles qui constituent le fondement principal de l'énoncé. Par exemple, la fonction de « sujet », ou plutôt de relation subjectale. Hjelmslev, il est vrai, bannit comme « logique » le concept de sujet. Admettons.

16. Exemple d'incohérence : après avoir, dans la partie historique de son ouvrage, célébré Wüllner qui, après Bernhardi, incluait les prépositions dans l'étude des relations casuelles, il écrit page 135 : « Le système des prépositions reste par définition en dehors de notre engagement. »

17. Hjelmslev parle d'abord de l'anglais comme d'une langue à 2 cas : G en *-s* (pour les noms de genre personnel) / cas indéfini; puis il lui attribue 3 et même 4 cas (sujet, D, Translatif (objet), G en *-s*) retenant pour une fois le critère de l'ordre des mots.

Ce que nous appelons traditionnellement « sujet » est compris comme tel, parce que le N est indifférent aux idées de « rapprochement, repos, éloignement ». C'est donc une certaine charge sémantique, définie dans le jeu des oppositions sémantiques par rapport au concept de « direction », qui fait du N ce que nous appelons « sujet ». Il est déplaisant, mais utile d'insister sur ce point, pour faire saisir le caractère inconsistant de la description hjelmslévienne. Par exemple qu'en tabassaran un même cas, le N justement, serve pour le sujet, l'objet et même le syntagme prépositionnel, cela prouve qu'il désigne « un état de stabilité, d'équilibre, de repos ».

Quoi que puisse dire Hjelmslev contre la « phrase » (rangée dans la « parole » et non pas dans la « langue ») et contre les concepts aristotéliciens, il n'en reste pas moins qu'une approche purement syntaxique, débarrassée de sèmes « directionnels », rend ici beaucoup mieux compte de la relation qui s'instaure par exemple entre le nom au N et le verbe. Que cette relation — ou plutôt interrelation — soit elle-même porteuse d'une signification, c'est évident, mais n'a rien à voir avec quelque trait sémique qui serait propre au nom seul.

Pourquoi Hjelmslev réduit-il toute analyse syntaxique à son système « casuel » sémantique ? Entre autres raisons, il pourrait y avoir celle-ci : la construction d'un modèle géométrique exige des points d'appui très solides. Hjelmslev croit les trouver dans les cas à signification « resserrée », dont il fait les « pôles » par rapport auxquels s'organisent les autres cas (D turc, Ac grec, Ab latin). Or il se trouve que ces cas déclarés — un peu rapidement — clairs et non ambigus expriment des idées en rapport avec le concept de « direction ». (Disons plutôt qu'ils *paraissent* clairs, parce que le *référent* du signe est ici très *concret*. Mais clarté référentielle et simplicité fonctionnelle ne coïncident pas forcément !) C'est donc à partir de cette case bien éclairée qu'une pensée sublogique va situer toutes les cases de l'échiquier — ce qui ne va d'ailleurs pas sans multiplier sous les pancartes nombreuses de « cas neutres » les zones de pénombre !

C'est donc sans doute le goût de systématiser qui amène Hjelmslev à édifier dans la brume son ambitieuse architecture. On retrouve chez lui comme chez d'autres la volonté enracinée de rivaliser avec les sciences exactes, volonté que semblaient justifier les succès de la phonologie pragoise. « C'est une illusion, écrit-il page 86, de penser que les faits linguistiques soient d'un autre ordre que les autres faits du monde... Les objets (de la linguistique) sont du même ordre objectif que les objets de toute autre science »[18]. Assimilation très contestable. En revanche, ce qui est incontestable, c'est le désir de Hjelmslev de traiter les faits de langue comme un chimiste ou un physicien traitent les phénomènes de leur spécialité. D'où cette décision de considérer la langue comme « un système où tout se tient » (p. 86; expression aussi attribuée à d'autres!) qui se prête par conséquent à une « axiomatisation complète », et à une appréhension « totaliste » (p. III).

Ce projet grandiose a porté bien peu de fruits. Il pouvait difficilement en être autrement, puisque la démarche est erronée dans son principe : faits linguistiques et faits chimiques ou physiques sont hétérogènes. M. Leroy en a jugé prudemment en écrivant[19] : « Le moindre faux-pas dans le raisonnement peut transformer (ces constructions) en spéculations artificielles sans rapport avec les bases tangibles de nos connaissances »[20].

---

18. Cf. Hjelmslev, *Le langage*, p. 167 : Ce qui est essentiel et intéressant (chez Saussure et Møller) c'est que leurs « réductions... constituent une sorte de décomposition des grandeurs indo-européennes en produits algébriques ou chimiques ». Cf. p. 141 (mathématiques).

19. *Les grands courants...*, p. 96.

20. D'autres savants portent, il est vrai, un jugement plutôt positif. Ainsi G. Calboli, *La linguistica...*, p. 152; après quelques réserves mesurées sur telles ou telles explications de Hjelmslev, l'auteur ajoute : « Le jugement d'ensemble sur cette grande étude de Hjelmslev est positif en ce qui concerne l'effort théorique. Ce sont les systèmes formels rigoureux, comme celui-ci, qui, comme le note Chomsky, 1969, p. 6 sq., ont permis de dépasser les grossières conceptions linguistiques de la grammaire comparée indo-européenne, et ont rendu possibles les derniers développements de la linguistique.»

Chapitre VI

LE CERCLE DE PRAGUE :
« SIGNIFICATION D'ENSEMBLE DES CAS
EN RUSSE »
SELON ROMAN JAKOBSON

La longue étude publiée par Roman Jakobson dans les *Travaux du Cercle linguistique de Prague*[1] porte en sous-titre : *Gesamtbedeutungen der russischen Kasus (Significations d'ensemble des cas russes)*. Mais, bien que fondée presque exclusivement sur des emplois russes, elle vise à illustrer des vues de linguistique générale, comme le dit clairement le titre *Beitrag zur allgemeinen Kasuslehre (Contribution à la doctrine générale des cas)*. Ce travail, qui met en œuvre les procédures de l'école de Prague, est parmi les plus significatifs du structuralisme des années 30.

R. Jakobson part de la définition saussurienne du signe pour refuser les doctrines qui atomisent le signifié; il refuse aussi les disjonctions proposées par A. Marty entre forme et fonction : pour ce dernier la désinence supportait un « faisceau » de significations. Puisque la marque flexionnelle est un « signe », il faut lui reconnaître une signification unitaire. Mais celle-ci ne saurait être ni la *Grundbedeutung* (« signification fondamentale ») postulée

---

1. R. JAKOBSON, Beitrag zur allgemeinen Kasuslehre : Gesamtbedeutungen der russischen Kasus, in *Travaux du Cercle linguistique de Prague*, 6, 1936, p. 240-288. Le « Cercle de Prague », animé par N. S. TROUBETZKOY, R. JAKOBSON, s'est fait connaître par les « thèses » présentées au Congrès de La Haye en 1928. Les *TCLP* qui reflètent son activité ont été publiés de 1929 à 1938.

d'une façon rigide par Deutschbein (1933), ni même, en dépit
des progrès accomplis, la « valeur » de L. Hjelmslev (1935, p. 84).
R. Jakobson cherche plutôt à atteindre une *Gesamtbedeutung* (« signification d'ensemble ») abstraite, d'où dérivent les significations
« concrètes ». Dans son introduction méthodologique, il précise
encore (p. 244-245) qu'il laissera de côté les prépositions et l'ordre
des mots. « Mots » (fléchis) et ordre des mots forment deux catégories fondamentalement distinctes. Reprenant Brøndal, Jakobson
ne reconnaît à l'ordre des mots qu'une éventuelle fonction syntaxique; tandis que les cas sont de nature morphologique et non
syntaxique. Pas davantage on ne peut réunir dans une même
catégorie les constructions prépositionnelles et les marques casuelles;
ceci pour plusieurs raisons : cas et prépositions s'opposent dans les
langues qui disposent des deux; le même cas peut se trouver avec
diverses prépositions et inversement. (Nous aurons à revenir sur
ces positions de principe, lourdes de conséquences.) Pour finir,
Jakobson rappelle l'importance capitale du concept de « système ».
Comme Hjelmslev, il professe que le « système » est à la fois le
point de départ et l'objectif de toute description; c'est seulement
à l'intérieur du « système » que les « valeurs » des cas trouvent
leur place, etc. Hjelmslev a seulement manqué de rigueur, se
contentant parfois de désigner, au lieu d'une « signification
d'ensemble » *(Gesamt-bedeutung)*, une « signification principale »
(Haupt-) choisie parmi les « significations particulières » *(Sonder-)*[2].

I | LE SYSTÈME JAKOBSONIEN
DES CAS (RUSSES)

Vue d'ensemble

Ce système plus rigoureux, Jakobson le schématise d'une façon
limpide (p. 281).

---

2. Par exemple lorsque Hjelmslev dans son étude sur le gotique définit le N comme
le cas exprimant « éloignement/rapprochement » parce qu'il est sujet/prédicat. Mais
le sens « éloignement » domine (JAKOBSON, p. 246).

$$(N \sim Ac) \quad \sim \quad (G\ I \sim G\ II)$$
$$\wr \qquad \wr \qquad\qquad \wr \qquad\quad \wr$$
$$(I \sim D) \qquad \sim \quad (L\ I \sim L\ II)$$

N	= Nominatif	G I	= Génitif I
Ac	= Accusatif	G II	= Génitif II
I	= Instrumental	L I	= Locatif I
D	= Datif	L II	= Locatif II

Très jolie *Tabelle* d'une symétrie parfaite et raffinée. Comme on le voit, les cas sont opposés, horizontalement par groupes de 2. Chaque groupe est composé également de 2 cas opposés. Verticalement, il y a encore 4 oppositions de termes deux à deux.

Les appellations jakobsonniennes sont :

— « cas de dépendance » *(Bezugskasus)* pour Ac et D;
— « cas d'extension » *(Umfangs-)* pour G et L;
— « cas marginaux » *(Rand-)* pour I et D;
— « cas de formation » *(Gestaltungs-)* pour G II et L II.

L'auteur propose en outre quelques dessins propres à schématiser la valeur de chaque cas :

N = • (un simple point, qui représente la projection de la chose dans l'énoncé);

Ac = ⋮ (un trait vertical, représentant l'incidence sur la chose);

I = (la courbe symbolise la position marginale, périphérique);

D = (même différence entre I et D qu'entre N et Ac).

G I =

L I =

G II =

L II =

Examen cas par cas

1) *Le N et l'Ac.* — L'opinion courante qui voit dans le N un agent actif, et dans l'Ac l'objet de cette activité, est, dit Jakobson, exacte *grosso modo* (p. 247). Mais c'est par le biais de l'Ac, cas marqué, qu'il va définir cette opposition. L'Ac exprime, en effet, « constamment qu'une action quelconque est dirigée dans une certaine mesure sur l'objet désigné, se manifeste en lui, le saisit ». La *Gesamtbedeutung* de l'Ac sera donc d'être un « cas dépendant » *(Bezugskasus)*. On peut en distinguer deux variétés :

a) L'Ac « fortement régi », qui exprime le résultat de l'action (« objet interne » (p. 248) comme *pisat' pis'mo* « écrire une lettre »[3], ou l'objet soumis à l'action (objet externe) : « lire un livre ».

b) L'Ac « faiblement régi » sert à exprimer l'espace de lieu ou de temps occupé par une action : « Vivre un an, marcher une verste »[4]. Bien que « peu indépendant de l'action », cet Ac « faiblement régi » hésite entre la fonction d'objet et celle de circonstant. Il peut dépendre d'un verbe intransitif, ce qui rend la transformation passive impossible. A noter qu'un Ac à rection « faible » peut figurer à côté d'un Ac à rection « forte », tandis que la coexistence de deux Ac à rection « forte » est impossible.

Dans les emplois prépositionnels de l'Ac, « la signification « direction vers » apparaît » *(na stol / na stole = auf den / dem Tisch)*.

Alors que l'Ac annonce qu'une action est exercée sur la chose, le *Nominatif* ne dit rien sur la présence ou l'absence d'une action (p. 249)[5]. C'est pourquoi l'Ac sera « marqué », le N « non marqué ». Il est, en effet, bien connu que certains emplois du N n'impliquent pas une « activité » de celui-ci, au contraire; exemple, les phrases nominales russes équivalant au type *time is money*[6], ou les phrases à verbe passif où le N est logiquement l'objet de l'action. C'est pourquoi on a pu appeler le N « cas-zéro »[7]; il est le seul cas à

3. L'expression russe contient une figure étymologique qu'on pourrait rendre par « écrire un écrit ».
N.B. — Nous avons reproduit pour les mots russes les transcriptions de Jakobson lui-même (qui ne correspondent pas toujours aux usages actuels). Nous remercions le Pr R. L'Hermitte pour les utiles observations qu'il nous a communiquées.
4. *žit' god, itti verstu.*
5. Cf. aussi p. 252-253 : l'Ac contient un élément α qui signifie « chose soumise à une action quelconque ». Le N a pour sens spécifique d'ignorer α.
6. *Vrem'a-den'gi.*
7. Karcevskij.

être éventuellement chargé de la pure « fonction dénominative »[8] (cf. les enseignes, les écriteaux, ou les descriptions du type « Mur, ville, port, asile de mort »)[9]. Forme non marquée utilisée pour la « dénomination », le N fonctionne aussi comme constituant dans l'énoncé; il est alors la chose, l'objet de l'énoncé[10]. Ses emplois syntaxiques sont divers : sujet de la phrase (rôle qu'il partage avec le G, cf. *infra*) mais aussi prédicat (et aussi apposition)[11].

Au terme de cet exposé solidement construit, on notera ce que dit Jakobson des diverses significations du N : si le contexte indique que la chose au N est soumise à une action, la signification du N rejoint celle de l'Ac; elle n'est plus spécifique; elle est une « signification combinatoire » du N. En revanche, il bénéficie d'une « signification principale » *(Hauptbedeutung)* lorsqu'il est le sujet d'un verbe actif transitif[12].

2) *Le G.* — Comme on le voit par le tableau d'ensemble, le G s'oppose au groupe N-Ac; le G, en effet, prend en considération l'extension *(Umfang)* de la chose; le N et l'Ac ne la prennent pas en considération. (C'est pourquoi le G sera marqué par rapport au groupe N-Ac.) Inversement, le G est neutre quant à l'expression ou la non-expression d'une action dirigée (par quoi s'opposent N et Ac). Le G annonce seulement que la participation de la chose à la situation énoncée a une extension moindre que son extension totale. Aussi la chose au G peut, dans la situation de parole, être représentée soit partiellement, soit négativement; d'où l'existence d'un G « partitif » et d'un G « de la limite » (« but, séparation, négation »). C'est en fonction de ces deux sortes de G que Jakobson explique les variantes syntaxiques de ce cas : G dans les phrases nominales comme dans ce cri de marchand : « (des) cornichons! »[13];

8. Cette idée était rebattue chez les Anciens.

9. Jakobson puise évidemment ses exemples dans le russe et l'allemand.

10. Avec le développement des études sur le « thème » *(topic)*, il y aurait quelques nuances à apporter aux vues de Jakobson (qui reprend p. 251 l'expression de Husserl : le N est « le héros de l'énoncé »).

11. JAKOBSON signale (p. 251) l'existence de phrases « sans sujet » : *soldata* (Ac) *ranilo v bok,* « le soldat fut blessé (3e pers. du sing. *neutre*) au côté »; l'Ac y signale qu'il y a « quelque chose au-dessus de lui dans la hiérarchie des significations ».

12. JAKOBSON ajoute (p. 253-254) que l'expression la plus appropriée pour un sujet agissant est celle d'un être animé. Au contraire l'être inanimé sera plutôt objet (cf. les statistiques de Thomson sur la répartition animé/inanimé, dans *IF*, 24, 293; 28, 107; 29, 249; 30, 65).

13. *Ogurcov!* (G).

G sujet dans une phrase comme : « *Des* gens (G) se sont réunis
(3ᵉ pers. sing. neutre) / *les* gens (N) se sont réunis » (3ᵉ pers.
pluriel masc.)[14]. Après un verbe, le G peut être l'objet partitif
(« il ramasse de l'argent ») ; « il a mangé le pain (Ac) / il a mangé
du pain » (G). Comme G de la limite, Jakobson cite : « toucher
le sol » (G) ; comme G de but « vous vouliez des libertés » (G,
svobod). Enfin, le curieux G de « négation » ex. : « je ne lis pas de
journaux » (G, *gazet*) G qui signale « la non-présence de la chose
dans la situation de parole » (p. 257).

On aurait tort d'isoler du G adverbal le G adnominal comme
le fait Delbrück. Car le nom déterminé restreint l'*extension* du nom
au G, ex. : « un verre d'eau », « une partie de la maison ». Ou
bien — ce qui revient au même, il en abstrait une qualité : « la
beauté de la dame », « la destruction de l'armée » (p. 258). Inversement, c'est le porteur qui est abstrait de la qualité qu'il possède :
« une dame de beauté » ; c'est l'agent ou le patient qui est abstrait
du procès : « les victimes de la destruction » (p. 259).

Bien que toute séparation des emplois adverbal et adnominal
soit artificielle, il n'en reste pas moins que c'est dans l'emploi
adnominal que le G « déploie le plus complètement et le plus
clairement sa spécificité sémantique ». Il est le seul cas qui puisse
établir un rapport avec un nom dénué de toute nuance verbale[15].

Enfin, dans ses emplois prépositionnels le G ne montre pas de
signification différente. Il indique ici encore que tout ou partie
de la chose est exclu. Exemples (transposés en français et qui sont
tous au G précédé de diverses prépositions en russe) :

> (l'un) « de nous » (partitif)
> « le long de la rivière » (limite)
> « pour la gloire » (but)
> « en venant du fleuve » (séparation)
> « sans soucis » (négation).

---

14. *L'udej sobralos'* / *L'udi sobralis'*. Même opposition entre *otveta* (G) *ne prišlo* « il
ne vint pas *de* réponse » / *otvet ne prišel* « la réponse ne vint pas ».

15. JAKOBSON examine ensuite (p. 259-260) l'étonnante confusion formelle du G
et de l'Ac pour les animés dans la plupart des paradigmes (alors que N et Ac sont
confondus dans les inanimés). Partant de l'opposition « boire le vin (Ac) / boire du
vin (G) », il souligne qu'un emploi partitif est peu concevable pour les animés, d'où
la suppression de l'opposition formelle G/Ac (on comprendrait mieux en vérité, dans
cette optique, que l'Ac ait été généralisé et non pas le G).

3) *Instrumental et datif.* — Etrangers aux rapports d' « extension », I et D sont en corrélation avec N et Ac respectivement (voir le schéma ci-dessus). Comme l'Ac, le D signale qu'une chose est atteinte par une action. Comme le N, l'I n'exprime rien sur le fait d'être atteint par une action, sur l'activité, sur la participation à une activité.

La différence entre les deux paires, c'est que I et D sont marginaux, périphériques *(Randkasus)*[16] alors que N et Ac sont centraux *(Vollkasus)*. C'est pourquoi l'absence d'un D ou d'un I n'est pas ressentie comme lacune de l'énoncé.

On peut distinguer trois variétés d'I :

a) l'I exprime n'importe quelle « condition de l'action » (agent, cause, instrument), ex. : « commander des esclaves », « partir à la guerre » (« *mit* Krieg gehen »), « aller par les bois », etc.[17];

b) l'I peut exprimer la limitation;

c) l'I exprimant une activité non essentielle, une qualité passagère occasionnelle :

« il est ici *comme juge* » (I) / « ils sont Grecs » (N).

C'est à ce type que Jakobson rattache l'I de comparaison : ... « comme un faucon ». Mais au-delà de ces manifestations très diverses (et stylistiquement exploitées), l'I par lui-même n'exprime rien d'autre que la « position marginale ». D'où l'impossibilité de comprendre un I sans le contexte : *žandarmom* peut signifier « comme un gendarme », « comme gendarme », « par un gendarme », « (être nommé) gendarme ».

De même, avec les prépositions, l'I s'applique aux « relations sans contact » (« avec, sur, sous »...)[18] qui conviennent à la laxité des rapports qu'il a avec le centre de l'énoncé.

Alors que l'I a parmi les *Randkasus* la même position non mar-

16. Le terme de *Randkasus* implique l'existence d'un *centre* de l'énoncé par rapport auquel s'affirme sa *marginalité*. Mais ce centre peut n'être pas exprimé; par exemple dans les dédicaces « A Untel » (D).
17. Il y a des doublets (qu'a étudiés, depuis, Jean Haudry) : « lancer des pierres » (I/Ac), « dire de dures paroles » (I/Ac). I = rôle accessoire de la chose / Ac = l'action est dirigée sur la chose.
18. *s, nad, pod.*

quée que le N parmi les *Vollkasus,* le datif exprime comme l'Ac le fait d'être atteint par une action. Mais le D *(Randkasus)* annonce, selon Jakobson, « que l'existence de la chose est indépendante de l'action alors que l'Ac peut être interne ou externe ». Si l'on dit « j'apprends telle langue » (au D), cette langue est donnée comme indépendante de l'étude; mais dans « j'apprends ma leçon » (Ac), la leçon est forcément en rapport avec l'étude. Le D désignera le bénéficiaire d'un état : « pour le malade cela alla mieux »; le récepteur d'un ordre : « porter pour vous » c'est-à-dire « vous devez porter »[19]. C'est lorsqu'il exprime le destinataire avec un verbe transitif que le D s'oppose le plus nettement aux autres cas (« je donne un livre *à mon frère* ») et qu'il est le plus irremplaçable. De même le complément d' « instrument » est le seul emploi de l'I qui ne puisse être transposé en un autre tour[20].

4) *Le locatif* (L). — Comme le G, et par opposition au D et à l'Ac, le L est indifférent au fait que la chose est touchée ou non par l'action. On dira, en effet, « juger *sur quelque chose* (L) » (chose touchée par l'action), « le *monstre à trois têtes* (L) » (on ne mentionne pas si la chose est touchée ou non). Le L est obligatoirement prépositionnel; ce qui confirme son statut de « cas marginal ». Mais, comme le G, il signale que la chose n'est pas représentée avec toute son extension, tandis que l'extension du terme régissant est complète (p. 276). On dira « des récits de guerre, sur la guerre (L) » parce que la guerre n'est considérée ici que partitivement; de même « le coussin *sur le sofa* » (L) parce que seule la surface du sofa est concernée. Un énoncé :

a) « les papiers sont dans le tiroir » (v + L)

s'oppose à :

b) « les papiers ont été mis *dans le tiroir* » (v + Ac).

Dans *b)* l'objet n'est pas complètement délimité temporellement (p. 276); les papiers n'étaient pas dans le tiroir; puis on les y a mis.

19. *nosit'vam.*
20. C'est pourquoi Jakobson établit les correspondances suivantes entre les cas et les catégories animé/inanimé :
  N : animé   Ac : inanimé
  I : inanimé   D : animé.

De la même façon, avec la préposition *pri* « en présence de »,
le L exprimera la limitation, la restriction d'extension : *skazal
pri žene*, « il a dit en présence de la femme, à portée d'écoute *(in
Hörweite)* de la femme ». Le L désigne la zone délimitée à l'intérieur de laquelle un événement a lieu[21].

Le L, cas marqué, s'oppose donc :

— comme *Umfangskasus* (cas d'extension relative) à tous les cas
situés dans les deux colonnes de gauche (N I Ac D) ;
— comme *Randkasus* (cas marginal) à tous les cas de la première
ligne (N Ac G). Il se trouve donc en opposition diamétrale
avec le N, cas absolument non marqué.

5) *Le 2ᵉ G et le 2ᵉ L (G II, L II).* — Le russe connaît, pour de
nombreux noms d'objets inanimés, une double forme de G et de
L dont Jakobson juge peu satisfaisantes les interprétations diverses
qu'elles ont reçues. A son avis, G II et L II sont marqués par
rapport à G I et L I (p. 278). Ils signalent en effet que la chose
fonctionne dans l'énoncé, non comme *Gestalt* « forme », mais comme
quelque chose de *Gestaltendes* « informant », ou de *zu Gestaltendes*.
On les désignera donc comme des *Gestaltungskasus* (« Cas de formation »). Ainsi s'opposent « un petit verre de cognac » (G II) /
« l'odeur du cognac » (G I). La fonction du G et du L se limite
aux concepts de « contenir », « être contenu »[22].

Plus loin (p. 283), R. Jakobson précise d'ailleurs que l'opposition de *Gestaltung* ne touche qu'un petit nombre de noms et
qu'en général on l'évite.

II | OBSERVATIONS SUR LE SYSTÈME
DE JAKOBSON

Nous avons délibérément donné ci-dessus un résumé aussi
fidèle que possible de la doctrine jakobsonienne, vu son adéquation

---

21. On opposera de même : « une table à trois pieds » (L = limitation quanti-
tative) et « une table avec trois pieds » ($S + I$).
22. Pour certains noms, il suffit même qu'ils soient accompagnés d'une épithète
pour ne plus pouvoir être considérés comme des contenants. Par exemple on dit *iz
lesu* (G II) « de la forêt », mais *iz temnogo lesa* (G I) « de l'obscure forêt ».

aux théories de l'Ecole de Prague. Nous avons seulement allégé, modifié — rarement — le plan[23].

Le mérite, et l'intérêt, de son *Beitrag*, c'est d'avoir très consciemment cherché à mettre au jour le *système* selon lequel s'ordonnent les cas, et à l'intérieur duquel, par le jeu de leurs positions — donc de leurs oppositions — ils reçoivent leur valeur. Tous les linguistes structuralistes se rangent à ces principes. Mais on sait bien que les résultats obtenus par l'application desdits principes diffèrent considérablement de Hjelmslev à De Groot ou à Kuryłowicz. Ces divergences, en dépit d'une doctrine générale commune, tiennent à plusieurs causes : quelle place attribuer dans le « système » aux faits sémantiques, aux faits syntaxiques ? Que signifie « système casuel » ? Comment définir la notion même de « système » ? Sur ce dernier point, il n'est pas difficile de relever de nombreuses négligences, affirmations hâtives ou erronées.

1) La « signification principale » *(Hauptbedeutung)* de l'I est de désigner l'instrument inanimé (p. 273); c'est, en effet, le seul emploi de l'I qui ne puisse pas se transposer en un autre tour. Par exemple l'I de « comparaison » : *letit sokolom*, « il vole *comme un faucon* » peut, lui, se remplacer par un N : *letit kak sokol* (qui coïncide exactement avec la phrase française).

Mais comment affirmer que l'instrument (I) inanimé dans « le cerf a été blessé d'*une flèche* » ne peut pas se transposer en N : « une flèche a blessé le cerf » ?

La simplification des faits, leur schématisation, tend ici à assurer à l'I, dans le tableau d'ensemble donné au début, une opposition maximale avec ses partenaires dans le carré

$$N \sim Ac$$
$$\wr \quad \wr$$
$$I \sim D$$

où la pureté géométrique exige que les catégories animé/inanimé se croisent diamétralement : Animé = ND / Inanimé = Ac I.

2) La même opposition inanimé/animé est loin de jouer entre Ac et D de la façon que suggère le même schéma. On dit en russe

---

23. Nous laissons en revanche complètement de côté la dernière partie de son étude (*Synkretismus der Kasus*, p. 283 sq.) parce qu'elle est relativement à part. En dépit de remarques pertinentes, l'auteur n'approfondit pas vraiment le phénomène du syncrétisme.

comme en français « je vous salue » (avec objet animé), « j'envoie une lettre / un émissaire »; et inversement l'exemple cité par Jakobson lui-même *k lesu* (D) « zum Wald » fournit un D inanimé[24].

3) L'I, comme le N, est, nous dit-on (p. 261), muet sur la question de savoir si la chose est atteinte par l'action, active, participante à une activité. Voilà qui est extraordinairement dur à admettre au vu des seuls exemples jakobsoniens; ainsi *strana upravl'ajets'a ministrami*, « le pays est gouverné par des ministres ». Serait-ce un cabinet fantôme? On fera la même objection à l'I de « condition » cité page 264, et qui désigne « l'agent, la cause, l'instrument ».

La conclusion désagréable à tirer, c'est que la nécessité d'insérer l'I dans la case qu'il occupe (dans la même colonne que le N, mais en opposition avec les cas de la 2e colonne, Ac D, qui, eux, signalent que la chose est touchée par le procès) est le fondement principal des propriétés bizarres qu'il se voit attribuer.

4) Le L se définit (p. 276) comme un *Umfangskasus*, un cas qui prend en considération l' « extension » de la chose, comme le G, et qui s'oppose par là aux N Ac I D. Il est aussi *Randkasus* (cas marginal), comme le D et l'I, et s'oppose aux N Ac G. La chose au L n'est donc pas représentée dans toute son extension. C'est un peu rude à admettre, même pour « le coussin est sur le sofa » où seule la *surface* du sofa serait envisagée. Mais que penser de l'opposition :

a) « les papiers sont *dans le tiroir* » $(v + L)$;

b) « les papiers ont été mis *dans le tiroir* » $(v + Ac)$.

Jakobson estime que le L exprime une « délimitation *temporelle* » de la chose. Délimitation absente dans le tour à l'Ac : les papiers n'étaient pas dans le tiroir, puis on les y a mis.

Or, ce qui est délimité *(umgrenzt)* temporellement, c'est le processus verbal; on soutiendrait plus justement que dans *a)* « sont » exprime un procès non limité; tandis que dans *b)* « ont été mis » exprime un procès forcément limité, puisque le point de départ au moins est indiqué. L'examen de la « limitation » des concepts conduit donc à un résultat opposé à celui de Jakobson. Et d'ailleurs de quel droit substituer pour le coup à la « délimitation » des

---

24. D'ailleurs lorsque JAKOBSON parle des objets « inanimés » on a l'impression qu'il néglige le fait qu'ils ne sont pas tous neutres, il s'en faut (*kniga* fém. « le livre », p. 253, 254).

termes nominaux seuls porteurs de marques casuelles, celle des termes verbaux? Et que peut bien signifier la délimitation *temporelle* du syntagme « dans le tiroir »?

Grâce à cette analyse assez fantastique, le L peut occuper la case qui convient le mieux à l'économie du schéma initial. Cas « marginal », il sera sur la deuxième ligne; mais comme la place libre est en face du G, il faut qu'il partage avec celui-ci la qualité d'*Umfangskasus*.

On dirait que le tableau à faire — ou plutôt préexistant dans l'esprit du linguiste — oriente la description, ce qui ne va pas sans déformation ni mutilations.

5) Toujours sur le L, censé exprimer spécifiquement, en tant qu'*Umfangskasus*, une limitation d'extension. Soit l'exemple de la page 276 : *skazal pri žene* « er sagte in Gegenwart (in Hörweite) der Frau », le L y désigne la zone à laquelle se limite l' « audibilité » du procès.

Mais, si l'on retient ce point de vue de la « réduction de portée », quel complément, quelle expansion, quelle adjonction à un concept une fois énoncé ne lui apportera pas une « détermination », une restriction par précision. Prenons le nom *course*; isolé, il évoque, dans toute son extension, le concept « courir » (on dirait la même chose du passif impersonnel latin *curritur*). Une adjonction quasi adjectivale « course à pied » limite la portée du concept; de même « Pierre court »; ou encore « X court *dans les bois | le soir | avec un ami* », etc. La propriété de « délimitation » appartient à tous les constituants de l'énoncé. Elle ne saurait donc être le caractère spécifique du L. Le L dans *skazal pri žene* n'est ni plus ni moins « limitant » que le D dans *mne skazal* « il m'a dit ».

6) Le G dans les tours négatifs, type *ne čitaju gazet*, « je ne lis pas de *journaux* » exprimerait, selon Jakobson, la limitation maximale de la chose; la négation implique un degré zéro de participation. Ici s'exprimerait donc en plein la valeur d'*Umfangskasus* du G. Mais, en bonne logique, si le degré zéro de la participation est intégré à la « délimitation » comme son niveau bas extrême, pour quelle raison le niveau haut extrême, c'est-à-dire la participation totale, en est-il exclu? Or le russe emploie ici l'Ac : « il boit *le vin* ». On pourrait donc soutenir, au grand dommage de la symétrie schématique, que G et A s'opposent, non pas comme *Umfangs- | Bezugskasus*, mais par le *degré* de participation qu'ils

impliquent. Celle-ci serait totale pour l'Ac (« il boit *le vin* »), partielle ou nulle pour le G (« il boit *du vin* »).

7) Un défaut majeur de l'étude jakobsonienne est son insuffisance syntaxique. Le système proposé n'est pas viable, parce qu'il ne situe pas les faits dans le cadre de la *phrase*. Ce terme n'est prononcé que par hasard. Mais le cadre de la phrase n'est pas posé préalablement, comme construction syntaxique maximale et domaine où s'exercent obligatoirement les relations syntaxiques de ses constituants. Jakobson oublie très fréquemment les facteurs syntagmatiques. En particulier le verbe est le plus souvent négligé. Par exemple on peut certes admettre — ce n'est d'ailleurs pas une nouveauté — la distinction entre les *Vollkasus* (N Ac entre autres) et les *Randkasus* (comme I D) (p. 263). Les premiers forment le centre de l'énoncé; les seconds se placent à la périphérie.

Mais il ne faut pas « gommer » les « irrégularités » qui enfreignent cette règle de structure et portent atteinte à la belle ordonnance du schéma. On ne peut pas affirmer par exemple que l'absence d'un D dans un énoncé n'est jamais ressentie comme une *Lücke*, une « lacune », une « brèche » syntaxique. Comme le montrent Tesnière et ses successeurs, le D peut être un « actant » obligatoire. Il y a même, on le sait, des compléments à statut très « périphérique » qui n'en sont pas moins indispensables après certains verbes (« je me trouve... », « j'habite »).

Quand il analyse le G, Jakobson le figure par •....., schéma qui rappelle celui de l'Ac ⦙. Or le G comme l'Ac instituent une relation entre deux termes. Pourquoi ce deuxième terme n'est-il pas représenté? Puisque l'Ac annonce qu'il est « dépendant » et dépendant d'un verbe, pourquoi ne pas signaler ce trait spécifique? Inversement, le G peut avoir un nom ou un verbe à l'autre bout de son pointillé. Mais qu'il puisse y avoir justement un nom, voilà qui est hors des pouvoirs de l'Ac, et qui distingue donc spécifiquement le G. La nature des termes (des points) en bout de chaîne — que ne représente pas Jakobson — c'est d'être des « parties du discours », c'est-à-dire des êtres syntaxiques, des unités distinguées par leurs faisceaux d'aptitudes syntaxiques. Au lieu d'explorer ces aptitudes — que contribuent à signaler les marques casuelles —, Jakobson est à la recherche d'une *Bedeutung*, c'est-à-dire qu'il délaisse la syntaxe pour un certain sémantisme.

C'est dans le même esprit qu'il refuse toute hiérarchie entre les deux points du G. Il est vrai que certains syntagmes N + G sont grammaticalement réversibles (« le maître de l'esclave » / « l'esclave du maître »). Mais, pour se contenter de cette constatation rassurante, il faut faire bon marché de quelques absurdités (« le chien du voisin » / « le voisin du chien »?; « le livre de l'élève » / « l'élève du livre »?). Il faut surtout négliger d'importants facteurs syntaxiques, comme l'équivalence d'un groupe N-G avec une phrase N-Verbe-Ac. Si « l'expédition du paquet » nominalise « X expédie le paquet », on ne doutera pas, selon l'analyse de Jakobson, que, dans la phrase verbale, « le paquet » ne soit « dépendant », ce qui implique une position hiérarchique subordonnée par rapport à « X expédie ». Comment cette relation hiérarchique aurait-elle disparu dans le syntagme nominal?

La carence syntaxique conduit à l'excès dans l'usage des notions sémantiques à vertu pseudo-explicative. Admettons provisoirement que G adverbal et G adnominal soient à traiter au même plan. La « limitation » de la participation de la chose au procès apparaîtra donc clairement dans *prosit' deneg* (G) « demander de l'argent ». Mais quelles acrobaties pour expliquer de même *stakan vody*, « un verre d'eau »! Ici, le G serait normal *parce que* le contenant *restreint* l'extension du contenu. (Et « une nappe d'eau »? « une trombe d'eau »?). « Réduction » se transpose en « abstraction » pour « la destruction de l'armée » *(razgrom armii)* : on aurait ici « abstrait » une qualité de ladite armée, qui en a forcément d'autres, ce qui implique « limitation ». Et si je dis « l'armée de la destruction », c'est le « porteur » de la qualité que j'abstrais, que je délimite, etc.

Encore une fois, comme on l'a dit plus haut à propos du L, une détermination grammaticale quelconque a pour effet de préciser, de spécifier, de limiter logiquement, si l'on veut. Une propriété aussi générale ne saurait servir pour caractériser le seul G. D'ailleurs, sur sa lancée sémantique, Jakobson commet de curieuses confusions : Dans « vous vouliez des libertés » (p. 257) *svobod* G pl. est expliqué comme G « de but »[25]. Il paraît beaucoup plus évident

---

25. A supposer que le « but poursuivi » ait quelque rapport privilégié avec la « limitation de participation ».

que l'effet de sens « final » est dans le verbe, et que *svobod* est un banal objet partitif. « Pour la gloire » *(ibid.)* *(dl'a slavy*, prép. + G) serait aussi un G de but.

La tentation sémantique est sensible même dans l'analyse du N — qui est un bon morceau de cette étude. Après les développements intéressants sur le N « cas-zéro », seul cas à pouvoir purement « dénommer », etc., pourquoi s'embarrasser (p. 253) des énoncés où le N marque « une chose soumise à une action », emploi où il rejoint l'Ac ? Voilà ce qu'on pourrait appeler le dérapage sémantique. Car il résulte de ces observations que l'emploi *spécifique* du N sera d'exprimer un agent. On oublie ce faisant, au bénéfice d'une *Bedeutung* où se reflète tout un syntagme avec la valeur lexicale de ses éléments, la relation fondamentale nom-verbe (où, d'une façon plus générale, nom-prédicat). Ce défaut est très visible dans l'analyse que propose Jakobson de quelques phrases : dans *l'udi sobralis'* « les gens se sont réunis », l'accord du verbe très bien marqué méritait d'être souligné.

Le dédain de la syntaxe apparaît aussi dans l'étude de l'Ac. L'auteur distingue deux variétés à rection forte/faible (« stark-schwachregiert »). Ce n'est pas suffisant. C'était le moment de montrer, pour la rection « faible », l'importance d'une certaine convergence lexicale entre le verbe et le nom : dans « vivre une année » le trait sémique « durée » est commun aux deux constituants, comme dans « marcher 10 verstes » le trait « espace ». Mais de quel droit réunir sous la même bannière deux prétendues variétés d'Ac, que séparent de profondes oppositions syntaxiques. La transformation passive distingue les Ac à « rection forte » (« X frappe Y ») — Jakobson ne mentionne même pas ce caractère essentiel —, elle est impossible avec la « rection faible ». La disparité syntaxique des deux « variétés » éclate quand on observe (Jakobson l'a vu, mais n'en tire pas de conséquences) que dans la même phrase coexistent très bien un Ac « fort » et un Ac « faible ». (« Il a habité cette maison cent ans ») ; alors que la co-occurrence de deux Ac « forts » est absolument exclue.

Cette confusion est très choquante. Et l'on ne peut s'empêcher de penser qu'en regroupant ainsi deux êtres syntaxiques hétérogènes, Jakobson créait arbitrairement les conditions les plus commodes pour énoncer un signifié unitaire face à l'unité du signifiant.

Les concepts de « rection », « dépendance » apparaissent, on l'a vu, çà et là. Mais ils ne sont pas au centre de la réflexion. C'est la recherche des *Bedeutungen* qui accapare l'intérêt du chercheur. Peut-être cette défiance syntaxique et ce mauvais usage des traits sémantiques sont-ils liés à une interprétation abusive de la définition saussurienne du signe = signifiant + signifié. Jakobson s'est assigné comme tâche (p. 241, 287) de réintégrer le signifié dans la morphologie justement pour restaurer l'unité du signe. C'est pourquoi il s'efforce d'isoler, sinon une *Grundbedeutung* à la Hjelmslev, mais une *Gesamtbedeutung* qui transcende les emplois particuliers. C'est ici qu'un danger de cercle vicieux guette le linguiste. On affirme — très justement — vouloir définir les valeurs (c'est-à-dire les *Gesamtbedeutungen*) par leurs positions respectives dans le système. Mais en fait on isole d'abord ces *Bedeutungen*, puis on les organise. Va-t-on du système aux valeurs, ou des valeurs au système ?

D'ailleurs de quel « système » s'agit-il ? Apparemment du système des relations nominales dans la phrase. Or :

1) Jakobson ignore la phrase ;

2) Il refuse vigoureusement, pour de curieuses raisons de principe (p. 244, 245, 287), de prendre en considération les prépositions et l'ordre des mots[26]. Le résultat c'est que, refusant l'atomisme positiviste, il retombe dans un autre sorte d'atomisme, celui qui isole le mot. Ce fait capital suffit à disqualifier d'emblée toute son entreprise. En revanche, on voit bien que les 6 cas du russe (plus les complaisants G II et L II) peuvent, pour d'évidentes raisons arithmétiques, se prêter à un jeu d'oppositions binaires assez simples ; tandis que les données du problème seraient autrement complexes si l'on tenait compte de l'ordre des mots et de tout le peuple des prépositions.

Nous voudrions encore formuler deux observations sur les points suivants :

1) Les marques casuelles entrent-elles toutes dans le même cadre syntaxique ?

2) Un système synchronique peut-il être unitaire ?

---

26. Hjelmslev reconnaissait — en théorie sinon dans sa pratique — l'équivalence fonctionnelle des prépositions et de l'ordre des mots avec la catégorie formelle des cas.

Sur le premier point, Jakobson opère comme si toute désinence flexionnelle reflétait la *Gesamtbedeutung* du cas; « signification » qui, il faut le préciser, doit assurer l'insertion du nom dans l'énoncé. Or, les choses ne sont pas si univoques, comme on peut le voir par l'exemple du G. On analysera *l'udej* « des gens » en un lexème *l'ud-* et une marque casuelle *-ej* qui, par opposition au N *l'ud-i* « les gens », etc., définit un G. En emploi adnominal — le plus typique selon Jakobson — *-ej* va signaler la relation avec l'autre nom du syntagme (par exemple *l'opinion des gens*). Que cette relation implique *essentiellement* une limitation d'extension (comme le veut Jakobson) ou pas, elle existe de toute façon comme relation. C'est plus précisément une relation extrovertie, qui unit « gens » à un *autre* terme, « opinion ».

Peut-on faire la même analyse pour une phrase comme *l'udej sobralos'*, « il s'est rassemblé des gens », où la forme appelée G fonctionne cette fois comme « sujet »? Jakobson le pense et explique encore ce « des gens » par la « limitation d'extension » sans insister davantage. Mais pour « l'opinion des gens » la « limitation » (si limitation il y a) porte sur le concept « opinion »; on spécifie qu'il s'agit de l'opinion, présumée peu élaborée, de personnes quelconques, et non pas, par exemple, de « l'opinion de spécialistes » ou de « l'opinion du gouvernement ». Tandis que dans « il s'est rassemblé des gens » la limitation ne porte pas sur le terme en relation avec le nom au G mais sur le concept même de « gens ». La désinence *-ej* ne signale plus ici une relation du lexème *l'ud-* avec le contexte, mais une modalité propre à la conception de ce lexème, disons une modalité quantifiante (= « un certain nombre, relativement peu élevé, de gens »). La relation supportée par la désinence *-ej* n'est donc plus tournée vers l'extérieur, mais centripète, orientée vers le lexème auquel elle est accolée. Il y a donc hétérogénéité profonde, au plan de l'emploi syntaxique, entre deux formes *l'udej* étiquetées comme G pluriel. Quelle que soit la solution[27], on ne saurait sans confusions graves — que ne

---

27. Nous ne saurions, faute de compétence, proposer une analyse de *l'udej sobralos'*. Il serait tentant de considérer qu'il existe une relation subjectale entre le terme nominal *l'ud-* (réduit à son thème) et le terme verbal *sobralos'*. Le caractère non fléchi de *l'ud-* peut-il justifier le singulier neutre du verbe? En tout cas le morphème *-ej* est incident au seul thème nominal et n'assume aucune liaison extérieure.

dissipent pas de hasardeuses abstractions — traiter au même plan deux phénomènes qui signalent des fonctions si différentes[28].

Enfin — deuxième et dernière observation —, tout l'exposé de Jakobson postule que la totalité des faits contemporains s'organise en un système unique. Nous estimons *a priori* très vraisemblable au contraire que, pour une catégorie donnée, plusieurs systèmes coexistent. Par exemple pour les fonctions du nom dans la phrase, on admet que la catégorie nominale englobe nom, pronom, infinitif, etc. Soit une phrase banale comme *Jean donne du pain aux oiseaux*; si l'on remplace les compléments par des pronoms anaphoriques, on a *Jean leur en donne*. L'ordre latin est en gros conservé dans le deuxième énoncé, largement modifié au contraire — et d'une manière pertinente — dans le premier.

Par surcroît, à un (ou plusieurs) système(s) « vivants », c'est-à-dire servant obligatoirement de modèles à l'époque considérée, s'ajoutent des résidus, parfois considérables, de systèmes antérieurs, dénués de « vitalité », présents souvent dans des conditions sémantiques définies et tendant à se figer certes, mais parfois fort usuels. Ces résidus ne peuvent pas être alignés sur les systèmes « vivants » qui seuls forment la structure synchronique. Présence contemporaine et appartenance à une structure synchronique sont deux choses différentes et qu'il faudrait distinguer d'abord. Faute de faire le tri nécessaire entre faits vraiment structurés et systèmes (ou débris de systèmes) en état de survie, on s'expose à construire des explications très artificielles, parfois mutilantes, parfois acrobatiques, souvent peu convaincantes.

La théorie de Jakobson est franchement « contemporanéiste » — si l'on peut risquer ce néologisme — plutôt que synchronique. C'est pourquoi il éprouve tant de difficultés à ordonner tous les faits selon son schéma. Ainsi l'Ac annonce la dépendance et s'oppose particulièrement au N qui est spécifiquement sujet du verbe. Mais l'Ac *sujet* de l'infinitif en grec ou en gotique ? Jakobson s'en débarrasse expéditivement dans une note de la page 249.

Autre exemple : si l'Ac désigne « la chose soumise à une action

---

28. Les explications de Jakobson à propos du cri du marchand ambulant : *ogurcov!* (G) « des cornichons! » (p. 256) appellent les mêmes critiques. Il faudrait revoir aussi l'emploi du G « partitif » comme objet. Est-ce bien la désinence de G qui supporte ici la relation objectale ?

quelconque » (p. 252)[29], comment expliquer l'opposition *na stol*, Ac, « auf den Tisch » / *na stole*, L, « auf dem Tisch ». La table n'est-elle pas « soumise à une action » dans les deux énoncés? La justification de Jakobson est un vrai tour de passe-passe : « La signification de « direction vers » y apparaît » (p. 248). Admettre que l'Ac à lui seul peut exprimer la « direction vers » ruinerait la *Gesamtbedeutung* qu'on lui a assignée.

Beaucoup plus sémantique que syntaxique, vainement « totaliste », soucieux d'un binarisme très élaboré dans sa forme, mais naïf au fond et inadéquat, le *Beitrag* de Jakobson est peu utilisable, mais reste un témoignage de choix sur un structuralisme qui couvre ses tâtonnements d'une fallacieuse rigueur.

Note sur A. W. De Groot

Dans ses travaux sur les cas (1956, cf. la bibliographie), De Groot se réclame du structuralisme pragois. Pour lui, le *Beitrag* de Jakobson « fait époque ». Son système est résumé en un tableau d'un binarisme rigoureux : le N, dépourvu de valeur casuelle, s'oppose à tous les autres cas. Pour le V, qui exprime une « attitude », s'oppose aux quatre autres, qui ont valeur de « référence ». Puis le G (relation de chose à chose) s'oppose aux trois autres (relation de procès à chose). Puis l'Ac (relation non spécifique) s'oppose à Ab et D (relation spécifique). Enfin l'Ab (cause *inanimée*) s'oppose au D (personne intéressée). Cette doctrine ignore la fonction-sujet du N (dans *rex uenit, rex* serait en apposition à -*t* — dont la fonction n'est d'ailleurs par précisée!). De Groot, professant l'isomorphisme absolu des signifiants et des signifiés, estime qu'il y a autant d'organisations syntaxiques différentes que de paradigmes différents. Au singulier *consul* entre dans un système syntaxique à 5 termes, mais le pluriel *consules* dans un système à 3 termes seulement. Mais l'auteur a reculé devant l'élaboration de cette foule de syntaxes différentes, et, dans son étude fondée sur *Seruus*, s'oublie à distinguer *seruo* Ab de *seruo* D.

---

29. Définition qui conviendrait à beaucoup d'I.

Chapitre VII

JERZY KURYŁOWICZ SUR LES CAS LATINS : UNE THÉORIE ANCIENNE SOUS DES DEHORS STRUCTURALISTES

Jerzy Kuryłowicz occupe une place importante dans le mouvement linguistique contemporain. Connu pour sa contribution à la reconstruction de l'indo-européen, il s'est efforcé d'adapter aux principes structuralistes les théories héritées du XIXᵉ siècle, et en particulier de Delbrück. Il a traité des cas principalement dans un article de 1949 (cf. bibliographie) et dans un chapitre de son livre de 1964, *The Inflectional Categories of Indo-European* (p. 179-206). C'est ce dernier exposé, beaucoup plus récent, que nous examinerons.

I | LES GRANDES LIGNES DE LA DOCTRINE DE J. KURYŁOWICZ

Comme Hjelmslev, Jakobson, De Groot, Kuryłowicz a le désir de présenter un schéma très simple et très « parlant » du système casuel. Mais les résultats qu'il propose, et le contenu des catégories qu'il établit sont bien différents.

Fondamentalement, les cas indo-européens s'ordonnent, selon Kuryłowicz, en deux groupes : cas « grammaticaux » (N, Ac, G) / cas « concrets » (I, L, Ab). Ces cas assument deux sortes de fonc-

tions : fonctions syntaxiques et sémantiques. Les fonctions syntaxiques sont *primaires* pour les cas « grammaticaux », *secondaires*
pour les cas « concrets », et inversement pour les fonctions sémantiques. Jeu équilibré que peut représenter le schéma ci-après :

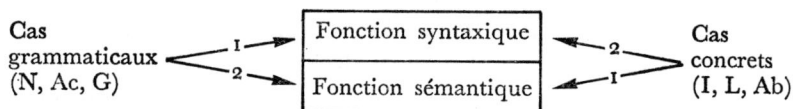

Cas grammaticaux (N, Ac, G)		Fonction syntaxique		Cas concrets (I, L, Ab)
	→1→ ←2		←2 1→	
		Fonction sémantique		

Que devient le D? Kuryłowicz en est embarrassé. En 1949
il le rangeait parmi les cas « concrets ». En 1964, il devient, comme
on verra plus loin, une variété de L.

La dichotomie postulée par Kuryłowicz entre cas « grammaticaux » et cas « concrets » reprend exactement celle qu'avait
instituée Ahrens dès 1852 (cas « logiques »/« topiques ») pour
résoudre le conflit entre partisans d'une conception « localiste »
et tenants d'une valeur « syntaxique » des cas[1]. Mais l'habileté
de Kuryłowicz est de poser symétriquement les deux groupes de
cas. Chaque groupe assume au total les mêmes fonctions, « syntaxique » et « sémantique », mais en inversant leur hiérarchie
(la fonction primaire « syntaxique » des cas « grammaticaux »
devient la fonction secondaire des cas « concrets »).

II | LES CAS GRAMMATICAUX

1) *Dans leur emploi syntaxique.* — On peut appeler le N, Ac, G
des cas « grammaticaux » (c'est-à-dire ayant en priorité une
fonction syntaxique) pour deux raisons :

A) Dans leur emploi syntaxique le contenu *lexical* des unités
en présence est indifférent.

Ainsi quand un nom est sujet[2], il est tout à fait indifférent que

---

1. Cf. sur le localisme et l'antilocalisme au XIXe siècle les chapitres IV et V.
2. Nous respectons la terminologie de Kuryłowicz qui appelle quelques réserves.
Nous aimons mieux parler d'une relation subjectale que de désigner un nom comme
« sujet ».

les traits sémantiques des constituants de l'énoncé le fassent apparaître *logiquement* comme :

un agent : « Paul lance une pierre »;
un patient : « Paul est blessé d'une pierre », etc.

Les notions « agent », « patient », voire « destinataire » ou « instrument », se déduisent du sens de l'énoncé. Elles n'ont effectivement rien à voir avec la relation (syntaxique) entre un terme nominal (« Paul », « la clé ») et un verbe, relation qui reste stable dans tous les cas.

De même l'Ac échappe, selon Kuryłowicz, à tout conditionnement sémantique. Il n'y a, dit-il, aucun trait sémantique commun aux verbes appelés « transitifs » qui leur permettrait de gouverner semblablement un complément d'objet.

B) Les cas « grammaticaux » se prêtent à des *transformations*. Il est clair que *Miles occidit hostem* équivaut à *A milite occiditur hostis*, où la transformation passive entraîne les modifications suivantes des syntagmes nominaux :

Ac → N
N → Ab avec *ab*.

Mais c'est principalement pour le G que vaut cette deuxième raison : le syntagme *occisio hostium* représente la nominalisation de *hostes occiduntur* ou de *hostes occidunt* où l'on parle traditionnellement de G « objectif » (*hostes occiduntur*, c'est-à-dire *X occidunt hostes*) ou de G « subjectif » (c'est-à-dire *hostes occidunt X*).

2) Les emplois « secondaires » des cas « grammaticaux » (N, Ac, G) seront par définition « sémantiques ». Mais Kuryłowicz ne dit rien à cet égard sur le N; faut-il dès lors le considérer comme purement syntaxique? (spécialisation qui altérerait la symétrie du schéma initial)[3].

Pour l'Ac, seront réputés « secondaires » les emplois qui sont liés à des conditions sémantiques précises (à la différence de l'Ac

---

3. *Inflect. Categ.*, p. 197 : *historiquement* le V pourrait être, selon Kuryłowicz, un emploi secondaire du N, celui-ci ayant été marqué ultérieurement, au singulier, pour le distinguer dans sa fonction primaire. Le V représenterait donc un plus ancien N V, avant différenciation... Tout ceci est très hypothétique, et de toute façon étranger à une description synchronique des cas.

d'objet). Ainsi les Ac dits de « but », d' « extension », d' « objet interne ». Il est facile, en effet, de constater que *eo Romam* exige un trait lexical « mouvement » dans le verbe et un trait « lieu » dans le nom. Parallèlement, *regnauit decem annos* présente à l'évidence un double trait « durée ». Et *uitam uiuere* affiche une synonymie parfaite des deux concepts.

Pour les emplois secondaires (sémantiques) du G, Kuryłowicz n'invoque plus la présence d'un certain contexte lexical, sauf pour le G partitif : *amphora uini* exprime, dans *amphora*, l'idée d'une quantité limitée. Mais *liber pueri* s'explique par l'analogie de *ludus pueri* (où le G peut résulter de la nominalisation de *puer ludit*; donc emploi primaire syntaxique). L'ellipse, d'autre part, permet de rendre compte des G « du grief », etc. : *accusare proditionis* représente *accusare crimine proditionis* qui nous ramène à un G adnominal directement réductible à un sujet (ou un objet), ou à un G adnominal analogique du précédent.

3) *Examen de cette analyse des cas « grammaticaux ».* — Il n'y a rien à objecter en principe à la distinction soigneuse des données syntaxiques et des traits lexicaux. Mais la distinction telle que la pratique Kuryłowicz est-elle inattaquable?

Le N est implicitement donné pour purement syntaxique (c'est-à-dire « sujet », sans contrainte lexicale quelconque). On se souvient que Hjelmslev attachait la plus grande importance aux autres positions possibles du N (prédicat, attribut). Chez De Groot, la fonction subjectale du N est — à peu près — passée sous silence. Ces divergences si importantes invitent à se demander comment Kuryłowicz rendrait compte des emplois purement « dénominatifs » du N : titres, épitaphes, certaines appositions, etc. (et aussi de son emploi sous forme d'appel, dans les mêmes conditions que le verbe). En allant dans le même sens que Kuryłowicz, on pourrait souligner que ces N non « sujets » s'emploient toujours dans des conditions très déterminées : isolement complet pour les titres et épitaphes, position syntaxique marginale pour les appositions, présence de traits prosodiques très nets pour les apostrophes et les exclamations. Resterait cependant à expliquer pourquoi c'est précisément le N et non pas un autre cas qui est choisi pour ces emplois.

La même conclusion s'impose après examen des emplois « secondaires » de l'Ac : il est certain que l'Ac dans *regnauit decem annos* n'est appelé « Ac de durée » que par suite de la présence de ce trait lexical dans les deux termes en relation. Comment se fait-il que la langue ait, entre tous les cas, choisi celui dont la fonction primaire asémantique est d'être complément d'objet d'un verbe transitif pour figurer dans les contextes sémantiques tels que « durée », « but du mouvement » ? On ne voit pas comment ce choix serait possible s'il n'y avait pas quelque chose de commun entre la fonction syntaxique « d'objet » et les effets sémantiques de but ou d'extension.

D'ailleurs, si l'environnement lexical est le facteur déterminant pour les emplois secondaires (sémantiques) des cas grammaticaux, on comprend mal qu'un *même* contexte lexical s'accommode de cas *différents*. Quand on oppose *aduenire Romam* à *aduenire Romā*, les cas seuls font la différence; de même *currere in urbe | in urbem*. Le cas est donc porteur d'un sens assez précis; et l'environnement lexical, s'il doit être compatible avec le cas, n'est pas « déterminant », puisqu'il supporte plusieurs cas.

Bref, on peut reprocher à Kuryłowicz, pour ce qui est des emplois secondaires des cas grammaticaux, de se borner à constater et à baptiser, mais sans analyser. Non seulement ces emplois « secondaires » ne sont pas vraiment étudiés pour eux-mêmes, mais la relation qui unit la fonction secondaire à la fonction primaire d'un cas est très variable. Les disparates ressortent du tableau suivant :

Cas grammaticaux	*F1*	*F2* ([1])
N	Sujet	Rien sur F2
Ac	Objet	Liée à des facteurs lexicaux
G	Nominalisation d'un sujet	« Partitif » lié à des facteurs lexicaux « Appartenance » } expliqués par l'analogie « Adverbal », etc. } ou par l'ellipse

([1]) F1 = fonction primaire; F2 = fonction secondaire. (Schéma d'après l'exposé de *Inflect. Categ.*)

Le deuxième critère de la nature « grammaticale » d'un cas est, on l'a vu, son aptitude à subir des transformations :

A) N et Ac sont associés dans la transformation passive :

1) *Miles occidit hostem*
→ 2) *A milite occiditur hostis*
N sujet → Agent (*ab* + Ab)
Verbe actif trans. → verbe passif
Ac objet → N sujet.

A en croire Kuryłowicz aucune condition sémantique n'est ici requise. Cependant, on observe que le N de 1) est remplacé par un Ab avec *ab* dans 2); un cas grammatical libre de tout conditionnement sémantique se voit substituer un cas « concret » dont la fonction primaire est justement sémantique.

D'autre part si l'on confronte

3) *hostis occiditur* à son équivalent actif
4) *(X) occidit hostem,*

on ne peut échapper à poser que nom-sujet + verbe passif = verbe actif transitif + objet. Il est clair que tous les passifs « extrinsèques »[4] ont en commun un trait sémantique très évident, celui justement qui les distingue en tant que passifs extrinsèques et qui implique un « sujet » qui est la « chose » à quoi s'applique le procès (et naturellement, bien qu'il soit le plus souvent laissé dans l'ombre, un « agent »). Puisque la relation qui existe en 3) entre N sujet et verbe passif reproduit celle qui existe en 4) entre verbe actif transitif et Ac complément d'objet, il faut bien que cette dernière soit porteuse d'une signification. Il est donc tout à fait erroné de prétendre, comme le fait Kuryłowicz, qu'il n'y a « sémantiquement rien de commun aux verbes transitifs » qui les marquerait comme « transitifs ». Par conséquent, la base même de l'édifice construit se dérobe; le complément d'objet et le verbe transitif qui le gouverne ne sont pas vierges d'un sens spécifique. Nous ne sommes pas dans un domaine purement syntaxique où opéreraient des relations indépendamment du sens des unités reliées.

La raison invoquée à l'appui du classement du G parmi les

---

4. Selon la terminologie de Pierre FLOBERT, *Les verbes déponents latins.*

cas « grammaticaux » est encore plus visiblement fragile. Le G serait en emploi syntaxique (fonction primaire) dans *metus hostium*, *parce qu'*on peut transformer ce syntagme nominal en une phrase : *hostes metuunt (metuuntur)*. L'inconvénient de la doctrine proposée, c'est de mettre en œuvre un fantastique processus analogique pour arriver à rendre compte d'un emploi « secondaire » comme *nauis hostium*. Au plan de la méthode, une objection plus grave se présente : le G adnominal, quand il détermine un « abstrait verbal », est loin de représenter constamment le sujet ou l'objet d'une phrase[5]. Dans *usus librorum*, le G représente l'Ab de *utimur libris*; dans *confidentia scapularum* (Plaute), c'est un D qu'il transpose *(confido scapulis)*; et quand le poète écrit *cursores pelagi* c'est même un syntagme prépositionnel adverbal qui est nominalisé. Donc, même en acceptant de n'appeler syntaxiques que les emplois où une transformation en syntagme verbal est possible, on voit qu'une définition du G déborderait largement la variété « subjective » à quoi le réduit Kuryłowicz.

On peut d'ailleurs s'interroger sur la validité même du critère transformationnel pour la distinction des fonctions. La possibilité d'une transformation signifie exactement que, pour une même information, l'expression *formelle* des relations sera différente selon qu'on emploiera un nom ou un verbe. Soient trois concepts : *enfant, jeu, terrain*. *Jeu* peut se rendre par *jouer*. D'où *l'enfant joue sur le terrain*. D'où deux nominalisations possibles : *le jeu de l'enfant*, *le terrain de jeu* (voire le *terrain de jeu de l'enfant*). Tout cela est très évident. Mais définir le G comme un cas « syntaxique » *parce que* (dans certains cas favorables) le groupe nom + nom au G peut se transformer en groupe nom + verbe, c'est poser le postulat de la prééminence du tour verbal sur le syntagme. Ce qui reste à démontrer.

L'organisation par Kuryłowicz d'un sous-ensemble de cas « grammaticaux » suscite d'autres critiques. On a pu voir combien sa description du G est insuffisante, entachée d'esprit de système, fondée sur des pétitions de principes qu'il n'énonce même pas, encombrée d'analogies galopantes, de bizarres contraintes séman-

5. Kuryłowicz a l'élégance un peu vaine de tout ramener à l'emploi subjectif grâce à l'emploi de la transformation passive : dans *metus hostium*, le concept « *hostes* » est sujet de *metuunt* ou de *metuuntur*.

tiques *(amphora uini)* ou de recours peu avouables à l'ellipse. L'insuffisante élaboration se révèle aussi dans l'absence d'une définition approfondie des relations syntaxiques fondamentales. On l'a vu pour l'Ac complément d'objet d'un verbe transitif. Pour le N, Kuryłowicz constate à très juste titre qu'aucune condition lexicale n'est requise pour qu'un nom soit le « sujet » d'un verbe. C'est exact; mais il ne faudrait pas rester, sans l'étudier davantage, au seuil de la relation-sujet, cette pierre angulaire de l'édifice syntaxique.

D'ailleurs, bien que l'auteur fasse appel à la notion de phrase pour asseoir ses transformations, jamais il ne définit exactement ce macro-système syntaxique, à l'intérieur duquel s'exerce le jeu casuel.

On ne voit pas non plus ce qui autorise le passage des fonctions primaires aux fonctions secondaires d'une même forme. La dichotomie primaire/secondaire est présentée comme radicale; or elle ne peut pas l'être.

Enfin, l'organisation d'un premier sous-ensemble de cas « grammaticaux » implique que les membres du deuxième sous-ensemble ne sont pas syntaxiques (Ab et D). C'est bien ce qu'affirme Kuryłowicz, pour leur fonction « primaire », mais que l'on peut aisément contester comme on le verra.

III | LE SOUS-ENSEMBLE DES CAS « CONCRETS »

Les cas « concrets »[6] peuvent se représenter commodément par un losange :

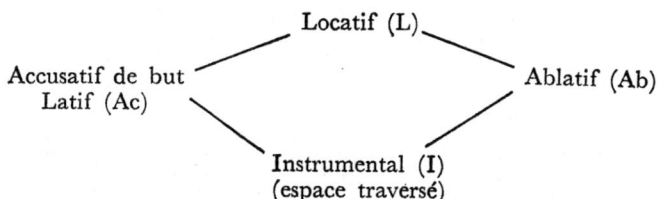

---

6. Même entre guillemets, cette épithète devrait être bannie d'une description linguistique, où toutes les significations sont, par définition, abstraites.

Ces cas sont dits « concrets » parce que, à l'inverse des cas « grammaticaux », ils assument en première ligne une « fonction sémantique » (fonction « primaire ») et secondairement une fonction syntaxique.

Il faut préciser que le contenu sémantique de ces quatre cas est plus précisément de caractère spatial (on y aura reconnu les quatre fameuses « questions de lieu » des grammaires scolaires.

1) *Observations :* La régularité du losange n'est obtenue qu'au prix de certains accommodements.

A) D'abord la pointe Ablatif, si bien symétrique de la pointe Ac (« latif »), a une existence assez contestable, puisque le schéma proposé vise les cas indo-européens; et qu'à ce stade un Ab n'existait que pour la flexion thématique.

B) Ensuite, on n'aperçoit pas de D. On nous expliquera que le D n'est qu'une ramification du L, lié à une condition précise : le nom au D doit désigner un nom de personne. Le fondement de ce rapprochement L-D, c'est la ressemblance formelle des marques *-ei/-i*. Certes, mais le sens? Le D est sémantiquement si proche de l'Ac qu'il sera, comme on sait, concurrencé et finalement éliminé dans plusieurs langues par des tours du genre *ad* + Ac (grec *eis* + Ac). D'ailleurs, comment affirmer que l'emploi du D soit conditionné par le trait « nom de personne »? Le D « final », si bien attesté en védique et en latin, s'emploie surtout avec des « abstraits verbaux ».

C) L'Ac latif a un statut différent des autres cas « concrets ». Il est formellement identique à l'Ac d'objet. Il figure ici en tant qu'Ac dans sa fonction « secondaire » (sémantique) tandis que les autres cas « concrets » sont spécifiquement différents des cas « grammaticaux ». Par conséquent, alors que ces derniers auront une fonction syntaxique *secondaire*, l'Ac latif en sera dépourvu (puisque la fonction syntaxique est sa fonction primaire). Il y a là un élément important de disparité dans le système, sur lequel Kuryłowicz n'apporte pas de précisions.

2) *Emplois secondaires des* « *cas concrets* ».

A) *La notion d'* « *allomorphe* ». — L'emploi secondaire des cas « concrets » est « syntaxique ». On en voit des exemples dans *urbe potiri, alicui oboedire*. Ici l'Ab ou le D se sont vidés de tout contenu sémantique et sont devenus de simples marques de dépendance. *Vrbe potiri* ne signifie pas autre chose que *urbem capere* (p. 193). La marque d'Ab est devenue un « allomorphe » de la marque d'Ac (d'objet syntaxique).

Cet étiquetage est pratique, et permet de classer sans plus d'explications nombre d'emplois embarrassants. Cependant le concept d'allomorphe est-il ici tout à fait pertinent? Des allomorphes sont exactement des signifiants différents porteurs du même signifié. Par exemple, on pourrait considérer que *lege-(re)*, *legi-(mus)* et *legē-(bam)* sont des allomorphes du thème d'infectum de la 3ᵉ conjugaison. De même *-am*, *-um*, *-em* peuvent passer pour des allomorphes d'un morphème « Ac ». Dans tous ces cas, quelles que soient les divergences entre signifiants (parfois énormes : Ab plur. *-īs/-ibus*), les signifiés (qu'on entende par là le contenu lexical, la fonction assignée au mot, etc.) restent *rigoureusement* identiques. Il s'agit vraiment de formes différentes (allo-morphes) correspondant à un signifié unique. Est-ce vraiment le cas pour *utitur libro* (Ab) et *adhibet librum* (Ac)?

Parmi les critères de l'emploi syntaxique de l'Ac, Kuryłowicz a souligné, on l'a vu, l'importance de la transformation passive. Or celle-ci est rigoureusement impossible avec les « objets » à l'Ab comme au D ou au G. Donc le signifié de l'Ab — qui devrait être ici d'assumer les *mêmes* relations syntaxiques que l'Ac d'objet — ne coïncide pas avec celui de l'Ac en fonction primaire. On ne peut donc parler d' « allomorphes ».

B) *Le passage du* « *concret* » *au* « *grammatical* ». — On se demandera aussi comment dans le passage de la fonction 1 à la fonction 2, la désinence des cas « concrets » a bien pu « se vider de son sens ». (Cette évolution + → Ø étant d'ailleurs inversée pour l'Ac.) L'impression est ici que l'auteur invoque un processus obscur opérant dans des conditions mal déterminées.

Kuryłowicz semble négliger, pour ces emplois « secondaires » des cas « concrets », certains facteurs importants. Il montre certes très bien que l'Ac « latif » est associé à des traits contextuels assez clairs (but, durée...)[7]. Or pourquoi réserver cette analyse à *ire Romam*? Dans *carere aliqua re* il est aussi évident qu'un trait sémantique « éloignement » (privation) marque le verbe; de même un trait « instrumental » dans le verbe de *uti gladio*; et dans *parcere alicui* il est clair qu'il y a quelque affinité entre ce D (d'intérêt comme on dit) et le trait « attitude à l'égard de quelqu'un » présent dans le verbe.

Les exemples seraient nombreux de congruence entre le contenu lexical de ces verbes (« transitif + Ab/D » selon la terminologie des dictionnaires) et le sens qu'on reconnaît au cas dans les emplois qualifiés de « primaires » par Kuryłowicz. Il est alors osé d'affirmer que le cas s'est *vidé* de son sens et qu'il est devenu un « allomorphe » de l'Ac d'objet (qui serait purement syntaxique). A notre avis on ne peut couper radicalement ces emplois dits secondaires et syntaxiques des emplois dits primaires et sémantiques.

C) *Les emplois « sémantiques » sont-ils asyntaxiques?* Autre question qui est en somme l'inverse de la précédente : les emplois sémantiques primaires de ces cas concrets sont-ils seulement sémantiques, c'est-à-dire étrangers à l'accomplissement d'une fonction syntaxique[8]? Il est incontestable qu'à un Ab est liée une signification, ou plutôt tout un éventail de significations possibles — tant était grande la *licentia* de ce cas. Mais, quelle que soit la nuance qu'on lui reconnaisse, au plan du sens, il n'en assume pas moins — il assume d'abord à notre avis — une fonction syntaxique, celle de « circonstant » selon la terminologie de Tesnière. Si cela est vrai, comme nous allons essayer de le vérifier, la dichotomie instaurée par Kuryłowicz entre emplois sémantiques (non syntaxiques) et syntaxiques (non sémantiques) n'a plus le même fondement[9].

Soit une phrase extraite de Cicéron, *Imp. Cn. Pomp.*, 14 : *Asia ubertate agrorum omnes terras superat.* Les positions de « sujet »

7. En oubliant toutefois d'approfondir la question de savoir pourquoi c'est précisément l'Ac qui est choisi pour ces emplois.
8. Avec toujours cette réserve gênante que l'Ac « concret » est, lui, un emploi secondaire de l'Ac grammatical.
9. Nous laissons de côté ici le type *utor libro*, non seulement parce qu'il est parmi les emplois « secondaires » de Kuryłowicz et que nous avons en vue les emplois « primaires », mais aussi — fait important négligé par l'auteur — parce qu'il est statistiquement très rare.

et d' « objet » y étant clairement occupées par *Asia* et par *omnes terras*, le syntagme à l'Ab *ubertate agrorum* est réduit, dans l'ordonnance *syntaxique* de la phrase, à la fonction périphérique, de « circonstant ». Ce circonstant reçoit une interprétation sémantique dont le résultat est commandé par tout un faisceau de traits de sens : le sien et celui des autres unités du contexte. Ici on tranchera sans doute en faveur de la « cause » ou du « moyen ».

Ibid., 16 : *equitatus perbreui tempore uectigal aufert ; perbreui tempore* : syntaxiquement : position de circonstant; sémantiquement : « temps nécessaire à une opération » (interprétation qui reflète le contenu lexical de *tempore*, et l' « action » impliquée par *auferre uectigal*).

De la même façon, on interprétera l'ablatif, *ibid.*, 12 : *regno est expulsus* comme : 1) un circonstant; 2) un « ablatif véritable », effet de sens commandé par la conjonction d'un verbe de mouvement et d'un nom marqué du sème « lieu ». (Mais *ui est expulsus* serait, avec la même structure syntaxique, compris comme un ablatif de manière-moyen.)

Ibid., 16 : *publicani magno periculo familias in salinis habent* : l'analyse sur deux lignes du syntagme *magno periculo* le définit : 1) comme circonstant (syntaxe); 2) comme « circonstance concomitante » (expression bien révélatrice de la laxité, de la *licentia* sémantique de l'Ab; cette *licentia* n'ayant pas d'autre cause que l'interférence de nombreux facteurs lexicaux). Ce sont de même des facteurs lexicaux qui amènent à comprendre comme « locatif, ablatif de date » les syntagmes à l'Ab de

Ibid., 9 : *bellum* terra marique *(gerebatur)*.

Ibid., 7 : *macula* Mithridatico bello superiore *concepta*.

Mais cette importance énorme des traits sémantiques contextuels pour la détermination du *sens* particulier à donner au syntagme Ab ne doit en aucun cas faire perdre de vue qu'il occupe d'abord une certaine position syntaxique dont la propriété fondamentale est d'exclure les fonctions de « sujet » et d' « objet » (pour ne rien dire ici de son opposition avec le D).

La plasticité sémantique de l'ablatif n'est toutefois pas telle qu'elle permette d'éviter toute ambiguïté. D'où l'usage des prépositions[10]. Quand Cicéron écrit, *ibid.*, 3 : *ex hoc loco (dicere)*, les deux composants du syntagme à l'Ab peuvent s'analyser ainsi :

	1) Syntax.	*2) Sémant.*
Ex	circonstant (périphérique)	ablatif proprement dit (¹)
Hoc loco	circonstant (périphérique)	ablatif proprement dit (¹)

(¹) Nous ne retenons pas comme pertinente, vu le nombre des contre-exemples, la valeur de « sortie d'une limite double » que certains attribuent à *ex*, par opposition à *ab*.

On peut observer que *hoc loco* seul aurait pu se comprendre comme un « locatif »; c'est *ex* qui oblige à adopter un sens « ablatif ». Le rôle syntaxique est signalé dans ces syntagmes conjointement par la préposition et par le cas. Le contenu sémantique aussi, mais d'une façon beaucoup plus précise par la préposition. Dans cette situation de redondance, on comprend que l'usage ait pu négliger les marques les moins significatives; ce qui permet à l'auteur de quelques graffiti de Pompéi d'écrire *cum sodales*, où la position syntaxique n'est plus signalée que par la présence de la préposition *cum*;

Cum ⟨ syntaxe : circonstant

sémant. : « sociatif » (vu le caractère « animé » de *sodales*)

Sodal- : contenu lexical plein « compagnons »

-es ⟨ syntax. : Ø

sémant. : (pluriel).

L'Ab latin n'a certes pas le monopole des emplois circonstanciels. La répartition qu'opère la langue entre Ab/Ac/D n'a en soi rien de surprenant. Si le latin était fait comme le hongrois, c'est une quinzaine de cas qui se partageraient l'expression sémantique des rapports circonstanciels (et une quarantaine s'il ressemblait à telle langue caucasienne décrite par Hjelmslev). L'important, c'est de reconnaître à l'Ab en première ligne une fonction syntaxique, qui reflète sa position dans la phrase. Le syncrétisme a

---

10. Dans les passages du *Imp. Cu. Pomp.* d'où nous tirons nos exemples (§§ 1-16) il y a 74 ablatifs prépositionnels contre 59 sans préposition.

beaucoup préoccupé Kuryłowicz comme il a préoccupé d'autres linguistes. Dans la perspective largement diachronique qui est la sienne, il aurait pu se demander quelle condition favorable fondamentale avait permis la confusion de trois cas indo-européens distincts : L, I et Ab. A notre avis, c'est leur fonction syntaxique commune qui a rendu aisé leur syncrétisme.

Conclusion

Le défaut de Kuryłowicz — défaut commun à bien des structuralistes de sa génération — est de simplifier les faits pour mieux les ordonner (ce qui aboutit à de très réelles complications). On a vu que le système apparemment très simple du maître polonais

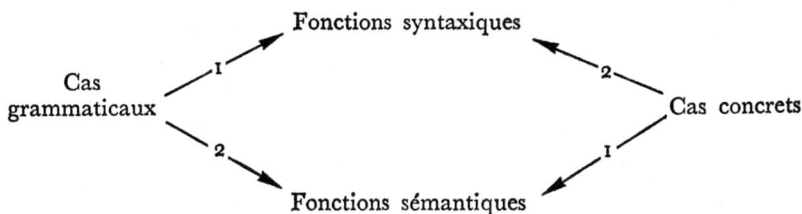

Fonctions syntaxiques

Cas grammaticaux

Cas concrets

Fonctions sémantiques

ne fonctionne pas.

Le D reste en dehors, réduit à la seule parenté *historique* avec le L.

La raison de la convergence sur un même cas de certains emplois « syntaxiques » et de certains emplois « sémantiques » n'apparaît pas. Enfin — et ce n'est pas le grief le moins important — la conception même de cas « concrets » dépourvus de fonctions syntaxiques dans leur emploi « primaire » prend les dimensions d'une monstruosité grammaticale.

On pourrait dire enfin que la solution structurale de Kuryłowicz est, au fond, peu synchronique, et toute hantée de préoccupations historiques. En ne reconnaissant que des effets de sens au titre de la « fonction primaire » de l'Ab, il est dans la lignée des comparatistes du xixe siècle qui voient d'abord à travers l'Ab latin, l'I, le L et l'Ab indo-européens, et qui se contentent de cette radiographie en guise d'explication grammaticale.

Kuryłowicz est aussi, plus qu'il n'y paraît, dans la lignée des théoriciens localistes du xixe siècle commençant. A la fin du chapitre des *Inflect. Categ.* consacré aux cas (p. 201 sq.) il est pris d'une nostalgie de reconstruction indo-européenne, voire pré-indo-européenne. On apprend alors que « tous les cas obliques et même l'accusatif se ramènent à l'expression de relations spatiales » et que l'Ac de but (cas « concret ») pourrait bien représenter la « fonction originelle » du cas. En somme, il nous propose un stade d'organisation de la phrase où toutes les « fonctions » sont sémantiques[11]. Ce n'est qu'ultérieurement que les fonctions sémantiques auraient été « repoussées et recouvertes » par des fonctions syntaxiques (subordination du nom au verbe ou à un autre nom, etc.).

Nous ne voulons pas prendre parti sur des hypothèses aussi incontrôlables. Ce qu'il y a de sûr, c'est que le sémantisme « originel » postulé par Kuryłowicz n'a pas été tellement « recouvert », chez lui, par les fonctions syntaxiques puisqu'il lui réserve tout le domaine des cas dits « concrets ».

Avec un vocabulaire et une présentation modernisée d'apparence structuraliste, Kuryłowicz reprend pour l'essentiel la vieille théorie conciliatrice d'Ahrens entre partisans d'une description syntaxique de la phrase et tenants du mentalisme localiste.

11. Mais que faire tout de même de la relation-sujet !

Chapitre VIII

LES STRUCTURES D'ACTANCE
CHEZ LES DISCIPLES ALLEMANDS
DE LUCIEN TESNIÈRE

Dans la ligne de L. Tesnière et de ses continuateurs allemands, Heinz Happ a consacré un ouvrage copieux à l'analyse des « fonctions actancielles » dans la phrase latine. Il a aussi publié des essais d'application de sa méthode au français et au grec[1] ainsi que plusieurs travaux de pédagogie.

I | APERÇU DE LA THÉORIE DÉPENDANCIELLE
DE H. HAPP

Critique de la tradition grammaticale

La tradition grammaticale — telle qu'elle apparaît dans l'enseignement — souffre, selon H. Happ, de plusieurs défauts graves : elle ne définit pas les fonctions syntaxiques et n'en fait pas l'inventaire. Elle néglige le paradigme des formes différentes capables d'occuper la même position syntaxique. Elle parle des cas, puis, dans un autre chapitre, de l'infinitif, puis de la proposition infini-

---

1. Voir dans la bibliographie la liste des travaux de H. HAPP. Pour le présent chapitre, nous nous appuyons sur son article de *Les Etudes classiques* (1977), et surtout sur le livre de fond, *Grundfragen einer Dependenz-Grammatik* (1976).

tive, sans les réunir sous la rubrique de la « fonction objet » par exemple[2]. D'autre part, bien qu'en pratique l' « analyse grammaticale » banale parte du verbe, elle accorde au « sujet » une position privilégiée, hiérarchiquement supérieure à celle des objets et des compléments circonstanciels. Or, comme Tesnière l'a répété, le « sujet » est un actant comme les autres, et au même niveau qu'eux.

On raisonne même à partir d'une « phrase minimale » constituée de sujet + Verbe[3], les autres fonctions n'étant que des expansions, des adjonctions à ce noyau fondamental. Or une phrase comme *Jacques ressemble* est agrammaticale; la prétendue adjonction (*à son père* par exemple) y est indispensable. Il existe donc, non pas un, mais plusieurs types de phrase minimale. La grammaire usuelle part du cas, au lieu de partir de la fonction; mais en définissant par exemple l'Ac comme le cas de l'objet, elle est très embarrassée lorsque cette fonction « objet » est assumée par des G, D, Ab, voire par des « objets prépositionnels » complètement passés sous silence. La grammaire traditionnelle distingue les « objets » des « circonstants », mais elle ne définit l'objet que sémantiquement, comme nécessaire au *sens* de la phrase. Or il convient de séparer nettement les niveaux syntaxique et sémantique[4]. Le danger d'une démarche sémantique c'est qu'on peut prouver qu'à peu près tout constituant est « nécessaire au sens ». Il faut donc mettre en œuvre des critères sûrs permettant de distinguer complément d'objet et compléments circonstanciels.

Voulant éviter toute confusion entre l'analyse syntaxique et l'analyse sémantique de façon à établir une combinatoire exacte et une paradigmatique claire[5], H. Happ se propose :

— de décrire toutes les fonctions à partir du verbe;
— de bien distinguer la fonction et les réalisations — qui peuvent être diverses — de la fonction;

2. Cette dispersion doit être moins grande que ne le dit H. Happ, même dans les ouvrages scolaires. Les travaux « fonctionnalistes » signalent depuis longtemps, quant à eux, qu'une fonction syntaxique a sa « morphologie », c'est-à-dire justement un paradigme de formes différentes pour la même « position ».
3. Cf. l'analyse d'André MARTINET.
4. *Les Etudes classiques*, p. 341, n. 8; p. 344, n. 23.
5. *LEC*, p. 345.

— de classer les fonctions à partir de leur nécessité syntaxique et non pas sémantique. On doit parvenir ainsi à dresser un inventaire des *structures de phrase* dans la langue qu'on étudie.

Verbe et fonctions syntaxiques en latin

Reprenant la théorie de Tesnière, H. Happ distingue deux groupes :

— les « actants » qui sont « exigés » par la valence verbale, « prévus dans le plan structural du verbe »[6];
— les « circonstants » qui ne sont pas exigés par la valence verbale, dont la présence ou l'absence sont syntaxiquement indifférentes.

1) *Les actants* (A). — Aux actants tesniériens (N sj, Ac objet, D) H. Happ ajoute les objets au G, D, Ab, l'objet prépositionnel (et l' « adverbial » qui a un statut particulier).

Les actants (A) sont, soit obligatoires, soit facultatifs. Les A obligatoires doivent être présents dans l'énoncé (**occidit Roscius* serait agrammatical sans objet à l'Ac). Les A facultatifs peuvent manquer *(senatui parebis | parebis)*.

C'est donc le test de la réduction de la phrase qui permet d'identifier un A comme obligatoire. Les A facultatifs relèvent d'autres procédures qu'on verra plus loin.

2) *Les circonstants* (C). — Leur caractère marginal, la possibilité de les séparer de la phrase, est révélé par l'utilisation d'un pro-verbe comme *facere (faire, machen)* dont on verra l'utilisation ci-dessous, § II.

Syntagmatique et paradigmatique des fonctions syntaxiques latines

H. Happ propose de distinguer :

1) Actants :

A1 = « sujet », au N;
A2 = objet au G (certains G compléments de verbe);
A3 = objet au D : *parcere alicui*;
A4 = objet à l'Ac : *dare alicui* (A3) *librum* (A4).

---

6. Nous francisons la terminologie de H. HAPP qui parle d'*Ergänzung* et de *freie Angabe*.
Sur l'application au latin des théories de Tesnière, cf. Charles GUIRAUD, La théorie de la valence appliquée au latin, dans *Rev. de Philologie*, *52*, 1978, fasc. 1, p. 106-111.

A quoi il ajoute, en insistant sur leur qualité d'objet,

A5 = objet à l'Ab : *utor libro ; filium uita priuauit*;

A6 = objet prépositionnel, reconnaissable notamment à ce que la préposition y est immuable (en français : *influer* sur; *se passionner* pour ; de *iniuriis questus est*; *hoc* ad *humanitatem pertinet*; etc. Quelle que soit la concurrence d'autres tours (notamment l'Ac seul) cet A6 est « un objet au même titre qu'un objet à l'Ac »[7].

A7 enfin qui n'est pas un objet, mais un « actant adverbial ». Il fournit une indication de lieu *(in urbe commorari ; ad castra peruenire)*, et est remplaçable, en latin, par un adverbe de lieu *(ibi, illuc...)*. Ce dernier trait le distingue de l'objet prépositionnel A6. Autre différence, la préposition qui l'introduit est variable et non pas fixe. (On dira, en français, *le livre se trouve sur | sous | à côté de | près de | ... la table.*)

Cet A7 n'est pas un C puisqu'il n'est pas omissible *(*le livre se trouve)*. Il entre donc, en tant que A, dans la définition de la valence verbale.

2) Circonstants :

a) Syntagmes adverbiaux qui ne sont pas A7; assument-ils une seule fonction ou plusieurs? La question n'est pas résolue.

b) Datifs « libres »; par exemple le datif *commodi*. En effet *aras tibi* peut se gloser par *aras et id facis tibi*[8].

3) Syntagmatique et paradigmatique :

Les fonctions (positions) syntaxiques peuvent se ranger, de A1 à A7 et aux C, sur un axe horizontal. Sous chaque fonction, une liste verticale donne la série de ses réalisations diverses. Par exemple pour A4 (objet à l'Ac), on aura :

$$\left\{ \begin{array}{l} \text{Groupe nominal} \\ \text{Pronom} \\ \text{Infinitif} \\ \text{Proposition infinitive} \\ \text{Proposition subordonnée.} \end{array} \right.$$

---

7. *LEC*, p. 351.
8. D'autres syntagmes, dont H. Happ renvoie l'examen à plus tard, pourraient prendre place parmi les C.

« Modèles de phrase » ; possibilités de la grammaire dépendancielle

Une fois dressé l'inventaire des A et des C, établies leurs possibilités de combinaison ainsi que le choix paradigmatique offert pour chaque fonction, on obtient un certain nombre de « modèles de phrase ». En se limitant aux fonctions actancielles (la « combinatoire » des C, plus difficile à saisir, étant laissée de côté), et en se fondant sur un corpus aléatoire de 800 phrases de Cicéron, H. Happ propose un ensemble de 90 phrases modèles environ. Ce sont les phrases types, réductibles à un schéma : Verbe + $A_1/2/3/4/5/6/7$, qui représentent vraiment la charpente syntaxique de la langue. Mais ce chiffre de 90 combinaisons différentes est trop élevé pour permettre une analyse approfondie. Aussi l'auteur élimine-t-il tous les modèles dont la fréquence est inférieure à 1 %. Il reste alors 22 modèles[9]. Il serait fastidieux d'énumérer ici ces modèles, qu'il est d'ailleurs assez facile d'imaginer. Bien que toutes les formes d'un paradigme (que H. Happ appelle « réalisations ») soient théoriquement sur un pied d'égalité, H. Happ observe que certaines sont rares, par exemple les propositions subordonnées « sujet » ou « objet ». Les modèles bivalents sont prépondérants, et surtout A_1-A_4 (sujet + objet à l'accusatif). Au total, les verbes à sens plein se répartissent selon 6 valences. Copule et verbes auxiliaires sont rangés dans une rubrique à part, leur valence, nous dit-on[10], étant constante.

Cette analyse, affirme H. Happ, permet de saisir dans son ensemble ce qu'est la structure de la phrase latine (plus exactement : la structure actancielle, puisque les C ne sont pas examinés pour eux-mêmes). Il est vrai que reste en dehors du champ d'investigation ce qui ne dépend pas du verbe, comme les relatives, les adverbes « de phrase » *(peut-être, sûrement...)*. L'ordre des mots est écarté, les structures sémantiques ignorées[11].

Cependant, en dépit de ces limitations que l'auteur reconnaît

---

9. H. Happ énumère en fait 14 modèles seulement dans *LEC*, p. 356-357, mais 23 dans les *Grundfragen*, p. 477-480.
10. A propos de cette valence, H. Happ précise : « Si l'on peut employer le terme. »
11. Il faudrait ajouter beaucoup d'autres lacunes à cette liste : paradoxalement, le verbe lui-même n'est considéré qu'avec son sens le plus simple (sans temps ni modes), et en phrase assertive seulement. La syntaxe des subordonnées d' « objet » par exemple ne peut se limiter à les ranger dans le paradigme A4, etc.

volontiers, l'analyse dépendancielle est capitale, parce qu'elle atteint la partie centrale de la syntaxe, les relations du verbe et de ses *Mitspieler*, les actants.

II | LA VALIDITÉ DU TEST FONDAMENTAL : « FACERE »

La « valence » du verbe exige que des positions syntaxiques déterminées soient occupées. Ces fonctions sont inscrites dans le « plan structural » du verbe; elles sont assumées par les actants A. Mais, en pratique, on ne peut accéder à cette valence clé qu'en identifiant dans la phrase « concrète » — comme dit H. Happ — tels et tels A. D'où l'importance vraiment fondamentale des procédures permettant de reconnaître sans erreur les A, c'est-à-dire de les distinguer à coup sûr des éléments non liés à la valence, qui seront des C.

Or, pour H. Happ, le critère décisif pour cette répartition des éléments de la phrase, c'est leur réaction au test *facere* (aussi bien *faire*, et *machen* en allemand). *Facere* pouvant être considéré comme un « pro-verbe », une sorte d'anaphorique verbal, à charge sémantique quasi nulle[12], on peut le substituer à n'importe quel verbe. On a vu ci-dessus que si la phrase, après insertion de *et id facit*, reste grammaticale, l'élément qu'on a isolé est un C. C'est un A si la phrase est devenue agrammaticale. L'évidence de ce test, frappante si l'on oppose *il boit le soir | il boit une bière (il boit et il le fait le soir | *il boit et il le fait une bière)*, est beaucoup moins incontestable dans d'autres cas. Ce qui induit à penser — en restant pour l'instant fidèle à la démarche de H. Happ — que *facere* n'est pas exactement un pro-verbe sémantiquement vide, et que le test est vicié au départ.

On prendra pour preuve l'exemple type sur lequel s'appuie H. Happ pour faire saisir comment opérer la distinction entre A et C[13]. Soit la phrase : *Athenis diu mansit*. On peut dire *Diu mansit*,

12. DÖNNGES-HAPP, p. 25 : « *machen* est ici sans contenu »).
13. *Grundfragen*, p. 186.

en supprimant *Athenis*. Mais ce mot est cependant un A, et non pas un C parce qu'on ne peut pas dire :

Diu mansit et id fecit Athenis.

Donc *Athenis* sera étiqueté A7 (le locatif et l'ablatif-locatif entrant dans le paradigme de l'adverbial valenciel A7).

La phrase rejetée est effectivement surprenante. Mais est-ce pour une raison syntaxique, ou pour une raison sémantique, c'est-à-dire à cause d'une certaine charge sémantique de *facere*? On peut observer que *manere* contient un trait « statique », alors que *facere* est plutôt « dynamique ». Si l'on s'emploie à réduire la charge dynamique de *facere*, par exemple en le mettant au passif — où il peut exprimer un simple événement — le résultat est beaucoup moins choquant, à notre avis (même si le tour n'est pas recommandable) : *Diu mansit, quod factum est Athenis*. Pourra-t-on dès lors affirmer en conscience que *Athenis* est à ce point lié à la valence du verbe, *exigé* par elle, qu'on ne peut l'en séparer?

Il est à craindre que H. Happ, tellement soucieux au départ de ne pas mélanger les « niveaux syntaxique et sémantique », soit, avec le test *facere*, prisonnier d'un certain sémantisme.

Au reste, le lecteur est étonné de voir (p. 206) l'analyse suivante :

{ *Athenis capitis damnatus est ;*
{ *Capitis damnatus est et id fecit Athenis.*

Athenis sera donc ici un C, puisque séparable par *facere*. J'avoue que la deuxième phrase me semble ici drolatique; tandis qu'elle serait sûrement grammaticale avec un *quod factum est* ou un *quod euenit*, qui auraient annulé la charge sémantique de *facere* à l'actif.

Le flottement dans les décisions trahit en définitive l'incertitude du test, liée au fait que *facere* n'est pas vraiment un « proverbe » sans contenu lexical. D'ailleurs pour les actants prépositionnels (A6) introduits par *de*, H. Happ reconnaît que la question n'est pas du tout éclaircie, et qu'il faut la traiter de nouveau (p. 213 Anhang).

Le piège sémantique est aussi très apparent dans cet autre exemple de H. Happ (p. 359). Soit la phrase :

arbor stat in horto.

Il est évidemment absurde de dire :

arbor stat et id facit in horto.

On comptera donc *in horto* comme A7 ; tandis que le même syntagme dans *ancilla laborat in horto*, séparable par *et id facit*, sera un C.

Or cette décision qui veut être syntaxique reflète seulement l'opposition non animé/animé qui distingue *arbor* de *ancilla*.

Des confusions analogues, résultat d'une sorte de contamination sémantique, sont assez nombreuses dans les *Grundfragen*. Ainsi pour *esse* au sens de « se trouver *quelque part* » (« sich irgendwo befinden »), H. Happ pose la structure A1-A7, sans remarquer qu'il a rendu nécessaire le complément de lieu A7 par sa « traduction » de *esse*. Même pétition de principe pour *deducere* (p. 217) traduit par « détourner *de* » (d'où un complément avec *ab* ou *de*). La preuve que ce complément *unde* est arbitrairement rajouté et qu'on n'a pas le droit de poser un schéma valenciel A1-A4-A7, c'est qu'on peut dire *ad misericordiam deducere* (Cic., *De Orat.*, 2, 189) qu'on traduira par « amener *à* la compassion »[14].

Parmi les éléments que le test *facere* permet d'isoler et par conséquent d'exclure des A, il y a les « datifs libres », et principalement le fameux datif *commodi et incommodi*.

Par exemple dans *tibi aras*, le datif *commodi* est un C puisqu'on peut dire *aras et id facis tibi*. Au contraire, dans *huic rei student*, le complément n'est pas séparable par *facere*. C'est un A3 obligatoire (objet au D)[15].

La limpidité de cette opposition est rapidement troublée par d'autres exemples. Ainsi *praeesse*, « présider à » est donné comme requérant un schéma A1 + A3 obligatoire. Ex. : *praeesse sacerdotio*. Mais *praeesse* existe aussi en emploi absolu : Cic., *Verr.* 2, 3, 80 : *in qua (prouincia) tu triennium praefuisti.* Cet exemple n'a pas échappé à H. Happ[16] qui objecte qu'ici *praeesse* n'est pas absolu puisqu'il y a *in qua*. Mais la question est plus précisément de savoir si *in qua*

---

14. Que faire de *deducere aliquem*, « faire cortège à quelqu'un » ? Des nombreux *deducere in* ? Les disciples allemands de Tesnière sont d'ailleurs divisés sur cette question de l'A7 (Objet pour Heringer, il est C pour Busse).

15. Décision contestable. Tous les dictionnaires fournissent des emplois absolus de *studere*. *Studeo* n'est d'ailleurs pas dans *Verbliste*, p. 564.

16. *Grundfr.*, p. 497, n. 55.

est ici une « réalisation » de A3 (objet au D) ; ou alors on ne peut plus donner *praeesse* comme appartenant à la classe valencielle A1 + A3 obligatoire! D'ailleurs, même pour la phrase exemplaire *praeesse sacerdotio*, l'analyse de l'auteur est contestable. Si l'on donne à *praeesse* le sens qui est le sien de « se trouver en position dominante », le D *sacerdotio* n'est plus « lié à la valence ». On peut gloser « il se trouve en position dominante — ce qui a lieu en vue de l'exercice des fonctions sacerdotales ». Il est en revanche acquis d'avance que *sacerdotio* sera senti comme « lié à la valence » si l'on *anticipe* sur le complément en rendant le verbe par « présider *à* ».

L'incertitude de l'analyse — et par conséquent le caractère fragile et souvent contestable de la distinction qui devrait être fondamentale entre A et C — se voit aussi pour un verbe comme *prouidere*. Il est très insuffisamment décrit (p. 563) comme A1 + A4 (A4 pouvant être un Ac ou une proposition infinitive). Mais une note 168 signale que *prouidere* se rencontre aussi (en dehors du corpus retenu) avec le D ; il faut donc distinguer *prouidere* A1 + A4, de *prouidere* A1 + A3. On peut ajouter que *prouidere* se construit aussi couramment avec *de (de re frumentaria prouidere)*. Faudra-t-il identifier ici un A6 ? Et quelle différence reconnaître avec A4 ? (puisque — c'est un principe de H. Happ — à une différence de construction doit correspondre une différence de sens). Mais l'objection la plus sérieuse, c'est que ces prétendus A (A3, A6) peuvent être considérés comme des C. Il suffit pour cela de donner à *prouidere* son sens exact de « prendre à l'avance des dispositions ». Que cela se *fasse* « au sujet du ravitaillement en blé » ou « en vue du salut de quelqu'un » *(prouidere saluti alicuius)*, quelle importance ?

L'application hasardeuse du test *facere* fait assigner à *adferre* le schéma A1 + A4 + A3 facultatif (p. 539), c'est-à-dire un schéma correspondant à *X adfert aliquid (alicui)*. Mais on trouve aussi bien *ad aliquem* ou *Romam*. Parlera-t-on ici de A (A3, A7) ou de C ? Peu importe, dira-t-on. Peut-être, mais cette hésitation si fréquente est très lourde de conséquences pour une doctrine qui définit la phrase comme une « combinatoire » de *Satzpositionen* syntaxiques, étant bien entendu qu'on ne saurait confondre des A différents sous la même « position ».

H. Happ reconnaît d'ailleurs que le test *facere* est inopérant dans certains cas : par exemple pour le D « sympatheticus », celui qu'on trouve dans *Caesari ad pedes se proiecerunt* (p. 411). L'auteur observe que ce D peut commuter avec un G *(Caesaris pedes)* ou avec un possessif. Il peut être éliminé (à la différence des A obligatoires). Il est rebelle au test *facere (*Ad pedes se proiecerunt et id fecerunt Caesari)*, justement parce que ce D est dans la dépendance d'un autre constituant que le verbe.

Cette analyse, indice de l'embarras de l'auteur devant un emploi systématique de son test-roi, nous paraît complètement erronée. Bien sûr, les pieds dont on parle sont ceux de César; au plan des référents, cela ne fait aucun doute. Mais qu'on soit autorisé pour autant à gloser par *Caesaris pedes* ou par *pedes eius* est peu admissible. C'est gommer une différence syntaxique au bénéfice d'une équivalence extra-linguistique. Dire qu'ici *Caesari* est pleinement commutable avec *Caesaris*, c'est inviter à comprendre « les pieds à César » — comme « la bague à Jules » — pour assurer commodément une dépendance purement adnominale à ce D. Ceci est tout simplement un contresens : le D désigne ici le personnage à l'égard duquel on adopte une attitude, il est donc dans la dépendance directe du verbe. Il ne semble d'ailleurs pas impossible — si l'on veut bien essayer d'évacuer le contenu lexical de *facere* — d'isoler ce D « sympatheticus » aussi bien qu'un D « commodi ».

Ad pedes se proiecerunt, quod factum est (euenit) Caesari (glose qui supprime l'importante position initiale de *Caesari* dans la phrase réelle)[17].

III | L'OMISSION D'ACTANTS OBLIGATOIRES

En grammaire dépendancielle, la phrase comprend un nombre défini de positions syntaxiques dont l'organisation est commandée par cette propriété du verbe qu'est la « valence ». C'est pourquoi le test *facere*, séparant les A des non-A, est si important, puisqu'il permet de dégager ce qui est « valenzgebunden », ce qui est le

---

17. *Grundfr.*, 407, n. 159, H. HAPP, assez peu convaincu lui-même, demande sur ce point « eine neue Untersuchung ».

reflet de la valence, de la gangue des C *(freie Angaben)* totalement non significatifs pour la valence. La phrase est comme un cristal dont les facettes expriment à la vue la formule chimique de la matière qui le constitue; les A sont les facettes de ce volume; la formule réside dans la « valence » du verbe[18].

Ici la grammaire dépendancielle rencontre un obstacle de taille : les A peuvent manquer, le cristal est privé de ses facettes (ou du moins de certaines d'entre elles). Cette absence se manifeste de deux façons :

1) Un A obligatoire (test d'effacement négatif) est pourtant omis dans certains cas. On parlera d' « ellipse d'un actant obligatoire ».

2) D'autres constituants peuvent être omis (test d'effacement positif) mais le test *facere* est inopérant. Ce ne sont donc pas des C. Ce sont des *A facultatifs*. Une formule valencielle correcte indiquera donc si des actants sont facultatifs et lesquels. Par exemple pour H. Happ, *caedere uirgis hominem* représente $A_1 + A_4 + (A_5)$, ce dernier A étant pour lui omissible mais non isolable par *facere*[19]. En revanche *uti* fait partie des verbes à deux A obligatoires $A_1\ A_5$, mais il arrive que A_5 ne soit pas exprimé[20].

Les ellipses d'A obligatoires, très surprenantes si on les envisage hors contexte, n'entraînent pas de difficulté véritable, parce que ce sont des phénomènes clairement identifiables et dont on peut rendre compte. L'omission est rendue possible par des conditions contextuelles précises dont on a dressé la liste. Si une phrase de formule $V + A_1 + A_4$ apparaît dans un contexte donné sous la formule $V + A_1$, on est fondé à soutenir que $V + A_1$ est une variante combinatoire de $V + A_1 + A_4$; et que par conséquent elle n'est d'aucun intérêt pour la définition de la valence verbale.

Tout cela paraît inattaquable; et d'ailleurs plusieurs de ces conditions de l'ellipse avaient été repérées depuis longtemps. Mais l'originalité de la grammaire dépendancielle est de tendre à en

18. « Valence » est d'ailleurs, comme on sait, un terme emprunté par L. Tesnière à la chimie.
19. P. 541.
20. P. 440.

offrir des listes complètes[21]. Au nombre des conditions contextuelles permettant l'ellipse, on mettra :

— La proposition infinitive (p. 247; 440). Ex. : *quae qui uellet* (scil. : *defendere*) *(adulescentiae) excusatione defenderet*, Cicéron, *Cael.*, 43;

— La subordonnée par *si* : alors que *commorari* exige A1 + A7, Cicéron, *Phil.*, 1, 7, écrit : *... si essem commoratus*[22];

— Les autres subordonnées; H. Happ marque ici quelque hésitation (p. 248); il exprime son « impression » *(Empfindung)* plutôt qu'une certitude;

— Les comparaisons, avec *quemadmodum est*, etc.;

— Les parenthèses (ainsi l'emploi du verbe *opinor*);

— Le discours direct ou indirect[23];

— Les réponses : par exemple *opinor*, *credo* sans complément;

— Les réponses anaphoriques[24]. Le latin dit : « *Habuitne rem ? — Habuit.* », alors que le français dit : « *As-tu le livre ? Je l'ai* »;

— « L'ellipse anaphorique », ex. : *suscepi causam, Torquate, suscepi*, Cic., *Sull.*, 20;

— Les verbes en série : ex. : *ut aut metuant, aut contemnant, aut oderint, aut ament*, Cic., *Imp. Cn. Pomp.*, 43 (*contemno* est, en effet, compté comme normalement bivalent dans la *Verbliste*, p. 556 sq.);

— Le style « télégraphique »; quand Cicéron dit *abdicauerunt* tout court, *nat. d.*, 2, 11, au lieu de *consules se abdicauerunt ab officio* qui correspondait à la trivalence régulière du verbe, il pratique l'ellipse de deux A;

— Les citations (« le verbe *opinor* signifie »...);

— Un ultime paragraphe regroupe des cas incertains *(unsicher)*, notamment l'impératif — sur lequel nous reviendrons — et l'adverbe[25].

---

21. H. HAPP donne plusieurs fois cette liste, *Grundfr.*, p. 440-441 et p. 241 sq.

22. Dans de nombreux passages, l'ellipse s'explique clairement par la proximité dans le contexte du nom à suppléer. Ce n'est pas le cas, semble-t-il, pour cet exemple des *Phil.* On aimerait ici quelque explication; à moins qu'il n'y ait aucune explication, et que *commorari*, comme français *rester*, puisse s'employer absolument; dans ce cas il ne peut plus être classé comme bivalent.

23. Ex. (p. 251) : *dicam* : « *Hunc ipsum consulere non putarem* » (*Phil.*, 7, 5). Peut-on parler d'ellipse ici ? C'est tout le « discours direct » qui occupe la position de complément d'objet.

24. Elles représentent en fait les mêmes « conditions contextuelles » que la variété précédente.

25. C'est tout le problème du statut de l'adverbe dans la phrase qui est posé par cette « incertitude ».

Que les conditions contextuelles énumérées ci-dessus favorisent l'ellipse, c'est un fait assez connu, sinon bien éclairé. On peut dire en gros que, dans la plupart de ces cas, le terme à suppléer est imposé par la situation, par le contenu de l'énoncé environnant. Le concept en est tellement présent à l'esprit des interlocuteurs qu'on peut en faire aisément l'économie. Mais d'autres prétendues conditions « contextuelles », mêlées par H. Happ aux précédentes, méritent un examen spécial. Il se demande, on l'a vu, si l'impératif n'est pas à ranger au nombre de ces conditions. Utilisant des travaux précédents de W. Dressler[26], il donne sans réserve le gérondif, l'infinitif et le participe présent comme des « conditions contextuelles » de l'ellipse.

Ex. : *difficultate ulsciscendi leniri potest* (ce qui implique que *ulciscor* est, par nature, au moins bivalent)[27]. De même *uis paenitendi* (*Tusc.*, 4, 37); *commorandi... deuorsorium non habitandi* (*C.M.*, 84; *commorari* étant bivalent), etc.[28].

Pour l'infinitif : *ne quis te inuitum polliceri cogat* (*Verr.*, 2, 2, 148) alors que *polliceri* est trivalent avec A4 obligatoire[29].

Pour le participe présent : *hortante et iubente Vercingetorige* (*Caes.*, *B.G.*, 7, 26, 1), *hortari* et *iubeo* étant bivalents[30].

L'observation grave qu'appellent ces trois ou quatre[31] dernières « conditions contextuelles » c'est qu'elles ne sont pas contextuelles. Un ensemble proposition principale + relative (ou subordonnée de comparaison) par exemple représente une donnée contextuelle. Le passage d'un verbe à l'infinitif, au gérondif, au participe, n'est qu'une variation paradigmatique. De quel droit éliminer un certain nombre de formes verbales quand on se propose de définir la valence du verbe? Ou alors il faudrait montrer que le sens lexical du verbe — qui fonde la combinatoire des A — n'est pas unitaire à l'intérieur du paradigme verbal.

A la réflexion, cette discrimination arbitraire porte un coup

---

26. *Rev. de Philol.*, 1970, 25-36.
27. Cf. p. 243, n. 387.
28. Autres exemples : *Brut.*, 239; *Ligar.*, 31.
29. Cf. *Grundfr.*, p. 440; p. 244, n. 395; p. 245, n. 399.
30. *Hortari* et *iubeo* s'emploient absolument en dehors de toute contrainte identifiable, comme H. HAPP le reconnaît p. 246, n. 403. La question ne lui semble pas mûre, et il estime de nouvelles recherches souhaitables; p. 246, n. 405.
31. Quatre si on y inclut l'impératif, pour lequel l'auteur hésite.

sérieux à la théorie valencielle dans son ensemble. Exclure, quand on veut établir la valence, les formes *non personnelles* du verbe, c'est reconnaître que l'on a constamment opéré, non pas à partir du verbe *seul*, mais à partir d'un syntagme Verbe + Sujet (A1). La grammaire dépendancielle — qui repousse la procédure de la « phrase minimale » — repose donc en réalité, et dans tous les cas, sur une locution (sinon une phrase) minimale très banale : nom sujet + verbe. Le sujet A1 n'est donc plus un « actant comme les autres », au même niveau de la hiérarchie syntaxique que les autres (ainsi que le répète Tesnière), mais il assume la fonction privilégiée d'accompagner constamment le verbe pour organiser une phrase telle qu'elle serve de cadre aux autres A.

Du coup, l'édifice valenciel édifié par Tesnière et restauré par ses continuateurs allemands se trouve sapé sinon ruiné. L'importance de cette conclusion inévitable rejette dans l'ombre des critiques de détail qu'on pourrait formuler contre les conditions d'omissibilité des A obligatoires[32].

IV | LES ACTANTS FACULTATIFS

A côté des « A obligatoires », rebelles au test d'effacement — omissibles cependant, mais dans des conditions qu'on voudrait pouvoir déclarer précises —, il y a les « A facultatifs ». Ils ont en commun avec les premiers d'être des A, c'est-à-dire d'être

32. La lacune la plus sérieuse est l'absence d'une étude de l'adverbe. Plusieurs explications restent peu convaincantes : cf. ci-dessus l'exemple de la phrase « télégraphique », celui des « verbes en série ». D'une façon générale, on retiendra l'observation de BOLKENSTEIN dans son compte rendu des *Grundfragen*, in *Kratylos*, 1976 (1977), p. 140 : le fait que des facteurs sémantiques soient ici plus forts que des règles de syntaxe (incluses dans la formule valencielle du verbe) est d'une grande importance pour la nature même de la « valence ».
D'autres cas d'ellipse, propres à montrer le caractère décisif du contexte sémantique, ne sont pas intégrés dans la liste de H. HAPP. Il observe par exemple page 234 que *Die Henne legt* (« la poule pond ») signifie « *legt Eier* »; cependant, dit-il, on ne peut ajouter autre chose que *Eier*, sous peine d'obtenir une phrase « agrammaticale ». On obtient en fait des phrases absurdes, ou fantastiques, mais non pas agrammaticales (« La poule pond des écus »). On pourrait dire que le même verbe allemand *legen* signifie « pondre » dans le contexte sémantique « aviculture », mais « placer, poser » dans un contexte différent.

liés à la valence du verbe *(valenzgebunden)*, exigés par elle. Mais les « facultatifs » peuvent manquer librement, c'est-à-dire en dehors de tout conditionnement contextuel identifiable. Ils ont ce trait en commun avec les C *(freie Angaben)* mais ceux-ci répondent positivement au test *facere*, les A, même facultatifs, ne supportant pas d'être isolés du verbe par le « pro-verbe ».

Doctrine apparemment simple, mais qui recouvre une contradiction profonde, entre l'idée d'A « faisant corps avec le verbe » et celle d'une valence libre, à éclipses, n'exigeant pas ce par quoi son originalité de « valence » est justement définie[33].

Essayons d'abord de voir, A par A, la place de ces A facultatifs :

A2 (« génitif objet ») ne serait jamais facultatif (p. 228). Ex. (pour les verbes bivalents) : *Graeciae obliuiscitur*[34]. Mais l'auteur lui-même définit p. 518 *egere* comme A1 + (A2) ; à juste titre, comme un coup d'œil au Thesaurus permet de s'en convaincre (Cicéron : *egebat* « il était dans le besoin »).

Pour les verbes trivalents, il ne retient (p. 534) que *facere tanti aliquid*[35]. Il est peu admissible que rien n'apparaisse dans la *Verbliste* d'expressions comme *accusare aliquem auaritiae, pecuniae publicae condemnatus est*[36].

A3 (« objet au datif ») : la même légèreté dans le travail philologique apparaît dans l'examen du D. Ainsi (p. 497) *assidere* est étiqueté A1 + A3 (obligatoire !) alors que l'auteur lui-même reconnaît (n. 52) l'existence d'emplois absolus sans contrainte contextuelle (cf. *Verr.*, 2, 3, 30 : *cum... tres adsedissent,* au sens de « être juge dans un tribunal »). Des phrases comme *in carcere mater adsidebat, in Tiburti cum adsedissemus* ne recèlent pas, nous dit-on, d'emploi absolu, puisqu'il y a un complément de lieu[37]. On se demande ce que signifient les mots : si *adsideo* exige, de par

---

33. Joëlle TAMINE exprime cette idée dans l'examen qu'elle fait de quelques articles de H. HAPP, À propos de la théorie valencielle, dans *L'Information grammaticale*, 2, 1979, p. 61-65.

34. Dans la liste des valences, p. 497, H. HAPP n'enregistre comme A1 + A2 que *esse* au sens de « gehören *zu* », « Sache sein *von* ». Cette traduction appelle les observations faites ci-dessus sur la confusion du verbe avec un syntagme plus vaste.

35. Où cependant une « recherche plus exacte est nécessaire », précise-t-il, *ibid.*, n. 313.

36. Ces lacunes regrettables montrent le danger d'un corpus établi d'une façon aléatoire, comme nous le verrons plus loin.

37. C'est la même « explication » que plus haut pour *praeesse*.

sa valence, un A3 obligatoire, par quelle manipulation un complément prépositionnel prendrait-il la place de celui-ci?
En face de 5 verbes $A_1 + A_3$ (p. 497-498), H. Happ enregistre (p. 518 sq.) 10 verbes $A_1 + (A_3)$. Mais parmi ceux-ci
figure *deesse*, pour lequel les deux exemples fournis sont sans D.
De quel droit faire de ce D absent un A valenciel, même facultatif?
A_4 : Pour 104 verbes $A_1 + A_4$, H. Happ ne dénombre que
40 verbes $A_1 + (A_4)$. (Ce qui paraît une proportion faible,
propre à favoriser la conception de l'A « valenzgebunden ».)
A_5 : pour les verbes bivalents il y a 3 $A_1 + A_5$, et
3 $A_1 + (A_5)$[38].
A_6 et A_7 : ici les effectifs sont impossibles à chiffrer, parce
que la liste des valences mélange A6 et A7. Il suffira de glaner
quelques données pour en montrer l'incertitude. Ainsi pour les
constructions à A6 l'attribution du titre de « A » semble souvent
contestable; et on observe des situations étonnantes. *Sentire* est
classé $A_1 + (A_6)$ (au sens de « penser », p. 211 et 466); il exige
de; mais l'auteur signale page 564 qu'il s'emploie une fois sans *de*,
en dehors d'une contrainte définie. Pourquoi donc lui attribuer
(A6)? *Certare* répondrait *(ibid.)* à la formule $A_1 + (A_6) + (A_6)$,
avec les deux prépositions *cum, de (certare cum aliquo de aliqua re)*.
Cette analyse se heurte à une première objection (de méthode) :
comment la même position syntaxique (A6) peut-elle être occupée
par deux syntagmes non juxtaposés ou coordonnés? Autres objections (de fait) : le *Handlexicon* de Merguet pour Cicéron propose
in Bruti salute certatur, avec *in* (et non pas *de*; or le propre de A6,
à la différence de A7, c'est de fonctionner avec une préposition
unique!). Que faire d'autre part de *certabant quis eorum... gubernaret*
(Off., I, 87)? Il faudrait donc dresser pour cet (A6) un paradigme
de | in | interrogation indirecte...[39].
Le verbe *cogitare* recouvre deux signes :

$\begin{cases} cogitare\ 1\ \text{« penser à »} : A_1 + A_6\ (de); \\ cogitare\ 2\ \text{« penser quelque chose sur »} : \\ \qquad\qquad A_1 + (A_4)\ (Ac) + (A_6)\ (de). \end{cases}$

38. P. 514 et 526.
39. Mais le test *facere* ne fonctionne-t-il pas pour : *in iudiciis de aequitate certatur*
(= in iudiciis certatur, quod fit de aequitate).

Ici encore l'emploi absolu, relativement rare, mais bien attesté, est laissé de côté. Que fera-t-on d'autre part du fameux *Scipionem cogitabam*? Avec son Ac, il ressortit à *cogitare 2*; or ce *Scipionem* signifie plutôt *de Scipione*. Le premier dictionnaire venu montre que la dichotomie que pratique H. Happ entre un *cogitare* bivalent et un *cogitare* trivalent n'est pas fondée (s'il est vrai, comme il le répète, que des sens différents s'attachent à des constructions différentes)[40].

Un autre point mérite réflexion : selon les données de H. Happ lui-même (p. 211) les neuf dixièmes des A6 de verbes bivalents sont facultatifs. La proportion s'élève à 26/1 pour les verbes trivalents (p. 212). Enfin tous les A6 sont facultatifs pour les verbes tétravalents[41]. (La prépondérance des emplois facultatifs s'observe aussi pour certains cas « purs » comme le D[42].) Est-on alors fondé à considérer ces A6 (et ces A3) comme des « objets »? H. Happ le croit malgré tout.

En conclusion, il serait sage d'éviter une solution aussi fragile, et de prendre nettement conscience que les problèmes relatifs à ces A facultatifs sont encore loin d'être résolus dans le cadre de la théorie valencielle[43]. C'est pourquoi les divers chercheurs qui ont adopté les principes dépendanciels proposent des solutions différentes : « A facultatif » pour H. Happ, « ellipse » pour Heringer, « A facultatif dans le texte » pour l'Arbeitsgruppe de Marburg. Et ce n'est pas la clarté du schéma de la page 184 qui peut prêter sa lumière aux données linguistiques :

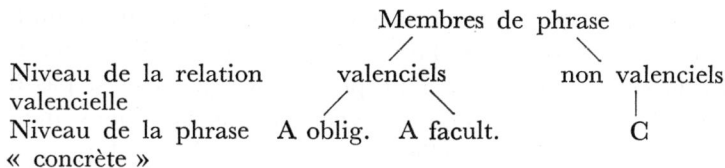

```
                                   Membres de phrase
                                  /                 \
Niveau de la relation       valenciels          non valenciels
valencielle                /          \                |
Niveau de la phrase   A oblig.    A facult.            C
« concrète »
```

---

40. Ici encore H. Happ inclut dans ses traductions l'*amorce* du complément appelé à suivre le verbe.

41. P. 212 : *Eine wirkliche Deutung dieser Feststellungen kann erst versucht werden, wenn sie an weiterem Material überprüft worden sind.*

42. Nous ajouterions volontiers que l'effectif infime des A2 (objets au G) incite à n'en tenir compte qu'avec prudence.

43. H. Happ le dit lui-même, mais au détour d'une note n. 73, p. 331.

L'explication quelque peu forcée de H. Happ répond d'ailleurs à une préoccupation non pas scientifique, mais pédagogique. A son avis (p. 332) les A facultatifs sont « une catégorie indispensable pour l'enseignement »[44].

V | SUJETS ET OBJETS

A) *Le sujet.* — En dehors de l'adverbial valenciel A7, tous les A sont dénommés, soit « sujet » (A1), soit « objet » (A2 à A6). On nous répète pourtant — dogme tesniérien — que A1 n'est nullement privilégié[45]. Or, en fait, en écartant pour la définition de la valeur les formes non personnelles du verbe, H. Happ pose implicitement que *toutes* les phrases qu'il étudie contiennent A1[46]. Voilà donc un A aussi indispensable que le verbe, puisqu'un verbe ne se présente jamais sans A1.

Il y a, si l'on peut dire, une mauvaise conscience de la grammaire dépendancielle : cet A « comme les autres », on le baptise subrepticement « sujet ». Puisqu'on élabore une syntaxe, il faudrait ici analyser l'originalité du « sujet », dire quelle est la relation qui unit dans leur co-occurrence un nom et un verbe[47].

Il est donc impossible de placer le « sujet » au niveau des autres A. Aussi ne s'étonnera-t-on pas que H. Happ, tout en donnant à A1, sans justifier cette attribution, une appellation qui le distingue entre tous les A, s'emploie à le rabaisser avec de mauvais arguments. On apprendra avec stupéfaction par exemple que le sujet est omissible en latin. S'il n'est pas obligatoire, le critère de la co-occurrence ne joue plus, le « sujet » n'est pas dans une situation d'interdépendance avec le verbe, mais dans une situation de dépendance (textuellement p. 111). Si H. Happ peut écrire

---

44. Cf. aussi p. 449.
45. Tesnière et ses émules répudient comme « logique » l'analyse de la phrase en « sujet » et « prédicat » (bien que Happ s'oublie assez souvent à appeler « prédicat » ce qui devrait simplement rester le « verbe »). Pour la même raison est répudié, en dépit de ses étiquettes morphologiques (GN/GV), le binarisme des structuralistes américains.
46. Le hasard veut que le corpus « aléatoire » de H. HAPP ne contienne aucun verbe « météorologique » !
47. Que ce nom soit remplacé par un pronom par exemple est ici sans importance.

qu' « il arrive souvent que le sujet ne soit pas exprimé en latin » (p. 110), c'est qu'il commet la même erreur que Tesnière, qui est d'arrêter son analyse aux mots (ou aux groupes de mots), sans considérer les morphèmes. Ainsi page 222, dans *Aufugit*, le sujet est ø parce qu'on n'aperçoit pas d'autre *mot* que le verbe. (Comment se fait-il dès lors que *aufugis*, *aufugimus* qui ont dans ce cas eux aussi un sujet ø soient compris autrement que *aufugit*? Féru pourtant de paradigmes, H. Happ a oublié dans le paradigme de A1, la désinence personnelle[48] !)

B) *Les objets* : A2-6 sont des A « objets »; A, ils sont liés à la valence, donc non isolables par insertion de *facere*, même s'ils sont facultatifs (et certains d'entre eux le sont presque constamment!). Mais comment comprendre leur commune qualité d'objets? Si l'on pose comme un principe fondamental de la syntaxe que, dans la phrase, une position syntaxique donnée ne peut être occupée que par un seul constituant, comment un verbe pourrait-il avoir 2, 3, 4, 5 « objets »?

Soit une phrase banale : *Marcus mandat aliquid memoriae, mandare* étant trivalent avec 3 A obligatoires, son « schéma structural » est A1 + A4 + A3. On observe que ces « objets » ne sont distincts fonctionnellement ni de A1, ni entre eux; du moins H. Happ ne dit-il rien à ce propos.

Le seul critère qui autorise à distribuer les numéros 2, 3, 4, 5, 6, c'est uniquement la *forme* du syntagme nominal : nature des désinences, présence éventuelle d'une préposition. H. Happ a beau insister sur la *Gleichberechtigung* (égalité) de toutes les réalisations formelles *(Füllungen)* entrant dans le même paradigme, il classe en réalité ses « objets » selon les critères formels de la déclinaison nominale. Cela ne fait en rien progresser la connaissance des *fonctions*, forcément différentes puisqu'elles coexistent dans la même phrase. Le laborieux effort de l'auteur nous laisse donc au seuil de l'analyse proprement syntaxique.

Un indice très net de cette carence est fourni par l'étude du traditionnel « complément d'objet ». On répète à juste titre depuis

---

48. DÖNNGES et HAPP, *Anwendung...*, p. 93, analysent de la sorte *omnes nocte dormiunt* : « Ils dorment la nuit, et tous le font »; donc *omnes* est une « freie Angabe » (circonstant)! Quel sujet résisterait à ce traitement ?

l'Antiquité que l'objet d'un verbe actif peut devenir (sauf exceptions) le sujet du même verbe au passif. Voilà un fait certes banal, mais qui fournit un critère syntaxique important. Or cette « transformation passive » est à peu près totalement ignorée de H. Happ[49] qui va jusqu'à écrire de « l'objet prépositionnel » A6 qu' « il est un objet au même titre que l'Ac[50]! S'il reconnaissait à l'Ac A4 une place privilégiée (celle de « l'objet » traditionnel) que ferait-il, en effet, des quatre autres « objets »?

Entre autres difficultés, la *Gleichberechtigung* des cinq « objets » achoppe à des données purement numériques : la combinaison A1 + A4 représente 40 % des verbes. D'autre part, dans les formules tri-, tétra-, pentavalentes, A4 est (à peu près) toujours présent. Ces formules sont en fait la combinaison d'un noyau A1 + A4 avec *autre chose*. La place de A4 est donc énorme, hors de toute proportion avec celle des autres « objets ». Que l'on fasse la récapitulation numérique des exemples fournis par la « Verbvalenzliste » page 494 sq., et l'on pourra vérifier que les trois quarts des schémas valenciels établis par H. Happ comportent A1 + A4[51].

L'objet à l'Ac « A4 » est donc massivement prépondérant. (On n'est donc pas si loin de la vérité quand on raisonne sur une « phrase minimale » avec « objet direct ».) Il l'est encore plus, si l'on pense que la *Gleichberechtigung* de A4 et des autres « objets », A2 par exemple, est assez fallacieuse. L'objet au G est, on le sait bien, une rareté. De plus, la tendance du latin est, dès la préhistoire[52], au remplacement des « objets » au G, D, Ab par des objets à l'Ac (ou par des compléments prépositionnels)[53]. Il est donc tout à fait contestable de reconnaître les mêmes droits à des catégories en voie d'extinction et à la catégorie dynamique de l'accusatif d'objet.

Les faits auraient dû engager H. Happ à ne pas proclamer imprudemment la *Gleichberechtigung* de 5 objets formellement diffé-

49. Elle est mentionnée seulement *Grundfr.*, p. 357 et 394-395 comme un moyen de distinguer *Fritz mange des gâteaux* et *Fritz mange toute la journée*.
50. *LEC*, p. 351.
51. Nous ne donnons pas le détail, fastidieux, de cette addition qui occuperait deux pages! Les chiffres exacts sont 241 constructions avec A1 + A4 sur un total de 335.
52. Cf. le cas des déponents, donnés comme primitivement « intransitifs ».
53. Cf. *memini rei / rem / de re*.

rents. Mais il aurait dû surtout essayer de distinguer les fonctions syntaxiques de ces compléments divers, et poser la question de la nature *syntaxique* de la « fonction-objet ».

VI | CONCLUSION

Le travail considérable accompli par l'école dépendancielle allemande n'a finalement qu'une portée réduite. L'application détaillée qu'en fait H. Happ au latin ne convainc pas. L'élaboration philologique des données fourmille, il est vrai, de négligences graves qui mettent en cause la solidité de l'édifice[54]. Le corpus « aléatoire » de 800 verbes — réputé suffisant puisqu'un échantillon de 200 verbes donne déjà des résultats identiques — est en réalité insuffisant; à preuve le fait que sur 283 verbes différents, 177 ne sont cités que pour un seul emploi! Inversement *esse*, avec 90 occurrences, et *posse* (43) occupent une place disproportionnée. D'ailleurs l'auteur est constamment contraint de recourir aux dictionnaires et lexiques pour compléter son information. Inversement, le fait qu'il raisonne seulement à partir de 23 constructions types (sur les 90 recensées) laisse perplexe!

L'utilisation des tests, et notamment du test *facere*, est exposée, on l'a vu, à bien des critiques. En outre, l'embarras de H. Happ est très grand devant certains types de constituants, notamment les « prédicatifs » : ils ne relèvent pas du test *facere* (sauf s'ils sont au N : *Galli laeti in castra pergunt : ... et id faciunt laeti!*) mais d'autres tests, comme *esse*, la transformation en complément circonstanciel, l'élimination; mais aucun de ces trois tests ne vaut pour toutes les phrases relevées. Finalement, le *praedicatiuum* est considéré comme un segment lié à la valence dans certains cas (p. 299), en dépit de ses relations privilégiées avec un autre membre que le verbe. Cette position de principe très vague autorise un empirisme tâtonnant quand il faut prendre une décision dans un cas concret. Et l'on voit refleurir les schémas avec deux A1

54. Cf. Guy Serbat, *REL*, 56, 1978 (79), p. 109-114.

(sujet-attribut) ou deux A4 (objet-attribut), cette notation symbolique n'apportant rien à la compréhension du phénomène.

L'éclectisme doctrinal de H. Happ a été signalé par plusieurs recenseurs[55]. Il se manifeste clairement dans certains passages des *Grundfragen*[56]. Pour Tesnière la relation entre Verbe et Actants était représentée par une flèche verticale, mettant le nom dans la dépendance du verbe sommet de la hiérarchie. H. Happ modifie ce schéma en dotant les flèches d'actance d'une double pointe, vers le verbe et vers l'actant. On n'a donc plus une dépendance mais une interdépendance. Pourquoi dès lors parler d'une « Dependenzgrammatik » ?

Souffrant de tous les défauts de L. Tesnière, l'école dépendancielle les a aggravés en adoptant en fait des positions contradictoires, et en ne restant pas sur le terrain syntaxique où le maître prétendait se maintenir rigoureusement.

---

55. Notamment J. TAMINE, *L'Information grammaticale*, 2, 1979, p. 62.
56. Cf. *REL*, 56, 1978 (79), p. 107-108; *Grundfr.*, p. 100, 107.

Chapitre IX

LA SYNTAXE « FONCTIONNALISTE » : ANDRÉ MARTINET ET SON ÉCOLE

La syntaxe fonctionnaliste, dont A. Martinet est l'initiateur et le théoricien le plus remarquable, occupe une place importante; elle a guidé de nombreuses descriptions de langues étrangères. Elle se présente comme une méthode issue des doctrines saussuriennes, enrichie par l'expérience de la phonologie pragoise; elle combat à la fois les distributionnalistes américains et les générativistes.

Afin de construire une syntaxe vraiment linguistique, A. Martinet écarte de la description initiale tous les énoncés qui font intervenir des facteurs autres que purement grammaticaux : facteurs situationnels notamment. L'énoncé à étudier sera tel qu'il comporte par lui-même une signification parfaite : ainsi une phrase tirée d'un récit. L'analyse syntaxique repose sur la distinction, au sein d'une telle phrase, d'un « énoncé minimal » et des « expansions » de cet énoncé.

Dans le type de phrase le plus usuel en français, la phrase verbale[1], l'énoncé minimal, noyau irréductible d'énoncés plus complexes, se compose de deux termes appelés : sujet et prédicat. Deux termes et non pas trois, ni quatre, puisque l'objet et l'attribution (auxquels on pense aussitôt) ne figurent que dans *certains* énoncés et non pas, de façon constante, dans *tous* les énoncés

---

1. Nous laissons de côté pour l'instant le cas plus complexe des phrases à prédicat non verbal, dites « phrases nominales ».

normaux[2] (et que de toute façon, leur effacement ne modifie pas la relation des deux premiers termes). Soit un exemple — en vérité assez complaisant : *les mouettes reviendront en automne sur les bords du lac ; en automne* et *sur les bords du lac*, qui peuvent s'effacer sans altérer la validité de l'énoncé restant, sont des « expansions »; *les mouettes reviendront* constitue le noyau prédicatif, avec le sujet *mouettes* et le prédicat *reviendront*[3].

Le prédicat

Le prédicat est dans la phrase « l'élément autour duquel les autres gravitent et par rapport auquel sera indiquée la fonction de chaque élément »[4]; il est « l'élément central »[5]. Il n'assume lui-même aucune fonction; car une fonction, à proprement parler, est « le produit de deux facteurs » : le noyau auquel un monème se rapporte; la relation qui l'unit à ce noyau. Aussi le verbe, dont le seul rôle est de fournir un prédicat, est-il absent du tableau que dresse Mahmoudian des monèmes selon leurs fonctions. (Ainsi le nom est « plurirelationnel » et « plurinucléaire ».) Ce qui est tout à fait cohérent, puisque le prédicat verbal, noyau d'où dépendent tous les éléments de l'énoncé minimal (et de la phrase) ne dépend lui-même d'aucun « noyau ». Faute de ce noyau, il ne saurait exister de fonction[6]. D'accord sur ce point avec Tesnière, les fonctionnalistes placent donc le verbe à la pointe d'une pyramide de fonctions.

Martinet lui-même est en vérité plus nuancé, mais parfois un peu confus. On relèvera au passage, dans la citation ci-après[7], le nombre de termes ou de tours à valeur restrictive (« être tenté de », « nous pourrions », « guère », « convention ») : « Nous pourrions être tenté de définir la « fonction » comme la contrepartie linguistique de la relation entre un élément d'expérience et l'ensemble de l'expérience, de sorte que nous pourrions parler de fonction dans le cas de l'un quelconque des éléments marginaux

2. Cf. MARTINET, *Langue et fonction*, p. 64; MAHMOUDIAN, *Pour enseigner*, p. 83.
3. MAHMOUDIAN, *ibid.*, p. 149.
4. MARTINET, *ibid.*, p. 59.
5. MAHMOUDIAN, *ibid.*, p. 145.
6. Cf. *Guide alphabétique*, p. 114.
7. *Langue et fonction*, p. 65; cf. *Guide alphabétique*, p. 19.

mais guère dans le cas du noyau prédicatif : la fonction prédicative ne serait pas alors une fonction réelle. Mais ceci, après tout, est une question de convention.» L'auteur affirme néanmoins plus loin[8] que dans de nombreuses langues (dont le français) une classe de monèmes (les verbes) « n'a qu'une seule fonction, la fonction prédicative »[9]. On verra vers la fin de ce chapitre que — la validité du concept même de prédicat étant laissée de côté — l'analyse fonctionnaliste recouvre plusieurs ambiguïtés et difficultés.

La phrase d'A. Martinet citée plus haut, que la fonction pourrait être définie comme la contrepartie linguistique de la relation entre un élément d'expérience et l'ensemble de l'expérience « mérite d'être examinée ». Malgré sa généralité, elle touche d'assez près à notre sujet. Par exemple la perception globale d'un événement ou la représentation imaginaire du même événement, peuvent être définies comme un « ensemble d'expériences » ou plus exactement comme un ensemble d'images mentales, un ensemble de signifiés. La fonction serait la contrepartie linguistique de la relation entre un signifié partiel et le signifié d'ensemble.

Pour reprendre l'exemple avec lequel opère A. Martinet, soit un signifié d'ensemble « portail » + « jardinier » + « action d'ouvrir ». La relation d'un de ces trois signifiés à l'ensemble des signifiés doit se refléter dans sa « contrepartie linguistique », la fonction. Malheureusement — même si l'on ne retient que le sens correspondant à la phrase dictée immédiatement par le bon sens « le jardinier ouvre la porte » — les « contreparties linguistiques » de cet ensemble significatif sont fort diverses. On dira :

1) *le jardinier ouvre la porte*; mais aussi
2) *la porte est ouverte par le jardinier* (avec les variantes, *le jardinier, il ouvre la porte ; la porte, le jardinier l'ouvre...*);
3) *l'ouverture de la porte par le jardinier.*

8. *Ibid.*, p. 82.
9. La « tentation » qu'avait Martinet de dénier toute fonction au prédicat (p. 65) est démentie page 64 (où est mentionnée la « fonction prédicative»; page 65 extr. (où l'on parle de « fonctions active et passive » du prédicat). Il est vrai que l'auteur décide page 65 de « laisser de côté, comme étant d'un type spécial, les fonctions du prédicat ». Nous avouons ne pas comprendre ce qui est dit page 79 : « Si l'on doit retenir ce terme (prédicat) dans la linguistique contemporaine, il nous faudra l'utiliser pour les segments monomonématiques qui, en eux-mêmes, peuvent constituer un énoncé complet hors situation.» Y a-t-il lapsus ou omission ? On notera en tout cas la prudence avec laquelle est avancé le terme même de « prédicat ».

A moins d'invoquer comme Fillmore un « agent profond » et un « objet profond » intangibles sous la variété des structures de « surface », on constate qu'il n'y a sûrement pas une (et une seule) contrepartie linguistique répondant aux relations des éléments de l'expérience avec l'expérience totale. Ce que l'on peut dire, c'est que lorsque cette « expérience » s'exprime en phrases (1, 2 et leurs variantes), celles-ci comportent d'abord un groupe sujet-prédicat; qu'il y a hétérogénéité entre les relations sémantiques des « éléments de l'expérience » et les structures syntaxiques imposées par la langue. Avec son réseau d'unités lexicales reliées selon des fonctions (elles-mêmes significatives) la langue rend approximativement, et de *plusieurs* manières possibles, la nébuleuse psychique de l' « expérience ».

Il y a là un danger de substituer à l'analyse proprement linguistique une analyse sémantique en elle-même mouvante, danger qui se réalise à propos du « signifié de la fonction-sujet ».

La place prééminente accordée au verbe, noyau de toute fonction, mais lui-même au-dessus de toute fonction, est aussi critiquable. En effet si — dans la phrase minimale, plus commode à manipuler — le « sujet » n'existe et n'a de fonction que par rapport au prédicat, et grâce à l'existence de celui-ci, inversement le prédicat n'existe que grâce au sujet. La dépendance qu'on institue du sujet vers le noyau opère aussi du noyau vers le sujet; ou alors il n'y a plus d'implication réciproque. Si de deux termes A et B également nécessaires, le premier A assume une fonction, qui est d'être en relation avec B, comment B, à l'autre bout de la chaîne qui les unit, serait-il dénué de fonction? Ce n'est donc pas une simple question de « convention » que de parler d'une fonction prédicative. Elle apparaît même comme identique mais inverse de la fonction-sujet. Car dire « fonction » (ou, plus clairement « relation ») c'est impliquer un lien entre *deux* termes. A. Martinet semble glisser vers une confusion entre les « fonctions » et les termes qui sont le support des fonctions. Si l'on figure un énoncé minimal par

$$A \leftrightarrow B$$

la fonction est ↔, elle n'est ni A ni B; mais, A et B entrant dans cette relation, aucun des deux ne peut être réputé étranger à la

« fonction », et ce qui est vrai de A l'est aussi, en visée inverse, de B.

Dans la phrase verbale minimale prise par convention comme objet d'analyse, la fonction-sujet et la fonction prédicative apparaissent donc comme les deux faces d'une seule relation.

Les tenants de l'école fonctionnaliste soulignent à l'envi que (pour le type de phrase qui est le plus usuel en français) le verbe est voué à être prédicat — nous n'osons pas dire que c'est sa « fonction », comme ces auteurs l'écrivent souvent, puisque justement le propre du prédicat est de ne pas avoir de fonction. Or il est bien connu que l'infinitif, le participe (l'adjectif verbal en latin) assument très fréquemment des fonctions toutes différentes où ils jouent le rôle de noms ou d'adjectifs. Tout en admettant les « expansions » propres au verbe, il faudrait donc préciser que c'est seulement le verbe à *une forme personnelle* qui est régulièrement « prédicat ». Observation qui équivaut à une lapalissade, puisqu'on a déjà spécifié sans y prendre garde dans les prémisses ce que l'on retrouve dans la conclusion. C'est par une négligence semblable que Tesnière et ses disciples croient faire dépendre tout actant (ou circonstant) du verbe seul, alors qu'ils posent constamment un syntagme initial sujet + verbe (sous la forme d'un verbe à un mode personnel)[10].

Le « sujet »

Lorsqu'on a dégagé l'énoncé minimal à deux termes, le « sujet » est l'un des termes indispensables à l'existence même de cet énoncé minimal, l'autre étant le prédicat (verbal). (Les choses sont moins simples pour les énoncés minimaux à plus de deux termes.) C'est pourquoi l'on peut affirmer que le « sujet » est nécessaire à la constitution de tout énoncé[11], mis à part les injonctions et les phrases dites « nominales »[12]. Cette nécessité distingue le sujet de l'objet qui n'est pas constamment obligatoire. On dira que le sujet « fait corps » avec le prédicat; qu'ils se trouvent l'un et l'autre

---

10. Cf. chap. VIII.
11. MAHMOUDIAN, *Pour enseigner*, p. 147.
12. *Ibid.*, p. 150.

dans un rapport d'implication réciproque : sujet ⇄ prédicat[13], puisque de l'énoncé minimal *Paul travaille,* on ne peut abstraire, pour l'exprimer seul, ni *Paul,* ni *travaille.*

Son caractère indispensable ne confère d'ailleurs pas au sujet, selon l'analyse fonctionnaliste, l'égalité hiérarchique avec le verbe. Le sujet est dans une position subordonnée par rapport au prédicat verbal. Quels indices fournir de cette subordination ? D'abord les termes apparaissant en fonction de sujet sont susceptibles de remplir d'autres fonctions *(Paul travaille | je vois Paul | je me promène avec Paul).* Le verbe au contraire ne saurait être que prédicat[14]. « Un sujet n'est différent d'un complément que parce qu'il fait partie de l'énoncé minimal », écrit A. Martinet[15]. En somme, le sujet est subordonné au prédicat parce qu'il n'est pas rigoureusement spécialisé pour la fonction qu'il se trouve remplir dans l'énoncé minimal. Ce n'est qu'une fonction possible dans certaines conditions contextuelles, et non pas une fonction essentielle, une vocation exclusive. Mais a-t-on vraiment le droit de conclure du caractère virtuellement plurirelationnel de *Paul* à son statut subordonné dans l'énoncé *Paul travaille* ? N'est-ce pas faire intervenir, pour juger d'un énoncé précis, les relations possibles dans des énoncés différents ?

D'autres arguments sont avancés, qui tendent aussi à rabaisser le rôle du sujet. Par exemple l'accord du verbe avec le sujet — souvent d'ailleurs insensible à l'oreille — n'est qu'un phénomène de redondance ; c'est un élément parmi d'autres qui accompagnent la fonction-sujet mais qui permet rarement seul son identification[16]. Les critères sémantiques (sujet = agent/patient de l'action) sont inadéquats ; et le test de l'interrogation (qui est-ce qui...?) ne vaut pas dans tous les cas[17]. D'ailleurs le sujet n'est indispensable que dans le type d'énoncé le plus fréquent en français ; il n'est pas nécessaire aux phrases à prédicat nominal ni aux énoncés injonc-

13. *Ibid.,* p. 157 ; Frédéric FRANÇOIS, *La description linguistique,* p. 261 : « Il y a ici implication réciproque. »

14. MARTINET, *Langue et fonction,* p. 65 ; MAHMOUDIAN, *Pour enseigner,* p. 157 ; Frédéric FRANÇOIS, *La description linguistique,* p. 262.

15. *Ibid.,* p. 79.

16. MAHMOUDIAN, *Pour enseigner,* p. 158-159.

17. On voit qu'il s'agit ici de critères souvent scolaires, visant à reconnaître le « sujet ». Que ces critères soient insuffisants, voire parfois erronés, cela laisse entière la question de la nature du lien qui unit le sujet au prédicat.

tifs[18]. Là où se trouve un sujet, son rôle syntaxique est « d'actualiser » un prédicat verbal[19]. « On peut donc considérer le sujet comme l'actualisateur privilégié, nécessaire, les expansions apportant des précisions de lieu, de temps et n'étant que des actualisateurs éventuels »[20].

Si l' « actualisation » consiste à « ancrer l'énoncé dans la réalité » comment juger de cet « ancrage » ? En quoi le concept de « course » est-il mieux ancré dans le réel si je dis : *Des courses avaient lieu hier à Longchamp*, plutôt que : *On courait hier à Longchamp*. Et quel ancrage peut bien réaliser le « sujet » d'un impersonnel météorologique *(il pleuvait)* ? Dans le cas de la fonction-sujet, la notion d'actualisation relève d'une interprétation sémantique qui risque d'être très arbitraire. On ne voit pas, en tout cas, comment passer de cette appréciation sur le rapport au réel à une définition syntaxique. Le fonctionnalisme semble ici en contradiction avec un de ses principes qui est d'éliminer de son analyse fondamentale tout ce qui ressortit à la « situation ».

L'insuffisance syntaxique apparaît aussi lorsque est étudié le « signifié de la fonction-sujet »[21]. Dans certains cas, nous dit-on, la signification serait « agent »; par exemple dans

Quels livres lisent les enfants ?

Dans cette phrase (virtuellement) ambiguë, c'est la signification « agent » qui permettrait d'identifier les *enfants* comme sujet. (Nous penserions plutôt que le verbe *lisent* implique sémantiquement un sujet animé humain, ce qui exclut *quels livres.*) Dans d'autres contextes faciles à retrouver, « le signifié de la fonction-sujet » sera « patient ». Ailleurs encore, il sera « difficile à déterminer » *(Le moteur tourne)*. Bref, la variété des signifiés est telle qu'elle interdit de donner une définition sémantique du sujet. Et Frédéric François se demande pour sa part « s'il est souhaitable

18. MAHMOUDIAN, *Pour enseigner*, p. 159.
19. *Ibid.*, p. 160.
20. Les disciples d'A. MARTINET semblent aller plus loin que le maître : « Considérer le sujet comme actualisateur du prédicat verbal n'est qu'une convention », écrit celui-ci, *Langue et fonction*, p. 79. Quelque prudence aussi chez Frédéric FRANÇOIS, *La description linguistique*, p. 262 : « Plus ou moins manifestement le sujet a pour fonction de permettre le passage de la valeur abstraite du prédicat à son application dans une situation particulière. »
21. Par exemple, MAHMOUDIAN, *Pour enseigner*, p. 77, 165 sq.

d'utiliser un terme aussi chargé de sens différents que l'est " sujet " »[22].

A raisonner de la sorte, on disqualifie une fois de plus les doctrines qui se bornaient à définir le sujet comme « celui qui fait l'action » par exemple; mais on ne dit rien sur la fameuse fonction-sujet. On confond même gravement deux choses hétérogènes :

a) Les déductions sémantiques (très diverses) qu'un auditeur peut tirer du rapprochement de deux termes A et B :

1. *Les enfants lisent* (donc ils sont des « agents »);
2. *Les enfants souffrent* (donc ils sont des « patients »).

b) La relation proprement dite qui est instituée entre A et B qui mérite seule le nom de « fonction »[23].

En opérant selon *a)*, le contenu lexical de A et de B pèse de tout son poids et obnubile la relation syntaxique, on vire indûment au bénéfice de la fonction un trait sémantique de l'énoncé dans son ensemble. En opérant selon *b)*, on fait abstraction des contenus lexicaux pour considérer seulement ce qui se passe *entre* les deux termes. Et c'est bien pour cela qu'une relation identique (qu'on l'appelle fonction-sujet ou autrement) peut exister en 1 comme en 2; son « signifié » fonctionnel restant identique[24].

L'objet

Alors que la fonction-sujet est « partout et toujours obligatoire »[25] (dans la phrase verbale), l'objet, lui, peut manquer. Sans doute n'est-il pas « effaçable » dans tous les cas; ex. : *il met son chapeau*; et même avec deux expansions : *il met sa voiture au garage.*

Mais, du moment qu'il n'est pas constamment obligatoire, on le considérera comme une « expansion » et non pas comme un constituant fondamental de l'énoncé[26]. Un autre auteur précise qu'il est inutile de retenir des énoncés minimaux trimonématiques, puisque

---

22. *La description linguistique*, p. 261.
23. Cf. *Guide alphabétique*, p. 19.
24. Il faudrait aussi examiner l'affirmation que la phrase nominale ne contient pas de sujet (MAHMOUDIAN, *Pour enseigner*, p. 150, 159) et aussi les cas de la proposition infinitive et du participe absolu (p. 164).
25. MAHMOUDIAN, *Pour enseigner*, p. 151.
26. *Ibid.*, p. 167.

le troisième monème ne change rien à la relation des deux premiers[27]. Quant au « signifié de la fonction objet », sa description n'est pas plus claire que celle du « sujet »; entachée de certaines confusions, elle peut provoquer quelques dérapages sémantiques et ramener aux définitions traditionnelles. L'objet « subit-il » l'action faite par le sujet? (l'action « transitant » ainsi par le verbe du sujet sur l'objet)? C'est le point de vue « traditionnel ». Or, nous dit-on, cette définition convient pour l'analyse d'un bon nombre d'énoncés[28], bien qu'elle souffre beaucoup d'exceptions. Car on ne saurait parler d'un transit d'action dans *il parcourt la rue*, ni dans *je sens le vent dans mes cheveux*. D'autre part, on constate que des syntagmes « autonomisés »[29] « rendent compte du même type d'expérience » : *il marche dans la rue* dit la même chose que *il parcourt la rue*.

L'objet contribue pour une large part (mais d'autres constituants peuvent jouer le même rôle) à « spécialiser » le verbe, c'est-à-dire à actualiser un trait sémantique potentiel du verbe. Ainsi *il boit de l'eau* exclut le sens de *il est alcoolique* suggéré par l'emploi absolu *il boit*. Entre *il creuse un trou* et *il creuse le sol*, faudra-t-il distinguer l' « objet effectué » et l' « objet affecté »[30]? En fait, on ne sait si le trait sémantique perçu appartient au verbe ou au substantif en fonction « objet ».

Fournissant ensuite un certain nombre d'exemples d'interprétation sûrement délicate (*respirer la santé, faire une bonne épouse*, etc.), M. Mahmoudian conclut qu'avec l'objet on se trouve dans « une zone limitrophe entre syntaxe et sémantique ». Certes, mais où, dans la langue, est-on à l'abri de ces interférences?

Il y a de l'arbitraire à décider que l'énoncé minimal canonique sera à deux termes, bien que des objets (ou même des syntagmes autonomes) puissent être obligatoires (non effaçables). Retenir *il met* comme énoncé minimal de *il met son chapeau* contredit le souci de réalisme affiché par l'école fonctionnaliste. Cela contredit aussi la définition donnée de l'énoncé minimal : c'est un énoncé pronon-

27. Frédéric FRANÇOIS, La description linguistique, in *Le langage*, Encycl. de la Pléiade, Paris, 1968, p. 262.
28. MAHMOUDIAN, *Pour enseigner*, p. 173.
29. C'est-à-dire, ici, « circonstanciels ».
30. *Ibid.*, p. 174.

çable isolément[31]. L'exclusion mutilante de l'objet hors de certains énoncés minimaux aide d'ailleurs peu, comme on l'a vu, pour atteindre à une définition syntaxique de l'objet.

A cet égard, que le même type d'expérience s'exprime aussi bien par un « autonomisé » que par un objet cela n'a rigoureusement aucune portée syntaxique. (D'ailleurs, dans l'exemple choisi, plusieurs facteurs ont été modifiés : *il marche dans | il parcourt.*)

Il est typique que l'on se demande si le trait sémantique d'objet « effectué » ou d'objet « affecté » appartient au verbe ou au substantif objet. Et s'il n'appartenait en propre à aucun d'eux? S'il résultait — au niveau des déductions de bon sens — de la conjonction de deux facteurs :

1. La mise en contact des deux contenus lexicaux (le fait de « creuser » | « trou », ou « terre »).

2. La relation objectale instaurée entre ces deux termes. Se demander *auquel* des deux termes il convient de rapporter l'effet de sens en question, cela revient à ignorer, ou du moins à estomper le rôle de la relation, au bénéfice des termes (de l'un des termes) en relation. Et, en conséquence, à prendre pour relation ce qui est seulement le reflet de facteurs extra-relationnels (c'est-à-dire de traits lexicaux des termes en relation). C'est pourquoi, pour l'objet comme pour le sujet, le fonctionnalisme ne se débarrasse pas vraiment des « définitions » sémantiques traditionnelles. De même qu' « agent » était donné pour un signifié (possible, fréquent) de la fonction sujet, de même l'appellation de « patient » reparaît pour l'objet[32]. Dans un contexte comme *Les enfants lisent des livres,* « patient » nous dit-on, est un trait sémantique de l'objet[33]. A notre avis, le trait « patient » est étranger à la relation *lisent-livres*; il découle seulement d'une interprétation, au reste très sensée, des rapports qui peuvent s'instituer entre deux *concepts,* quelle que soit leur relation syntaxique; à preuve les structures *différentes* où entre le même « *patient* » livres *(des livres sont lus ; la lecture des livres)*.

31. Mahmoudian, *Pour enseigner,* p. 153 : l'énoncé minimal est : 1) expansible; 2) prononçable isolément; 3) à fonctions marquées; 4) indépendant du contexte; 5) indépendant de la situation.
32. *Guide alphabétique,* p. 19, où le « type de rapport » correspondant à l'objet est donné comme « patient ».
33. Mahmoudian, *Pour enseigner,* p. 174.

L'autonomie syntaxique

Les monèmes — ou syntagmes — d'une langue se classent en :
— autonomes,
— fonctionnels (indicateurs de fonction),
— dépendants[34],

et A. Martinet souligne l'importance de cette tripartition[35]. Les monèmes « dépendants » ne signalent pas par eux-mêmes leur fonction dans la phrase : *le livre* est susceptible d'occuper plusieurs positions syntaxiques différentes.

Au contraire, les « autonomes » n'entretiennent « qu'un seul type de rapport avec le reste de l'énoncé »[36] parce que l'indication de leur *fonction* « fait partie de leur sens »[37]. C'est pourquoi ils sont *déplaçables* sans que se modifie le sens de l'énoncé[38] : *il est venu hier = hier il est venu*[39]. Enfin les « fonctionnels », par exemple les prépositions, « autonomisent » (M. Mahmoudian) un syntagme en apportant une marque non ambiguë de sa fonction.

Conformément à ces définitions, un énoncé latin comme *pater uidet puerum* sera considéré comme formé de trois segments autonomes, chacun d'eux signalant sans équivoque sa fonction.

La répartition proposée suscite quelques réserves : si l'on généralise la remarque faite sur le latin, on doit constater que la désinence d'accusatif — censée « autonomiser » *puerum* — est loin d'être univoque (on connaît la polysémie de cette marque casuelle !). Si une fonction précise (objet) est attribuée à *puerum*, c'est sans doute parce qu'il est à l'Ac, mais aussi parce que, vu le contenu *lexical* de son thème, d'une part, et les valeurs lexicale et grammaticale

---

34. A. MARTINET, *Langue et fonction*, p. 60; *Guide alphabétique*, p. 114.
35. *Langue et fonction*, p. 73.
36. A. MARTINET, *ibid.*, p. 81.
37. Frédéric FRANÇOIS, *La description linguistique*, p. 256.
38. *Ibid.*, p. 59.
39. La « déplaçabilité » du syntagme (monème) autonome pose d'ailleurs des questions assez difficiles. Cf. sur ce point F. FRANÇOIS, *ibid.*, p. 257. Les auteurs semblent conclure que si la déplaçabilité est un critère sûr de l'autonomie, la non-déplaçabilité n'est pas une preuve certaine de non autonomie (c'est-à-dire de « dépendance »). Cependant, comme le remarque justement Hubert MAËS (*Au sujet de l'autonomie syntaxique*, dans le recueil collectif *Recherches en syntaxe*, Paris, L'Asiatèque, 1977, p. 137-148), plusieurs ouvrages d'inspiration fonctionnaliste confondent autonomie et déplaçabilité, en se fondant d'ailleurs sur des définitions un peu rapides d'A. Martinet.

du contexte, il peut assumer la fonction-objet. Avec un autre verbe
(sémantiquement « se déplacer ») et l'Ac *mille passus*, les syntagmes
ne seront pas moins « autonomes » mais la « fonction » toute différente. On ne peut donc pas affirmer simplement que la fonction
d'un syntagme à l'Ac découle directement (et uniquement) du
sens dudit syntagme. De la même façon le N *pater* n'assume la
fonction « sujet » que parce que le contexte lui interdit le rôle
d'attribut, par exemple, ou celui d'apposition. Or, prendre en
considération le contexte, les contenus lexicaux, etc., pour définir la
fonction, c'est soumettre celle-ci à certaines contraintes extérieures
au syntagme, c'est refuser au syntagme l'autonomie syntaxique.

En français, ce sont des adverbes comme *hier* que les fonctionnalistes choisissent d'abord comme exemple des monèmes autonomes, soulignant qu'aucune place ne leur est assignée dans
la phrase, et que leur sens paraît les vouer à une fonction unique.
Or, même les monèmes comme *hier* illustrent mal le concept
d'autonomie. Leur « déplaçabilité » n'est pas totale ; on ne dit pas

X a hier répondu à Y

alors qu'on peut dire :

X a vite répondu à Y.

Enfin, la « fonction » ne découle pas immédiatement du « sens »
puisque *hier* peut tenir le rôle d'un sujet, d'un objet, d'un complément de nom : *hier a été une belle journée ; oublie hier, pense à demain ;
la journée d'hier...*

D'autre part, ces monèmes adverbiaux sont loin d'être les
seuls membres de la catégorie « autonome ». On doit y ranger aussi
une foule de syntagmes comme : *le jour, la nuit, l'été, dimanche* (indications de temps) et encore *huit jours, cinq kilomètres, dix francs*, etc.
A. Martinet signale que le maltais, par exemple, emploie sans
préposition « locative » les toponymes (« Je suis Malte ») ; et le
français dit de même : *habiter rue Blanche*[40].

Peut-on vraiment affirmer que tous ces syntagmes, par leur
sens, sont voués à « n'entretenir qu'un seul type de rapport »

---

40. Selon H. Maës, *ibid.*, p. 140, le japonais possède en abondance des syntagmes
dépourvus de tout indice de fonction, et qui ne marquent cependant pas cette fonction
par leur place dans l'énoncé.

avec l'énoncé? Certainement pas : à côté de *ceci coûte dix francs*, on dira *j'ai perdu dix francs* ou *dix francs ne sont pas une grande somme*. On pourra même « autonomiser » ce prétendu syntagme autonome : *avec dix francs que peut-on acheter?*

Lorsqu'un syntagme paraît autonome au sens fonctionnaliste, c'est-à-dire lorsque son sens lui impose sa fonction, il faut prendre garde que l'auditeur (le lecteur) a opéré une sorte de choix négatif, par élimination. Dans *Paul a acheté ce stylo dix francs*, la fonction traditionnellement appelée « complément circonstanciel de prix » est attribuée à *dix francs* pour deux raisons :

— la première, et la moins bonne, c'est qu'elle « colle » admirablement au contenu lexical;

— la seconde (mais en vérité la seule bonne), c'est parce que les fonctions syntaxiques primaires sont déjà occupées dans cette phrase.

On dirait même avec quelque raison que la liaison établie entre sens et fonction n'a aucun intérêt syntaxique. Le concept de « valeur monétaire » est tout à fait étranger à la syntaxe (bien qu'il soit repris dans la dénomination traditionnelle, sémantique, de ce type de complément). L'important pour la construction de la phrase, c'est que *dix francs* se trouve à l'*extérieur* du noyau formé par le « sujet », le verbe et « l'objet ».

Le concept d'autonomie syntaxique nous paraît donc peu utilisable[41]. Dans les cas où l'on croit reconnaître un syntagme comme « autonome », on tient compte sans y penser de facteurs tout à fait étrangers au sens. D'ailleurs quelle portée peut avoir cette notion en linguistique générale, puisqu'elle s'applique selon les langues à des éléments très différents de l'énoncé : à un grand nombre de circonstants en français, à l'exclusion du sujet et de l'objet, mais à ces derniers aussi en latin par exemple?

Aperçu de quelques autres questions : la phrase nominale

Bien d'autres chapitres de la doctrine fonctionnaliste — qui touchent directement à notre sujet mais que nous ne pouvons

---

41. Comme l'observe justement N. Ruwet, *Introduction à la grammaire générative*, p. 103, la théorie de l'autonomie est incapable d'expliquer l'ambiguïté de *J'ai reçu un livre de Pierre*.

qu'effleurer — mériteraient d'être examinés de près. Ainsi la théorie de la phrase nominale telle que l'expose M. Mahmoudian[42]. Il en distingue deux variétés :

1) La phrase nominale à « actualisateur », c'est-à-dire introduite par *c'est, voici, il y a, il faut...*

2) La phrase nominale sans actualisateur : *inutile de chercher; charmants ces enfants...*

Dans le premier type, il définit les « actualisateurs » comme « une classe restreinte d'éléments plus ou moins figés nécessaires à la constitution d'un certain type d'énoncé à prédicat nominal » (définition qui ne va pas sans pétition de principe). L'étonnant, pourrait-on observer, c'est que les modalités temporelles — ailleurs liées au verbe-prédicat — appartiennent à l'actualisateur *(il y avait, il y a eu)*; que d'ailleurs ces divers actualisateurs ne sont pas synonymes; qu'ils apportent donc autre chose qu'une fonction d' « actualisation »; qu'ils sont susceptibles de recevoir toute une kyrielle d'expansions *(malgré l'interdiction, il y a eu hier à 18 heures devant l'ambassade une manifestation)*. A l'exception de *voici, voilà*, ces « actualisateurs » se comportent essentiellement comme des verbes. Sur ce point encore A. Martinet va moins loin que son disciple. Il analyse certes

il y avait une manifestation

comme syntagme actualisateur *(il y avait)* + prédicat *(une manifestation)*[43]. Mais il ne manque pas de signaler que d'autres peuvent voir dans *manifestation* un « sujet » et dans *il y avait* un « prédicat ». On ajouterait volontiers que si certaines langues étrangères auxquelles il renvoie (cambodgien) disent *manifestation* tout court pour signifier « existence de » + « manifestation » (c'est-à-dire « il y a (une) manifestation ») elles ne font que *prédiquer* implicitement l'existence de la chose énoncée explicitement « manifestation ».

Quant aux phrases nominales (ou plutôt non verbales) sans actualisateur, M. Mahmoudian reconnaît que « la structure de l'énoncé minimal (y) est très complexe ». Ne serait-elle pas moins opaque si on ne commençait pas à poser arbitrairement qu'il n'y

---

42. *Pour enseigner le français*, p. 147-150.
43. *Langue et fonction*, p. 57.

a pas ici de « sujet » du prédicat (c'est dur à admettre pour une phrase banale comme *charmants, ces enfants*); ou que le prédicat est l'élément « autour duquel *s'organise* l'énoncé ». (Que dire d'énoncés où le « sujet » est lourdement chargé d'expansions et de termes subordonnés : *Finies, ces vacances merveilleuses en montagne avec ses amis que..., qui... et qui...*)

Coordination et apposition

On peut certes définir la coordination comme la relation instituée entre deux ou plusieurs unités de même statut[44]; elles sont hiérarchiquement au même niveau; aucune n'implique l'existence d'aucune autre. On contrôle leur nature par le test d'effacement.

Il est dès lors difficile de suivre M. Mahmoudian lorsqu'il décrit comme des syntagmes coordonnés *Louis, roi de France...* Formellement *Louis* n'est pas effaçable (→ **Roi de France régna au dix-septième siècle*). Parler ici de « coordination zéro » n'explique rien; la coordination zéro *(J'aime les pommes, les poires, les prunes)* est remplaçable par une coordination explicite, ce qui n'est pas le cas dans **Louis et roi de France...*[45]. L'accord du verbe au singulier après deux syntagmes coordonnés (donc sujets) fait aussi question.

Cette observation serait assez marginale si l'auteur n'expliquait pas de la même façon la relation entre un nom, par exemple, et le fameux pronom « de reprise ». *(Lui, il chante.)* Vu la place considérable occupée par ce tour dans le français parlé, il est important de relever ce qui nous semble une erreur dans l'analyse des fonctions nominales. Observons d'abord que, si coordination il y a, elle est obligatoirement zéro, sans modification possible. Ensuite l'effacement d'un des deux termes est certes possible, mais non pas sans changements parallèles, dans la forme ou dans l'ordre des mots :

1 . *Lui, il me voit.*	Mais	2 . *Lui, je le vois.*
1′. *Lui me voit.*		2′. **Lui je vois.*
1″. *Il me voit.*		2″. *Je le vois.*

---

44. M. Mahmoudian, *Pour enseigner*, p. 218.
45. Si la coordination zéro s'explique ici par l' « identité des référents » (*ibid.*, p. 219), on notera le contre-exemple *X... est un savant et un homme de cœur.*

Enfin ces constructions de « reprise » ne peuvent pas s'étudier indépendamment du problème plus vaste de l'extraposition. Il est ici tout à fait évident que les deux termes mis en relation ne sont pas simplement effaçables ou interchangeables :

> 1 . *Mes parents, je leur dois tout*;
> 1'. **Mes parents je dois tout*;

le plus remarquable est sans doute en ce dernier cas l'absence de tout « monème fonctionnel » avec *mes parents*, ce qui devrait orienter l'analyse dans une tout autre direction.

Mais M. Mahmoudian ayant posé en principe que seul l'adjectif peut être *apposé* refuse de faire appel à quelque concept qui rappellerait celui de l'apposition.

Conclusion

Le fonctionnalisme a le mérite de se présenter comme une doctrine élaborée, sinon achevée et d'une utilisation assez commode. Il insiste à juste titre sur certains principes structuralistes : la double articulation du langage, la linéarité du discours, la distinction des fonctions et des effets de sens, la primauté de la structure sur l'unité, etc. Il est certain qu'il propose des définitions plus justes des « classes d'unités » (les anciennes « parties du discours »), comme on peut le voir à propos du français chez Mahmoudian pages 80 sq.

On a observé cependant que le cadre de la description fonctionnaliste est restreint et comme étriqué. Celle-ci devient embarrassée dès qu'elle s'éloigne d'un certain type d'énoncé canonique, la phrase à verbe personnel. Une conception réductrice du phénomène linguistique amène à écarter tout ce qui touche au problème de l'énonciation (notamment les déictiques). La pertinence des traits prosodiques n'est pas reconnue; on ne les signale, semble-t-il, qu'à contre-cœur[46].

Les fonctions syntaxiques elles-mêmes ne sont pas serrées d'assez près. Le schéma structural de la phrase est, en définitive, celui de Tesnière — moins la rigueur de Tesnière —, avec les mêmes

---

46. Cf. par exemple M. MAHMOUDIAN, *Pour enseigner*, p. 179, 199, 201, 206.

pétitions de principe (on croit partir du verbe seul, alors qu'on pose par mégarde un verbe *avec* son sujet). Le fonctionnalisme confond parfois — et plus souvent induit à confondre — une « *fonction* » et le *terme* assumant cette fonction ; il glisse ainsi vers des définitions séculaires, sémantiques et non pas syntaxiques, comme celle du sujet « agent » et de l'objet « patient ». La confusion, contre laquelle pourtant il se prétend en garde, entre fonction et signifié lexical éclate avec le concept d' « autonomie syntaxique » : la « fonction » serait ici imposée par le « sens » du syntagme. On a vu combien étaient fragiles les critères de cette autonomie, et son existence même. Dans la même voie asyntaxique, le fonctionnalisme peut en arriver à prétendre que le sens de certains énoncés n'est pas autre chose que « la somme de ses constituants »[47], par exemple dans *il arrive demain*.

Ce point de vue suppose la disparition de toutes les *relations*, qui se situent entre ces constituants et qui les cimentent en « phrase ». La même attitude, sémantique et entachée d'arbitraire, apparaît dans l'usage qui est fait de la notion d' « actualisateurs ».

On pourrait s'étonner qu'une syntaxe « fonctionnaliste » tienne si peu compte des fonctions. Ce serait oublier que cette école a d'abord revendiqué le titre de « fonctionnaliste » pour s'opposer aux behavioristes américains, en affirmant que le langage assumait fondamentalement une *fonction*, celle de communication.

47. M. MAHMOUDIAN, *Pour enseigner*, p. 77.

Chapitre X

LE GÉNÉRATIVISME :
« THE CASE FOR CASE »
DE CH. J. FILLMORE

Dans cet exposé publié en 1968[1], Fillmore, linguiste d'obédience chomskyenne, se propose d'aménager les procédures habituelles de la grammaire générative transformationnelle pour essayer d'atteindre le niveau le plus profond *(deepest level)* de la « structure profonde » (p. 88), c'est-à-dire l'ensemble universel sous-jacent des relations casuelles ou quasi casuelles *(case-like)*. Car, pour lui, les relations casuelles constituent les « termes primitifs » de la structure profonde (p. 2).

Pour situer la réflexion de Fillmore, nous verrons successivement :

1) les critiques qu'il formule à l'égard des explications antérieures;
2) sa conception générale de la phrase et des cas en structure profonde;
3) les procédures qu'il propose pour passer de la structure profonde aux réalisations de la structure superficielle.

---

1. Le travail connu sous le titre de *The case for case* a d'abord fait l'objet d'un exposé lors d'un « symposium » sur *Les universaux dans la théorie linguistique*, organisé à l'Université du Texas en avril 1967; il a été ensuite publié par les soins de E. BACH et R. T. HARMS dans le recueil *Universals in Linguistic Theory*, New York, 1968, p. 1-88.

I | CRITIQUES DE FILLMORE
CONTRE LES EXPLICATIONS ANTÉRIEURES

A) Toutes les théories antérieures ont *négligé l'étude du N*. Des grammairiens anciens estimaient, on le sait, que le N n'était pas lui-même *ptōsis*. Au début du siècle, C. F. W. Müller écrivait 170 pages sur l'Ac, une seule sur le N[2]; parce que le concept de « sujet de la phrase » était réputé assez clair pour ne pas appeler de commentaires[3]. Or, le contenu sémantique de la relation entre nom (N) et verbe est d'une extrême variété. En principe, il n'y a aucune raison de ne pas parler d'un N de l'agent / du patient / du bénéficiaire / de la personne affectée / de la personne intéressée / voire d'un N éthique[4].

B) Les théories antérieures se signalent par une grande *confusion des critères* utilisés pour l'étude des cas. Le classement est fait, tantôt sur des bases syntaxiques : ainsi lorsqu'on distingue le G complément de nom du G complément d'adjectif et du G complément de verbe. Les critères sont historiques lorsqu'on scinde l'Ab latin en Ab / I / L. Ils sont d'autre part sémantiques, mais dans leur maniement on confond parfois le sens lié à la forme casuelle et le sens dû au contexte (p. 7)[5]. Benveniste lui-même, dont on admire la démarche quasi générativiste dans son étude sur le G, fait appel à une explication diachronique lorsqu'il explique *liber pueri* comme une extension analogique à partir de *risus pueri* (p. 8, n. 8). Il conviendrait de rechercher des entités abstraites en dehors de celles qui peuvent se réaliser comme verbes *(risus)*[6].

---

2. C. F. W. MÜLLER, *Syntax des N u. Acc. im Lateinischen*, Leipzig, 1908. Cité par FILLMORE, p. 6.

3. Le N est, il est vrai, peu examiné par les grammairiens du XIXe siècle. Mais il tenait une large place chez les scolastiques et les grammairiens-philosophes de l'âge classique.

4. Plusieurs structuralistes (par exemple R. Jakobson) ont très bien aperçu cette diversité sémantique. Mais ils en tiraient une conclusion différente, estimant que les effets de sens résultant de la relation Nom-Verbe ne mettaient pas en cause le caractère syntaxique de cette relation.

5. Fillmore critique au passage De Groot.

6. On verra ci-dessous comment Fillmore aborde le problème du G.

C) Il est impossible de bâtir des systèmes casuels reposant sur l'identification d'une *Grundbedeutung* pour chaque cas. Selon Fillmore, les conceptions localistes sont aujourd'hui discréditées. On s'expose d'ailleurs au « vague » et à la « circularité » lorsqu'on veut caractériser sémantiquement les phénomènes superficiels.

D) La grammaire générative admet que les relations syntaxiques qu'implique la sélection des formes casuelles (que ces formes soient marquées par des désinences, par des prépositions, des postpositions, etc., p. 20) sont, soit « pures », soit « étiquetées ». Elles sont « pures » lorsqu'elles sont exprimables en termes de domination immédiate (par exemple « sujet » = relation entre le GN et la Phrase qui le domine immédiatement; « objet » = relation entre le GN et le GV qui le domine immédiatement). Elles sont « étiquetées » *(labeled)* lorsque la relation du GN s'exprime par l'intermédiaire d'une marque *(label)* de pseudo-catégorisation, comme « manière, extension, situation, agent », etc.

Fillmore objecte à cette vue traditionnelle en grammaire générative qu'il n'y a pas de valeur sémantique du « sujet » de surface qui ne puisse être exprimée par une relation « étiquetée »; et il conviendra d'ajouter à la grammaire un système de règles pour la création des « sujets de surface » (p. 17).

II | CONCEPTIONS GÉNÉRALES DE FILLMORE SUR LA PHRASE ET LES CAS

Ces critiques impliquent une conception personnelle de la phrase et des cas. A la différence de Chomsky, Fillmore propose pour la phrase le schéma suivant :

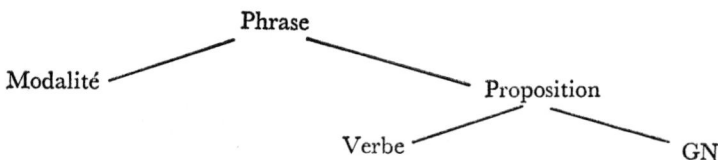

Phrase

Modalité   Proposition

Verbe   GN

(les GN étant en nombre non défini, mais au moins égal à 1)[7].
Les GN supportent des relations *(cases)* avec la proposition et
non pas avec le verbe. Ces relations sont « étiquetées ». Telle est
la structure au *deepest level* (Fillmore y insiste, p. 21, 31, 52
notamment).

C'est l'arrangement des « cas » qui détermine le type de la
phrase et qui entraîne, en particulier, le choix du verbe. Fillmore
édicte en règle qu'un cas donné n'est présent qu'une fois dans une
phrase donnée. Par conséquent, si une phrase présente plusieurs
formes casuelles apparemment identiques en structures superficielles, c'est qu'elle reflète plusieurs structures profondes (par
exemple, le double accusatif)[8].

L'auteur modifie les conceptions traditionnelles de la grammaire générative, en faisant du système casuel le *conceptual framework*
de la structure profonde. Il s'oppose aussi, il va sans dire, aux
théoriciens partisans de restreindre l'usage du concept de « cas »
aux langues pourvues de morphèmes casuels, comme Jespersen[9].
Les notions casuelles sont vraisemblablement universelles et innées
(p. 24). On peut d'ores et déjà distinguer parmi elles :

— l'agentif (A) : instigateur animé de l'action exprimée par le
  verbe;
— l'instrumental (I) : objet inanimé impliqué causalement dans
  l'action ou l'état exprimé par le verbe;
— le datif (D) : être animé affecté par l'action ou l'état;
— le factitif (F) : objet ou être résultant de l'action ou de l'état;
— le locatif (L) : position ou orientation spatiales de l'état ou de
  l'action[10];

---

7. On sait que pour Chomsky la phrase est figurée par :

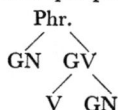

> Phr.
> GN   GV
>   V   GN

8. La règle semble difficile à maintenir pour les relations « circonstancielles »,
par exemple : « Il est arrivé l'an dernier, le 25 mai, à 15 heures. »
9. *Philosophy of language*, 1924, p. 186.
10. Il y a un L mais pas de « latif » (= directionnel). Cette opposition, toute de
surface, est déterminée par le caractère du verbe; après un verbe de mouvement,
l'anglais emploie la préposition *to*, après un verbe sans mouvement la préposition *at*
(to the store | at the store).

— l'objectif (O) : c'est le cas le plus neutre sémantiquement ;
son rôle dans l'action ou l'état exprimé par le verbe s'identifie
avec l'interprétation sémantique du verbe lui-même. (Il ne
faut pas le confondre avec l' « objet direct » ni avec le cas de
surface appelé Ac.)

Fillmore prend soin de répéter qu'il « faudra sûrement ajouter
d'autres cas » (p. 25). De fait, on voit apparaître un « béné-
factif » (B) (p. 32), un « comitatif » (p. 82). Il pense à inventer
« une ou deux catégories casuelles nouvelles » pour rendre compte
des phrases du type *X est Y* (p. 84), et songe à « plusieurs autres »
cas (p. 32).

Un problème majeur que rencontre l'auteur est celui des rapports entre le verbe et le GN reliés à la phrase par les cas. Le choix
du verbe est dicté par l'environnement casuel, le cadre casuel
(case-frame). Par exemple, *open* peut entrer dans un cadre défini
par

$$open + A$$
$$- \ + AO$$
$$- \ + O\dot{I}$$
$$- \ + AO\dot{I}.$$

Pour *kill*, on aura D (İ χ A) (les parenthèses signalent les cas
optionnels ; si les parenthèses de deux cas optionnels se recoupent,
l'un des deux est obligatoire) ; *run* peut être inséré dans un cadre
casuel A ; *give* dans un cadre AOD.

Fillmore ne dit pas clairement qu'un verbe est inséré dans tel
cadre casuel précis en raison des traits sémantiques qu'il a en lui.
Mais il lui arrive de parler de verbes « réclamant » un sujet animé
(ex. : *murder*, « assassiner »). Ailleurs (p. 28) il définit le verbe
par certaines propriétés transformationnelles de la phrase, comme
le choix du GN qui doit devenir, en surface, sujet ou objet ; ou le
choix des prépositions pour chaque élément casuel. Tout ceci
assez vague et trop rapide. La question se posait de savoir qui
avait la priorité, du verbe ou du cadre casuel. Tesnière choisissait
le verbe ; Fillmore, lié par sa conception de la phrase, affirme la
priorité du *case-frame*[11].

---

11. Les quelques précisions apportées par FILLMORE, p. 30-32, sont loin de suffire
pour éclairer cette question, qui est tranchée sommairement.

III | PASSAGE AUX STRUCTURES DE SURFACE

Le passage des structures profondes aux structures de surface se réalise par le jeu de divers mécanismes : marques casuelles; enregistrement dans le verbe lui-même de certains éléments (ex. : le passif); subjectivalisation; objectivalisation; ordre de séquence; nominalisation.

Les marques casuelles (ou, le cas échéant, prépositions, postpositions), qu'elles aient un contenu sémantique ou pas, sont la réalisation d'un élément sous-jacent que Fillmore représente par K. *Donc tout « groupe nominal » (GN) est à écrire K + GN* (p. 33).

A) *Le choix du sujet*

1) *La promotion.* — Si une phrase comprend un A (agentif) le sujet sera cet A. A défaut, il sera un I (instrumental) ou un O (objectif).

Soit la phrase de surface :

the door opened.

Elle s'écrit en structure profonde :

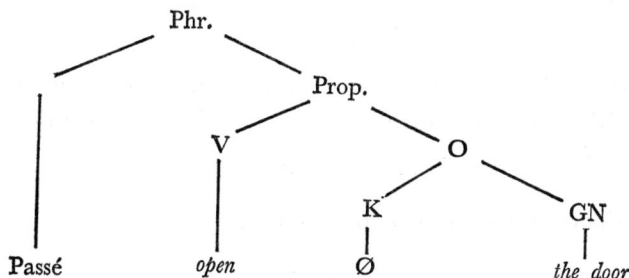

```
                    Phr.
            /                \
           |                 Prop.
           |              /        \
           |             V          O
           |             |        /    \
           |             |       K      GN
           |             |       |      |
         Passé         open      Ø    the door
```

Si l'on ajoute dans la structure profonde un A *by John,* la structure de surface devient : *John opened the door* où l'A *by John* est devenu « sujet » par effacement de *by* et passage en tête de la phrase.

De même la phrase

John gave the books to my brother

représente la structure profonde.

```
                    Phr.
          M                        Prop.
          |            V        O        D        A
          |            |       / \      / \      / \
          |            |      K   GN   K   GN   K   GN
          |            |      |   |    |   |    |   |
        Passé        give     Ø  the   to  my   by  John
                                  books    brother
```

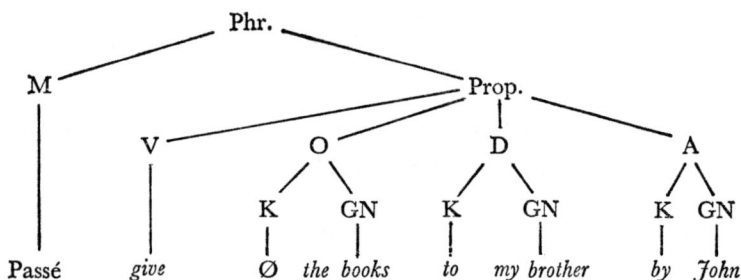

La promotion de *by John* au poste de « sujet » entraîne l'efface-ment de K = *by*.

Tel est le choix *normal* du sujet. Si le choix n'est pas « normal », le verbe « enregistre » cette situation en devenant passif : il prend la forme spéciale *given*; *be* est absorbé dans M.

Ainsi, la promotion de O (Ø *the books*) comme « sujet » aboutit à :

The books	*were*	*given*	*to my brother*	*by John*
O	(modalité	(V = give	D	A
	= passé + *be*)	+ passif)		

ou bien à :

My brother	*was*	*given*	etc.
D	M = passé + *be*		

2) *La répétition*. — Un autre procédé consiste à créer le sujet par répétition d'un constituant (p. 41). Soit la phrase de surface :

It is true that John likes Mary.

Elle s'écrit en structure profonde :

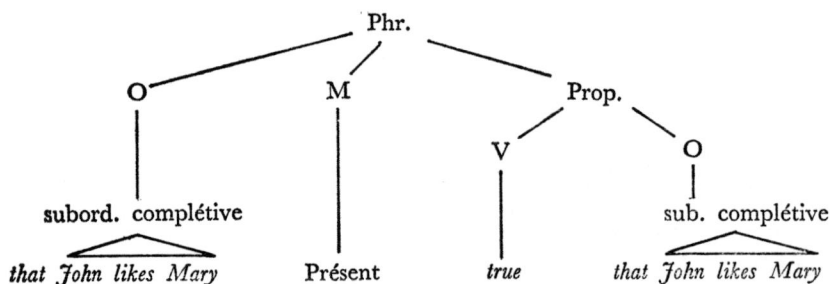

```
                        Phr.
        O              M              Prop.
        |              |          V          O
        |              |          |          |
   subord. complétive Présent    true   sub. complétive
   that John likes Mary                 that John likes Mary
```

Cette structure profonde peut subir l'effacement d'un des deux éléments répétitifs. L'effacement du second aboutit à :

$$\underbrace{\textit{that John likes Mary}}_{\text{complétive}} \quad \underset{\text{M}}{\textit{is}} \quad \underset{\text{V}}{\textit{true}}$$

L'effacement du premier entraîne l'introduction de l'anaphorique *it* :

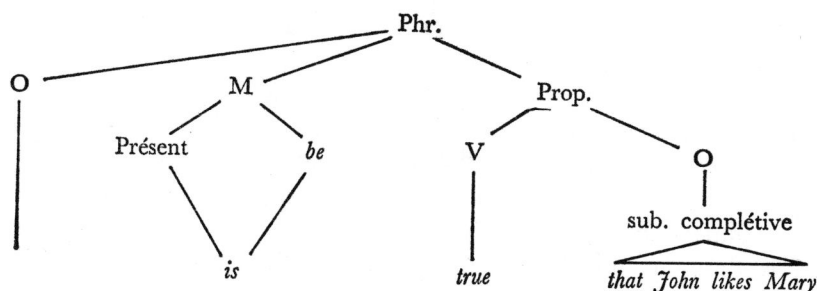

Phr.

O — M — Prop.

Présent / be | V — O

is | *true* | sub. complétive : *that John likes Mary*

B) *L'objet direct* de surface résulte, comme le sujet, de la neutralisation des distinctions casuelles sous-jacentes en une forme simple (privée de marque casuelle). Cette forme est appelée « complément d'objet » s'il y a déjà un « sujet » dans la phrase. Soit les exemples :

1) *John smeared paint on the wall* ;
2) *John smeared the wall with paint.*

Fillmore estime que *paint* est I. (Il s'écrit donc *with paint* en structure profonde) ; *wall* est L (= *on the wall*). L'objectalisation consiste à effacer la marque casuelle du GN choisi comme « objet » et à le déplacer à droite du Verbe.

De même, avec un cadre casuel DI, on obtient :

soit *present something to somebody,*
soit *present somebody with something.*

C) La *nominalisation* d'une phrase, avec effacement des distinctions casuelles profondes, engendre le génitif (p. 49 sq.).
Soit l'expression de surface :

John's books.

On écrira en structure profonde :

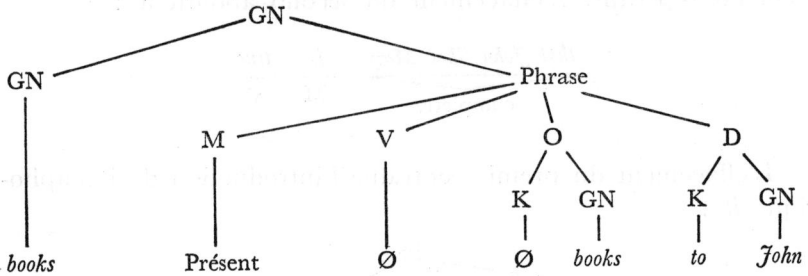

```
                    GN
         ┌───────────┴──────────┐
        GN                    Phrase
         │          ┌────┬──────┴────────┐
         │          M    V     O         D
         │          │    │    ╱ ╲       ╱ ╲
         │          │    │   K   GN    K   GN
         │          │    │   │   │     │   │
       books     Présent  Ø   Ø  books  to  John
```

Le passage à la structure superficielle se fait par effacement du GN répété *books*, suppression du temps et du verbe vide.

On observe que le GN destiné à devenir un génitif superficiel est en structure profonde un datif (D). C'est la forme qui se maintient dans une expression comme allemand *dem Vater sein Haus*. Mais l'anglais opère une conversion au G : *to John → John's*.

Il y a certes quelque élégance de la part de l'auteur à s'attaquer d'emblée aux emplois du G les plus difficiles, ceux que Benveniste et Kuryłowicz « expliquent » par l'analogie des abstraits verbaux. Pour ceux-ci *(amor Dei)* on partira, selon Fillmore, soit d'un A (= *deus amat*), soit d'un D *(X amat deum)*.

IV | OBSERVATIONS SUR LES THÉORIES DE FILLMORE

Définitions vagues

L'exposé de Fillmore contient plusieurs aperçus intéressants sur diverses questions : les rapports entre « être » et « avoir », la typologie linguistique. Nous les laisserons de côté, pour nous en tenir à l'essentiel de sa doctrine casuelle.

On est gêné en le lisant par l'insuffisante rigueur du *plan*. Les idées énoncées sur le verbe restent vagues. Il y a d'incessants retours en arrière. Les développements sont fort inégaux; la grammaire est vue, tantôt comme la Terre à partir d'un satellite, tantôt en photo microscopique.

Le *contenu des cas* n'est pas défini exactement. L'agentif A est l' « instigateur animé » (p. 24). Mais l'auteur prévient (n. 31) qu'il laisse de côté les phrases où cette fonction est assumée par des inanimés. Et que faire des notions abstraites? *(Le courage exige une âme ferme.)* La distinction entre D et O n'est pas nette. Fillmore lui-même hésite à limiter O aux inanimés (p. 25). Si O n'est ni « objet direct », ni « accusatif » (qui appartiennent à la surface), il appelle une définition profonde K; celle-ci, on l'a vu, est assez inconsistante. L'embarras de Fillmore est sensible dans son analyse du système anglais (p. 32) : A = *by*; İ = *by* (ou *with* si la phrase contient déjà A); OF = ø; B = *for*; D = *to*. Mais il reste très évasif sur les autres prépositions. Ainsi, pour les prépositions de lieu et de temps, il se borne à signaler :

1) Qu'elles peuvent être sélectionnées *par le nom* qui leur est associé : on *the street*, mais at *the corner*, on *Monday*, in *the afternoon*.

2) Ou bien elles ont un contenu sémantique, et leur choix résulte d'une option lexicale. Mais ici les exemples manquent. Faut-il inventer de nouveaux K pour « devant, derrière, sur, sous, etc. ? Et pour « Il regarde *de derrière* l'arbre » ? Quel cas tirera-t-on du contenu lexical de arbre? (Puisque on tire un L de *Chicago*, cf. *infra.*)

L'impression la plus fâcheuse c'est que la catégorie K, qui est l'étape ultime de la « structure profonde », reste une catégorie immensément ouverte, et vague par surcroît pour la plupart de ses membres[12].

Analyses erronées

1) Fillmore énonce la règle (p. 22) qu'on ne peut coordonner que des GN représentant le même cas. A partir des deux phrases,

— *Jean brise la fenêtre*
— *Un caillou brise la fenêtre,*

---

12. Tantôt le nom *semble* imposer un K (ou un choix limité entre 2 K); ceci en vertu de son contenu lexical. Tantôt il n'apporte aucune raison précise de choisir tel K. Ainsi *homme*, qu'on aurait tendance, pour des raisons lexicales, à écrire *K homme*, où K = A ou D, peut entrer dans une foule de syntagmes de « lieu », de « manière », etc.

on ne peut construire :

— **Jean et un caillou brisent la fenêtre.*

Ce qui prouve bien qu'en structure profonde Jean est un A, caillou est un İ.

On peut objecter qu'on dit en revanche très bien :

Il agit pour le bien de son pays et par haine de la royauté,

où l'analyse traditionnelle distingue un complément de but et un complément de cause (à transcrire avec les K assurément différents dans le système de Fillmore). On coordonne de même très bien cause et concession, but et concession (*parce que* et *bien que*, etc.).

Le raisonnement de Fillmore prouve seulement que la coordination réclame autre chose que l'identité des K ; et que, par exemple, l'association d'un animé humain *(Jean)* et d'un inanimé *(caillou)* produit un effet d'absurdité. Ce qui ne prouve en rien que la relation *syntaxique* entre *Jean* (ou *caillou*) et le verbe ne soit pas exactement la même. C'est le contenu *lexical* des termes choisis qui induit à interpréter la *même* relation syntaxique tantôt comme celle d'agent à action, tantôt comme celle d'instrument à action.

2) Différente est la question soulevée par la phrase inacceptable :

*Un marteau a brisé la vitre avec un burin.

Elle est inacceptable, selon l'auteur, parce que *marteau* et *burin* sont compris tous les deux comme des İ.

On dit cependant (p. 23) :

La voiture a heurté l'arbre avec son pare-choc.

Mais il faut bien observer ici, remarque Fillmore, qu'on peut dire :

le pare-choc de la voiture, etc.,

où s'exprime clairement que la voiture est « possesseur » du pare-choc. Dans ce cas, le sujet est constitué :

— soit par l'Î (avec le possesseur de l'Î au G);
— soit par le possesseur de l'Î;

et alors l'Î, introduit par *avec*, doit exprimer sa relation avec le possesseur, sous la forme d'adjectif possessif (*avec* son *pare-choc*). L'usage français s'inscrit en faux contre cette prétendue règle. On dit très bien :

> *La voiture a heurté une souche avec* le *pot d'échappement,* comme *Jean a heurté l'arbre* avec *le coude.*

Il n'apparaît aucune différence d'organisation syntaxique entre ces deux dernières phrases, en dépit de la différence des K de *voiture* et de *Jean*. Quant à l'irrecevabilité de *le marteau a brisé la vitre avec un burin,* elle est due simplement à son absurdité, et non pas à sa construction.

Comme on voit, Fillmore projette au plan *syntaxique* (superficiel) des valeurs qui reflètent — non sans une marge d'interprétation arbitraire — le contenu *lexical* (profond) des GN.

3) L'exposé de Fillmore ne manque pas de vues sommaires et d'*analyses expéditives.*

Il distingue par exemple *hear* de *listen* en associant le premier à un ordre casuel OD, le second à un cadre OA (p. 31). Où fera-t-on entrer *listen to* ? Au surplus, une active participation de la personne désignée par A est nécessaire pour *listen*; mais, curieusement, ce fait serait dû à la présence de A et non pas à un sens particulier de *listen*. D'autre part, *hear* peut avoir aussi le sens d' « active participation » reconnu à *listen,* par exemple quand il signifie « exaucer » *(Hear my prayer, o Lord!)* ; comment se passer ici d'un A ? On sent que l'auteur balance à attribuer tel ou tel trait sémantique au verbe ou au *case-frame*; mais il a dans l'ensemble tendance à les enlever au premier pour les reporter sur le second.

Le verbe *open* entre dans un cadre O ou AO (p. 33-34). Si le cadre ne compte que O, celui-ci est promu « sujet » (de surface) : *the door opened.* Mais en introduisant un A *by John,* c'est celui-ci qui devient « sujet », avec perte de sa marque casuelle d'A, et passage en tête de la phrase. Mais est-ce là une règle générale, ou une règle *ad hoc*? Fillmore n'en dit rien. Or, si l'on pose un autre cadre AO (où A = « par Jean », et O = « le lièvre »; « le livre », etc.), ce cadre est compatible avec des verbes comme « tuer », « parcourir », etc., soit :

> *Jean tue le lièvre,*
> *Jean parcourt le livre.*

La suppression de A devrait permettre à O de prendre la place du « sujet » :

> **le lièvre tue*
> **le livre parcourt.*

Il est vrai qu'avec les verbes « tuer » *(kill)* Fillmore a éludé l'objection en considérant « l'objet » comme un D (p. 28, 32)!

4) *Contradictions.* — Les structures de surface dépendent entièrement des structures profondes. Elles en sont un aménagement qui s'exprime, dans chaque langue, par des règles spéciales de transformation. Mais, il n'y a, à la limite, qu'une seule structure profonde universelle.

Dès lors, comment admettre que parmi les facteurs qui permettent le classement et le choix des verbes, il y ait, non seulement le *case-frame* profond (p. 27), mais aussi des données de *surface*; le choix de tel nom comme « sujet » ou « objet » par exemple; ou le choix des prépositions pour chaque élément casuel; ou encore des traits transformationnels spéciaux : comme le choix des « complémentiseurs » spécifiques pour les verbes suivis d'une complétive *(that/... -ing,* etc.).

Voilà des points rapidement énoncés par Fillmore (p. 28-29), qui ne semble pas apercevoir le va-et-vient qu'il institue commodément entre structures de surface et structures profondes.

5) *La transformation passive.* — Soit une phrase, dont le cadre casuel se compose de :

A : *par Mary,*
L : *sur le nez,*
D : *à John.*

Ce cadre admet le verbe *pincer* (p. 68), ce qui donne à peu près : *pincement — sur le nez à John — par Mary* (où *à John* est le D adnominal, transformable, on le sait, en G *de John*).

Si A est choisi comme « sujet », il perd sa marque K et passe en tête :

Mary pince le nez de John[13].

Si L est choisi comme « sujet » il perd naturellement son K, mais le verbe doit prendre le trait « passif » :

Le nez de John est pincé par Mary.

S'agit-il encore d'une vraie règle ou d'une description *ad hoc*? En plusieurs passages, les exemples de Fillmore contiennent un nom de ville *(Chicago)* toujours étiqueté L. Or, *Chicago* peut s'employer dans une foule de phrases comme « sujet » ou « objet » par exemple, sans qu'on puisse imaginer les transformations requises pour une telle promotion (*Chicago est une grande ville; j'admire Chicago*, etc.).

6) *La complétive et l'anaphorique.* — On a vu que Fillmore considère la subordonnée complétive comme O. Sans doute refuse-t-il, par principe, d'identifier O et le complément d'objet. Mais cet O peut être promu « sujet » de surface. D'autre part, lorsque la procédure de répétition aboutit au remplacement d'un des deux O par un anaphorique, Fillmore continue d'étiqueter la complétive « O »; il ne tient aucun compte du fait que seul l'anaphorique joue un rôle pleinement syntaxique, la complétive étant réduite au rôle d'interprétant sémantique. Ce rôle syntaxique de l'anaphorique peut être des plus variés, comme le savent tous ceux qui ont observé les phénomènes de corrélation, en latin par exemple (cf. *id.* (N)... *quod*; *id* (Ac)... *quod*; *propter hoc*... *quod*; *eo* (Ab)... *quod*, etc.).

Or, Fillmore ne lui reconnaît (n. 38) que le rôle de « sujet » d'un verbe intransitif, ou « d'objet » d'un verbe transitif.

---

13. On peut aussi tirer du même « cadre casuel » *Mary pince John sur le nez*, où le D profond *John* est promu « objet » de surface; cette transformation met en cause son étiquetage comme D adnominal en structure profonde (p. 73-74. De même sa promotion comme sujet avec verbe passif : *John est pincé sur le nez par Mary*).

7) *La procédure de répétition.* — L'une des procédures aboutissant à la création du « sujet » de surface est la répétition, avec effacement d'un des deux termes; quand le premier est effacé, il est remplacé par un anaphorique. C'est la transformation illustrée ci-dessus par les diverses formes de

> *it is true that John likes Mary.*

Mais ce processus sommairement — encore que fermement — énoncé rencontre quelques difficultés de taille. Ainsi, pages 42-44, l'auteur pose que les verbes météorologiques ont un cadre L^{14}. Soit un L *studio* (à noter par conséquent *in the studio* en structure profonde) et un verbe *hot*. La phrase qui les réunit aura donc la forme profonde :

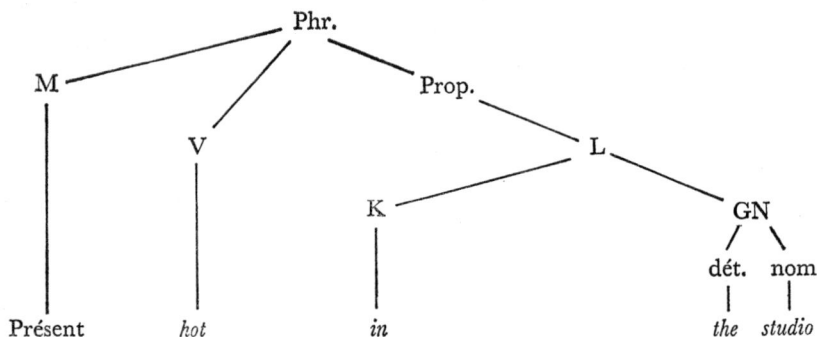

```
                    Phr.
        M          /        Prop.
        |        V              L
        |        |        K          GN
        |        |        |        / \
      Présent   hot      in     dét. nom
                                 |    |
                                the studio
```

Avec passage de L en position initiale (et effacement de K), on aura :

> *the studio is hot*[15].

Mais on peut aussi répéter le L, de façon à avoir :

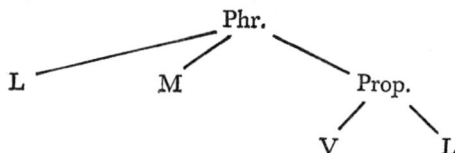

```
              Phr.
      L     M        Prop.
                    /    \
                   V      L
```

---

14. Où est le *case-frame* L dans « il pleut » ?
15. La promotion de ce L comme « sujet » ne semble pas entraîner de transformation passive, à la différence du *nez de John* (cf. ci-dessus).

soit :

> *in the studio is hot in the studio.*

L'effacement du premier L, et son remplacement par la « pro-form » *it*, donnent finalement le tour usuel :

> *it is hot in the studio.*

L'assurance superbe de l'auteur ne peut faire méconnaître que *it* ne saurait en aucune manière être ici la « pro-form » de *in the studio*!

Sémanticisme

Fillmore signale à la fin de son étude (p. 88) qu'on lui a reproché d'être trop motivé par des considérations sémantiques. Loin de s'en défendre, il s'en fait gloire; car le niveau syntaxique n'est qu'un niveau intermédiaire, d'ailleurs difficile à situer exactement, entre la structure superficielle et la structure la plus profonde, qu'il se flatte d'avoir atteinte, et qui est sémantique. Les propriétés de ce niveau syntaxique ont d'ailleurs plus à voir, dit-il, non sans polémique, avec les engagements méthodologiques des grammairiens qu'avec la nature des langues humaines.

Que tout dans la langue soit en dernière instance de caractère sémantique (ou psychologique), qui le niera, si l'on entend par là que les fonctions syntaxiques ont elles aussi bien évidemment une signification. Mais on a vite fait de commettre des confusions dans le maniement des unités porteuses de sens; il semble que Fillmore n'évite pas ce piège.

D'abord l' « étiquetage » qu'il propose pour les noms ressemble à un paradigme (incomplet d'ailleurs) de « fonctions » : c'est ce qu'évoquent les termes d' « agentif », « objectif », « instrumental », « datif », etc. Or, chaque *label* est très ouvertement commandé par le contenu lexical du nom. *Chicago*, encore une fois, n'appartient à la catégorie du *locatif* qu'en vertu de sa signification. Au *deepest level* il n'existe donc que comme K + *Chicago*, où K est une préposition de lieu. Il n'y aura aucune difficulté pour *il pleut à Chicago*; cette phrase « de surface » n'est pas autre chose que la juxtaposition d'un verbe (compatible avec un L, mais lequel ne l'est pas?) et d'un syntagme L. Mais expliquer le *passage* de ce L profond aux emplois superficiels d'objet, de sujet, de complément de nom, d'attribut, etc., relève de l'acrobatie. De même, *caillou* doit le *label* İ à son contenu lexical (à l'expérience qu'il reflète). Il va falloir s'échiner, au prix d'innombrables procédures *ad hoc*, à tirer de cet İ profond toutes les positions imaginables en surface : *ce caillou est rond ; j'admire ce caillou ; le minéralogiste ne pense qu'aux cailloux...* Manipulations auxquelles ne se risque pas Fillmore (sauf pour le « sujet »), et qu'on jugera aussi farfelues que peu économiques. Et quelle étiquette collera-t-on sur les concepts abstraits? Peut-être aurait-il fallu multiplier les « traits sémantiques » profonds pour motiver tant soit peu la transition vers les structures superficielles? Fillmore s'engage un peu dans cette voie, lorsqu'il caractérise *homme* comme A et D à la fois. Mais c'est en fait un faisceau très fourni de traits « sémantiques » qui est nécessaire... et alors les structures profondes ne structurent plus rien.

Ce qui est beaucoup plus grave, c'est que Fillmore, soucieux pourtant, à l'en croire, de *motiver* les tours syntaxiques (comme le *sens* des morphèmes fonde la pertinence des phonèmes), ne s'est pas avisé que les fonctions possèdent en elle-mêmes une signification, indépendamment du contenu lexical des éléments qu'elles mettent en rapport. Il part pourtant du « cas » fondamental par excellence, celui du « sujet », toujours présent dans le genre de phrases qu'il étudie. Mais loin de reprocher aux grammairiens antérieurs — voire contemporains — de caractériser le sujet comme « agent », ou « patient », ou désignant la personne « intéressée » ou « affectée », etc., il regrette en somme qu'ils n'aient pas élargi la gamme de leurs *labels* à tous les cas imaginables, İ, O, L, etc. Les « effets de sens » qui obnubilent la fonction-sujet, il les multiplie, en retrouvant un « locatif profond » ou un « objectif profond » sous les apparences superficielles. Or ces effets de sens, abusivement rapportés au cas « profond », représentent le plus souvent le produit de l'association de deux (ou plusieurs) lexèmes. Si l'on dit *un caillou a cassé la vitre*, on déduit de cet ensemble, sachant bien que ledit caillou n'agit pas spontanément, qu'il est comme un instrument lancé par un agent (non défini). Mais dans *le caillou roule sur la pente*, personne ne songe à un instrument, aussi profond soit-il. Si le même *Marc* est mis en rapport avec *court*, il est « agent »; avec *souffre*, il est « patient »; avec *reçoit un cadeau*, il est « bénéficiaire ». On le prendrait volontiers pour un Marc-Protée, si l'on oubliait que ces étiquettes successives ne se justifient que par référence à l'ensemble de la situation énoncée, dans laquelle *Marc* est impliqué, et non pas à partir du seul lexème *Marc*.

A suivre Fillmore, on s'égare dans une vraie broussaille sémantique parce qu'on confond à tout moment des effets de sens largement dépendants du lexique avec les relations instituées *entre* les unités lexicales. Soit un nom N : en vertu de son « sens » le plus banal, Fillmore va l'étiqueter « instrumental » par exemple. Puis tout son effort va porter à montrer comment ce prétendu İ se réalise comme « sujet » de surface par exemple (encore une fois, il peut émerger dans la structure superficielle en bien d'autres positions, sur lesquelles l'auteur reste très peu explicite). Et Fillmore en reste là; c'est-à-dire au point exactement où la syntaxe commence. Si N est un nom et V un groupe verbal, l'auteur épilogue sur des données que l'on peut schématiser ainsi :

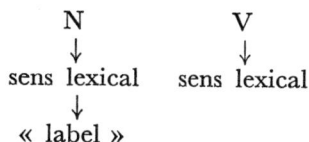

$$
\begin{array}{cc}
\text{N} & \text{V} \\
\downarrow & \downarrow \\
\text{sens lexical} & \text{sens lexical} \\
\downarrow & \\
\text{« label »} &
\end{array}
$$

Il laisse de côté ce qui, à partir de N et de V, *crée* une phrase (ou la base nécessaire d'une phrase), c'est-à-dire :

$$\text{N} \leftrightarrow \text{V}$$

autrement dit la relation d'implication mutuelle qui unit ces deux éléments. Dans les limites d'une certaine convenance sémantique, cette relation *syntaxique* est la même, quel que soit l'effet de sens, secondaire, produit

1) par la co-occurrence des lexèmes N et V;
2) par leur mise en relation.

Fillmore déclare que la théorie localiste des cas est aujourd'hui discréditée (p. 9)[16]. Or, le défaut principal de cette théorie n'est

---

16. Après l'ouvrage de FILLMORE, a paru en 1971 *The grammar of case, Towards a localistic Theory*, par J. M. ANDERSON, Cambridge University Press.

pas tant d'être « localiste », mais de ramener toute la construction de la phrase à un certain nombre de significations. De ce point de vue, elle ne diffère pas des doctrines qui proposent un ensemble de *Grundbedeutungen* (ou de *Gesamtbedeutungen,* ou de *Grundbegriffe*). D'une façon encore plus systématique, Fillmore accole par principe à tout nom, un « K » porteur de sa « valeur casuelle profonde ». Il y a chez lui comme chez les autres la recherche d'une sorte de transcendance par rapport au monde des apparences; que cette transcendance trouve son domaine en profondeur plutôt qu'en hauteur n'ayant aucune importance.

Ce faisant, il commet bon nombre d'erreurs, dues à une systématisation hâtive. Il laisse dans l'ombre une masse de données essentielles (la phrase à verbe « être », les tours prédicatifs, l'objet « interne », cf. p. 81 sq.). Mais surtout il tombe, comme d'autres, dans cette erreur singulière pour un chercheur en syntaxe, qui est de délaisser les phénomènes proprement syntaxiques.

CONCLUSION

La réflexion sur la syntaxe des cas — et particulièrement celle des cas en latin — s'exerce sur des *données* assez connues. Les grammairiens de l'Antiquité les avaient déjà réunies. Le xvie siècle, après quatre siècles consacrés davantage à la spéculation qu'à la description, redécouvre en quelque sorte les faits, en pousse l'analyse, et définit la synchronie de référence : l'âge classique. Depuis le Moyen Age, on a appris à distinguer l'adjectif du nom. Mais on ignore, autant que Priscien, l'existence d'un locatif par exemple. La connaissance progresse d'une façon prodigieuse à partir du xixe siècle : l'histoire et la comparaison s'intègrent à la grammaire.

Mais l'*explication* des données a-t-elle avancé de la même manière ? Souvent négligée chez les Anciens, peu cohérente chez ceux qui l'esquissaient, elle triomphe au xiiie siècle, mais assujettie à des vues métaphysiques : les postulats scolastiques, considérés comme vrais, transmettent leur vérité aux règles grammaticales qui en découlent. D'une manière assez étonnante, le rationalisme classique, sans dédaigner les faits, les subordonne à des schémas logiques qui jouent chez Sanctius et chez Lancelot le même rôle que les *modi* de l'être et de l'esprit chez les théologiens médiévaux. *Raison* et *Nature*, d'ailleurs très vaguement définies, commandent la réalité du langage : d'où le recours immodéré à l'ellipse pour ramener à la norme les tours apparemment non conformes. Le xixe siècle condamne cet apriorisme stérilisant; il retourne aux

faits, amoncelle une masse jamais vue de données sûres; il marque
en revanche le plus souvent une réserve extrême à l'égard des
théories (sans exorciser tout à fait le mythe de la « langue primitive »). Le xxᵉ siècle poursuit la quête des données, mais, par
l'action des courants structuralistes, il rend toute leur place aux
questions de doctrine et de méthodologie. Contre l'historicisme,
il démontre la nécessité d'observer les faits linguistiques en synchronie. Et les systèmes proposés par tous ceux qui s'inspirent de
l'enseignement de Saussure veulent être des explications des structures casuelles de l'époque latine classique.

Les divergences radicales qui opposent les diverses écoles
modernes offrent certes l'occasion d'une réflexion enrichissante.
Elles ouvrent des perspectives différentes qui peuvent se révéler
fructueuses. Elles autorisent aussi à poser l'hypothèse que des erreurs
ont été commises, soit au plan théorique, soit dans la constitution
même des corpus ou dans la manière de considérer les données
casuelles. Ainsi, pour la doctrine, Tesnière et Happ d'une part,
Fillmore d'autre part, adoptent au départ des points de vue
inconciliables sur la question capitale des rapports du nom et du
verbe. D'une façon très générale, le problème des relations entre
syntaxe et sémantique reste constamment à résoudre. La recherche
de signifiés unitaires pour chaque cas (qu'il s'agisse de *Grundbedeutung*, de *Gesamtbedeutung* ou de *Grundbegriff*), conduite parfois au nom
de l'unité du signe, ne nous ramène-t-elle pas à une théorie trans-
cendentale ? Les structuralismes (y compris le chomskysme) pourraient rejoindre — au-delà de la puissante information héritée
du xixᵉ siècle — les positions des scolastiques et des rationalistes
classiques; ici et là même ambition d'explication totale, voire,
pour certains, universelle. A notre avis, ce « totalisme », comme
disait Hjelmslev, conduit à une impasse; ou plutôt il nous a déjà
conduit à une impasse.

Ce qui est, selon nous, une erreur théorique, entraîne des
conséquences graves dans des domaines qui semblent moins ambi-
tieux : quel corpus faut-il prendre en considération en vue d'une
explication synchronique ? Tous les courants structuralistes répondent : l'ensemble des faits appartenant à la synchronie visée,
c'est-à-dire l'ensemble des faits contemporains. Mais est-on sûr
que les données simultanément présentes soient toutes significatives ?

Et si elles ne le sont pas, quelles procédures permettront de faire le tri des faits *synchroniquement pertinents* ?

Il y a d'autres points très incertains au fond. Ainsi, pour telle langue flexionnelle, on considère d'emblée, comme allant de soi, qu'à l'ensemble des signifiants casuels correspond un ensemble de signifiés exprimant tous des fonctions syntaxiques. A l'unité du procédé formel on fait correspondre l'unité de la catégorie signifiée. Ce postulat demande vérification. Les résultats de l'enquête seront de nature à remettre en cause plusieurs idées reçues. Il est aussi frappant que l'analyse des cas continue de négliger l'étude syntaxique des prépositions, et celle — qui devrait être éclairante — des syntagmes non casuels.

Sans allonger ce catalogue critique, disons que des progrès sont sûrement possibles, à deux conditions :

— le respect absolu des données du langage;

— une réflexion sur les concepts fondamentaux des structura- lismes, visant à les mettre au point, à les rendre plus opératoires, et à éviter le piège d'une certaine métaphysique.

Dans de prochaines études, nous essaierons de montrer quels résultats permet d'espérer la démarche esquissée ci-dessus.

BIBLIOGRAPHIE

ARNAULT et LANCELOT, *Grammaire générale et raisonnée*, Paris, 1660 (Republications Paulet, Paris, 1969).

ARNAULT et NICOLE, *Logique*, Paris, 1662.

BACON (R.), *Summa grammatica*, ed. R. STEELE, Oxford, 1909, fasc. 15.

BARWICK (K.), Remmius Palaemon und die römische ars grammatica, *Philologus*, Supplement band XV, 2, Leipzig, 1922.

— *Probleme der stoischen Sprachlehre und Rhetorik*, Abhandlungen der sächsischen Akademie der Wissenschaften zu Leipzig, Philol.-hist. KL, Bd. 49, Hft. 3, Berlin, Akademie Verlag, 1957.

BAUM (R.), *Dependenz-Grammatik, Tesnières Modell der Sprachbeschreibung in wissenschaftsgeschichtlicher und kritischer Sicht* (= Beihefte zur Zeitschr. f. roman. Philologie), Tübingen, 1975.

BENNETT (Ch. E.), *Syntax of Early Latin*, II : *The cases*, Boston, 1914.

BENVENISTE (E.), Pour l'analyse des fonctions casuelles; le génitif latin, *Lingua*, *11*, 1962, 10-18 (= *PLG* I, 140-148).

— *Problèmes de linguistique générale*, I, II, Paris, 1966-1974.

BERNHARDI (A. F.), *Anfangsgründe der Sprachwissenschaft*, Berlin, 1805.

BLANCHÉ (R.), *La logique et son histoire*, Paris, 1970.

BLOOMFIELD (L.), *Le langage*, Paris, 1970 (éd. originale, 1933).

BOÈCE LE DANOIS, *Modi significandi*, éd. J. PINBORG et H. ROOS, Copenhague, 1969 (= *CPDMA* IV).

BRUGMANN (K.), *Grundriss der vergleichenden Grammatik der indo-germanischen Sprachen*, 2ᵉ éd., 4 vol., Strasbourg, 1897-1916.

— *Abrégé de grammaire comparée des langues indo-européennes*, trad. franç., Paris, 1905.

BRUNOT (F.), *Histoire de la langue française*, Paris, nouv. éd., 1966.

BUSSE (W.), *Klasse - Transitivität - Valenz. Transitive Klassen des Verbs im Französischen* (= Internat. Bibliothek für allgem. Linguistik, hrg. von E. COSERIU, Bd. 36), München, 1974.

CALBOLI (G.), *La linguistica moderna e il latino*; *I casi*, Bologna, 1972.

CHEVALIER (J.-C.), *Histoire de la syntaxe*, Genève-Paris, 1968.

CHOMSKY (N.), De quelques constantes de la théorie linguistique, in *Problèmes du langage*, Paris, 1966, p. 14-21.

— *Structures syntaxiques*, Paris, 1969 (éd. originale, 1957).

CHOMSKY (N.), *Aspects de la théorie syntaxique*, Paris, 1971 (éd. originale, 1965).
— *Le langage et la pensée*, Paris, 1970 (éd. originale, 1968).
— *La linguistique cartésienne*, Paris, 1969 (éd. originale, 1966).
COLLART (J.), Varron grammairien latin, *Publications de la Faculté des Lettres de Strasbourg*, fasc. 121, Paris, Les Belles-Lettres, 1954.
— Varron, *De Lingua Latina*, liv. 5, éd. Paris, 1954.
Corpus Philosophorum Danicorum Medii Aevi (= *CPDMA*), Copenhague, cf. BOÈCE, JEAN, MARTIN, SIMON.
COSERIU (E.), *Sprache. Strukturen und Funktionen*, Tübingen, 1970.
DAHLMANN (H.), *Varro und die hellenistische Sprachtheorie*, Berlin, 1932.
— *Varro De Lingua Latina Buch*, VIII, 1940.
DE GROOT (A. W.), Les oppositions dans les systèmes de la syntaxe et des cas, in *Mélanges Bally*, Genève, 1939, 107-127.
— Classification of cases und uses of cases, in *For Roman Jakobson*, La Haye, 1956, 187-194.
— Classification of the uses of a case illustrated on the Genitive in Latin, in *Lingua, 6*, 1956, 8-65.
DELBRÜCK (B.) (= *Grundriss* de K. BRUGMANN, vol. 3 à 5).
DE MAURO (T.), Accusativo, transitivo, intransitivo, *Rendiconti dell'Accademia dei Lincei, Cl. Sc. Mor.*, Ser. 8, 16, 1959, 233-258.
— Cf. Ferdinand de SAUSSURE.
DENYS LE THRACE, éd. G. UHLIG, cf. *Grammatici graeci*, I.
DESPAUTÈRE (J.-N.), *Syntaxis*, 5e éd., Paris, 1550.
DONZÉ (R.), *La grammaire générale et raisonnée de Port-Royal*, 2e éd., Berne, 1971.
DRESSLER (W.), Comment décrire la syntaxe des cas en latin ?, *Revue de Philologie, de Littérature et d'Histoire anciennes*, 3e série, *44*, 1970, 25-36.
DUCROT (O.) et TODOROV (Tzvetan), *Dictionnaire encyclopédique des sciences du langage*, Paris, Seuil, 1972.
ERASME, *De pueris statim ac liberaliter educandis*, trad. J.-C. MARGOLIN, Paris, 1967.
ERNOUT (A.) et THOMAS (F.), *Syntaxe latine*, 2e éd., Paris, 1953.
FILLMORE (Ch. J.), The case for case, in *Bach and Harms, Universals in Linguistic Theory*, 1968.
FONTAINE (J.), *Isidore de Séville et la culture classique dans l'Espagne wisigothique*, Paris, 1959 [Isidore et la grammaire (p. 1-210)].
FOURQUET (J.) et GRUNIG (Blanche), Valenz und Struktur, Beiträge zur Valenztheorie, in *Helbig, Beiträge zur Valenztheorie*, Halle, 1971, 11-16.
FOURQUET (J.), *Prolegomena zu einer deutschen Grammatik*, Dusseldorf, 1970.
FRANÇOIS (F.), La description linguistique, in *Le Langage* (Encycl. de la Pléiade), Paris, 1968).
GLINZ (H.), *Geschichte und Kritik der Lehre von den Satzgliedern in der deutschen Grammatik*, Bern, 1947.
GODEL (R.), Remarques sur des systèmes de cas, *Cahiers Ferdinand de Saussure, 13*, 1955, 23-44.
— *Les sources manuscrites du Cours de Linguistique générale de F. Saussure*, Genève, Paris, 1957.
GOETZ-SCHOELL (G.), *M. Terenti Varronis De Lingua Latina quae supersunt*, Leipzig, B. G. Teubner (Amsterdam, Hakkert 1964).
GRABMANN (M.), Die geschichtliche Entwicklung der mittelalterlichen Sprachphilosophie und Sprachlogik, in *Mél. de Ghellink*, Gembloux, 1951.
Grammatici graeci, éd. G. UHLIG, R. SCHNEIDER, 5 vol., Leipzig, 1878 (= *Gr. Gr.*).

Grammatici latini, éd. H. KEIL, 8 vol., Leipzig, 1857-1870 : reprod. Olms, 1961 (= *GLK*).

GRUNIG (B.), Les théories transformationnelles. Exposé critique, *La Linguistique*, *1-2*, 1965, 1-24; *2-1*, 1966, 31-101.

HAPP (H.), *Grundfragen einer Dependenz-Grammatik des Lateinischen*, Göttingen, 1976.

— Syntaxe latine et théorie de la valence, Essai d'adaptation au latin des théories de Lucien Tesnière, in *Les Etudes classiques*, *45*, 1977, 337-366.

— et U. DÖNNGES, *Dependenz Grammatik u. Latein-Unterricht*, Göttingen, 1977.

— *Zur Anwendung der Dependenz-Grammatik auf den Latein und Griechisch-Unterricht*, Heidelberg, Vier Aufsätze, 1977 (Gymnasium, Heft 8).

HARNOIS (G.), *Les théories du langage en France de 1660 à 1821*, Paris, 1929.

HARTUNG (J. A.), *Über die Casus, ihre Bildung und Bedeutung in der griechischen und lateinischen Sprache*, Erlangen, 1831.

HAUDRY (J.), Les emplois doubles du datif et la fonction de datif en indo-européen, in *BSL*, *63*, 1968, 141-159.

— L'instrumental et la structure de la phrase simple en indo-européen, *ibid.*, *65*, 1970, 44-84.

HAVERS (W.), *Untersuchungen zur Kasussyntax der indo-germanischen Sprachen*, Strasbourg, 1911.

HEGER (K.), *Valenz Diathese und Kasus. Zeitschrift für Romanische Philologie*, *82*, 1966, 138-170.

HELBIG (G.), *Geschichte der neueren Sprachwissenschaft unter dem besonderen Aspekt der Grammatik-theorie*, München, 1971.

— Zu einigen Spezialproblemen der Valenz-Theorie, *Deutsch als Fremdsprache*, *5*, 1971, 269-282 (Helbig, 1971).

— *Theorie der deutschen Syntax*, 2e éd., 1973.

HERINGER (H. J.), Wertigkeiten und nullwertige Verben im Deutschen, *Zeitschr. f. deutsche Sprache*, *23*, 1967, 13-34.

— *Theorie der deutschen Syntax*, 2e éd., 1973.

HIRT (H.), *Indogermanische Grammatik. Teil VI : Syntax I : Syntaktische Verwendung der Kasus und der Verbalformen*, Heidelberg, 1934.

HJELMSLEV (L.), *La catégorie des cas* (Copenhague, 1935 et 1937), deux parties rééditées en 1 volume, Munich, 1972.

— *Le langage* (1963), trad. franç., Paris, 1966 (introd. de A. J. GREIMAS).

HOFMANN (J. B.), *Lateinische Umgangsprache*, Heidelberg, 1926.

— et SZANTYR (A.), *Lateinische Syntax und Stilistik*, München, 1965.

HUMBERT (J.), *Syntaxe grecque*, Paris, 1945.

JAKOBSON (R.), Beitrag zur allgemeinen Kasuslehre : Gesamtbedeutungen der russischen Kasus, in *Trav. du Cercle lingu. de Prague*, *6*, 1936, 240-288.

JEAN LE DANOIS, *Summa grammatica*, éd. A. OTTO, Copenhague, 1955 (= *CPDMA* I).

JOLIVET (J.), *Arts du langage et théologie chez Abélard*, Paris, 1969.

JOLY (A.), La linguistique cartésienne, une erreur mémorable, in A. JOLY et J. STEFANINI, p. 165-199.

— et STEFANINI (J.), *La grammaire générale, des modistes aux idéologues*, Lille, 1977.

KEIL (H.), cf. *Grammatici latini*.

KELLY (L.-G.), La grammaire à la fin du Moyen Age et les universaux, in A. JOLY et J. STEFANINI, p. 1-10.

KRETZMANN (N.), Transformationalism and the P. R. Grammar, in J. RIEUX, p. 176-195.

KÜHNER (R.), GERTH (B.), *Ausführliche Grammatik der griechischen Sprache. Satzlehre,* 1. Teil (I); 2. Teil (II). 4. Auflage. Unveränderter Nachdruck der 3. Auflage, Leverkusen, 1955.

KÜHNER (R.), STEGMANN (C.), *Ausführliche Grammatik der lateinischen Sprache. Satzlehre.* 1. Teil (I); 2. Teil (II) 3. Auflage, durchgesehen von A. THIERFELDER, Leverkusen, 1955.

KURYŁOWICZ (J.), Le problème du classement des cas, *Bulletin de la Société polonaise de Linguistique, 9,* 1949, 20-43 (= Esquisses linguistiques, Wroclaw-Krakov, 1960, 131-150).

— *The Inflectional Categories of Indo-European,* Heidelberg, 1964.

LANCELOT, cf. ARNAULT.

LANCELOT, *Nouvelle méthode pour apprendre facilement la langue latine,* Paris, 1644 (10ᵉ éd., Paris, 1709).

LANDGRAF (G.), Der Dativus commodi und der Dativus finalis mit ihren Abarten, *Archiv für lat. Lexikographie u. Grammatik, 8,* 1907.

LEPSCHY (G. C.), *La linguistique structurale,* 2ᵉ éd., Paris, 1969 (éd. italienne, Turin, 1966).

LEROY (M.), *Les grands courants de la linguistique moderne,* Bruxelles, 1963 (2ᵉ éd., 1970).

LEUMANN (M.), cf. HOFMANN (J. B.).

LÖFSTEDT, *Philolog. Kommentar zur Perigrinatio Aetheriae,* Uppsala, 1911.

— *Spatlateinische Studien,* Uppsala, 1908.

— *Syntactica,* 2 vol., Lund, 1928 et 1933.

LYONS (J.), *Introduction to theoretical Linguistics,* Cambridge, 1971.

MAHMOUDIAN (M.), *Pour enseigner le français,* Paris, 1976.

MAROUZEAU (J.), *La place du pronom personnel sujet en latin,* Paris, 1905.

— *La phrase à verbe être en latin,* Paris, 1910.

— *L'ordre des mots dans la phrase latine,* 2 vol., Paris, 1922-1938.

MARTIN LE DANOIS, *De modis significandi,* éd. H. Roos, Copenhague, 1961 (= *CPDMA* II).

MARTINET (A.), *La linguistique synchronique,* Paris, 1965.

— *Langue et fonction,* Paris, 1969 (en anglais, Oxford, 1962).

— *La linguistique, guide alphabétique,* sous la direction d'A. M., Paris, 1969.

MEILLET (A.), *Aperçu d'une histoire de la langue grecque,* 3ᵉ éd., Paris, 1930.

— *De quelques innovations de la déclinaison latine,* Paris, 1906.

— *Esquisse d'une histoire de la langue latine,* 2ᵉ éd., Paris, 1931.

— *Introduction à l'étude comparative des langues indo-européennes,* 8ᵉ éd., Paris, 1937.

— *Linguistique historique et linguistique générale,* 2 vol., Paris, 1921, 1935.

MICHELSEN (C.), *Philosophie der Grammatik I : Kasuslzhre der lateinischen Sprache vom kausal-lokalen Standpunkte aus.,* Bonn, 1843.

MIRAMBEL (A.), *Grammaire du grec moderne* (nouveau tirage), Paris, 1969.

MOUNIN (G.), *Histoire de la linguistique des origines au XXᵉ siècle,* Paris, 1967.

— *La linguistique du XXᵉ siècle,* Paris, 1972.

NORBERG (D.), *Beitrage zur spätlateinischen Syntax,* Uppsala, 1944.

PERROT (J.), Le fonctionnement du système des cas en latin, *Revue de Philologie,* 3ᵉ série, *40,* 1966, 217-227.

PINBORG (J.), *Die Entwicklung der Sprachtheorie im Mittelalter,* Copenhague, 1967.

POHLENZ (M.), *Die Begrundung der abendländischen Sprachlehre durch die Stoa,* Nachrichten von der Gesellschaft der Wissenschaften zu Göttingen, Philol.-hist. Kk. Fachgruppe 1. Altertumswissenschaft, N. F. Band III, Nr. 6 Göttingen, 1939, 151-198.

Port-Royal, cf. ARNAULT.

POTTIER (B.), *Systématique des éléments de relation. Etude de morphosyntaxe structurale romane*, Paris, 1962.

— *Linguistique générale, théorie et description*, Paris, 1974.

RIEUX (J.) et ROLLIN (B. E.), *The Port-Royal grammar*, La Haye, 1975.

ROBINS (R. H.), *A short history of Linguistics*, Londres, 1967.

RUBIO (L.), *Introducción a la sintaxis estructural del latin*. Vol. I : *Casos y preposiciones*, Barcelona, 1966.

RUMPEL (Th.), *Die Casuslehre, In besonderer Beziehung auf die griechische Sprache dargestellt*, Halle, 1945.

RUWET (N.), *Introduction à la grammaire générative*, Paris, Plon, 1968.

SANCTIUS (F. SANCHEZ DE LAS BROZAS), *Minerva seu de causis linguae latinae*, 1587 (éd. 1664, Amsterdam).

SAUSSURE (F. de), *Cours de linguistique générale*, éd. TULLIO DE MAURO, Paris, 1974.

SCAGLIONE (A.), *Ars grammatica* (= Janua Linguarum, 77, 1970).

SCALIGER (J. C.), *De causis lingua latinae*, Paris, 1540.

SCHERER (A. S.), *Handbuch der lateinischen Syntax*, Heidelberg, 1975.

SCHMIDT (R.), *Stoicorum grammatica*, Halle, 1839.

SCHWYZER (E.), *Griechische Grammatik*, 1 Band. 3e unveränderte Auflage, Munich, 1959.

SCIOPPIUS, *Grammatica philosophica* (Milan, 1628), éd. Amsterdam, 1664.

SERBAT (G.), L'ablatif absolu, in *Rev. Et. Lat.*, *57*, 1979.

SIGER DE COURTRAI, *Summa modorum significandi*, éd. G. VALLERAND, Louvain, 1913.

SIMON LE DANOIS, *Domus gramatice*, éd. A. OTTO, Copenhague, 1963 (= *CPDMA* III).

SØRENSEN (H. Ch.), Contribution à la discussion sur la théorie des cas, *Travaux du Cercle linguistique de Copenhague*, *5*, 1949, 123-133.

STEFANINI (J.), cf. JOLY (A.).

STEINTHAL (H.), *Geschichte der Sprachwissenschaft bei den Griechen und Römern*, mit besonderer Rücksicht auf die Logik 1. Teil. 2e Auflage, 1890. 2. Teil. 2e Auflage, 1891.

SZANTYR (A.), cf. HOHMANN (J. B.).

TESNIÈRE (L.), *Eléments de syntaxe structurale*, 2e éd., préface de J. FOURQUET, Paris, 1965.

THOMAS D'ERFURT, *De modis significandi sive grammatica speculativa*, éd. G. L. BURSILL-HALL, Londres, 1972.

THUROT (C.), *Notices et extraits de divers manuscrits latins pour servir à l'étude des doctrines grammaticales au Moyen Age*, Paris, 1868.

TOURATIER (Ch.), Quelques principes pour l'étude des cas (avec application à l'ablatif latin), in *Langages*, *50*, 1978, 98-116.

TRAGLIA (A.), TERENZIO (M.), *Varrone De Lingua Latina*, Libro X, Introduzione, testo, traduzione, commento a cura di Antonio TRAGLIA, Bari, 1956.

VARRON, cf. Götz, COLLART, TRAGLIA, DAHLMANN.

WACKERNAGEL (J.), Genitiv und Adjectiv, *Mélanges de Linguistiques off. à Ferdinand de Saussure*, Paris, 1908, 125-152.

— *Vorlesungen über Syntax*, Mit besonderer Berücksichtigung von griechisch, Lateinisch und Deutsch 1. Reihe, 2. Auflage, Basel, 1926.

WHITNEY (W. D.), *La vie du langage*, Paris, 1875.

WÜLLNER (Fr.), *Die Bedeutung der sprachlichen Casus und Modi Münster*, 1827.

Imprimé en France, à Vendôme
Imprimerie des Presses Universitaires de France
1981 — N° 27 491